**하나님의 이야기에
내 인생을 포개어**

하나님의 이야기에
내 인생을 포개어

서사로 만나는 신앙, 복음을 새롭게 읽다

초 판 1쇄 2026년 01월 14일

지은이 이정환
펴낸이 류종렬

펴낸곳 미다스북스
본부장 임종익
편집장 이다경, 김가영
디자인 임인영, 윤가희, 윤영빈
책임진행 안채원, 이예나, 김은진, 국소리, 송가희. 이지영

등록 2001년 3월 21일 제2001-000040호
주소 서울시 마포구 양화로 133 서교타워 711호
전화 02) 322-7802~3
팩스 02) 6007-1845
블로그 http://blog.naver.com/midasbooks
전자주소 midasbooks@hanmail.net
페이스북 https://www.facebook.com/midasbooks425
인스타그램 https://www.instagram.com/midasbooks

© 이정환. 미다스북스 2026, *Printed in Korea*.

ISBN 979-11-7355-658-6 03230

값 21,000원

미다스북스는 다음세대에게 필요한 지혜와 교양을 생각합니다.

서사로 만나는 신앙, 복음을 새롭게 읽다

하나님의 이야기에 내 인생을 포개어

이정환 지음

"인생의 의미는
더 큰 이야기 속에서 발견된다!"
목회자의 시선으로 바라본 신앙과 삶의 서사

미다스북스

프롤로그

삶, 신앙으로 다시 읽으려면   6

제1부

원재료

당신을 채우는 이야기는 무엇인가요?

1장   텅 빈 마음에 오신 것을 환영합니다   30
2장   기억의 지하실로 내려가는 첫걸음   58
3장   작업대 위의 혼돈, 파편들을 마주하는 법   82

제2부

의미 부여하기

하나님은 내 삶을 어떻게 읽고 계실까요?

4장   모든 것의 시작은 '좋았더라'는 감탄이었다   110
5장   세상에서 가장 슬픈 장면을 지나며   132
6장   작가, 무대 위로 올라오다   156
7장   최고의 순간은 아직 남아 있습니다   178

제3부

주인공으로 살아가기

새로운 길은 어디에서 시작될까요?

8장   이름이 다시 불려질 때   202

9장   마음의 날씨를 읽는 시간   226

10장 사랑의 새로운 언어를 배우다   250

제4부

삶을 단단히 세우기

영적 리듬은 어떻게 만들어질까요?

11장 하루를 살찌우는 양식들   276

12장 써내려가는 영혼의 로그북   292

13장 하늘의 호흡법으로 하루를 정돈하기   308

에필로그

내가 써내려갈 새로운 삶   330

삶, 신앙으로
다시 읽으려면

✱ 1 ✱

우리 모두는 이야기꾼입니다

우리 마음 가장 깊은 곳, 자신을 오롯이 대면하는 침묵 속에서, 아니면 분주한 일상의 틈바구니에서 문득 고개를 드는 질문이 있습니다. "내가 제대로 살고 있을까?" 하는 질문입니다. 우리는 아침에 눈을 뜨고 습관처럼 하루를 시작하며 주어진 역할들을 감당하고 지친 몸으로 잠자리에 듭니다. 이 끝없이 반복되는 것처럼 보이는 시간 속에서 우리는 질문합니다. 이 모든 순간은 아무런 의미 없이 무작위로 던져지는 시간의 조각들에 불과한 걸까? 아니면 이 조각들이 모여 어떤 의미 있는 그림으로 만들어지는 걸까?

이 질문은 인간의 본성human nature으로부터 나온다고 할 수 있습니다. 왜냐하면 우리는 '이야기적 존재Homo Narrans'이기 때문입니다. 우리는 세상을 이야기로 이해하고 자신을 이야기로 표현하며 삶의 의미를 이야기 속에서 찾습니다. 아기가 엄마의 자장가라는 이야기 속에서 안정감을 느끼고 어린아이가 옛날이야기를 통해 권선징악의 가치를 배우는 것처럼, 우리는 태어나는 순간부터 이야기의 바다에서 헤엄치며 살아갑니다.

한번 생각해 보세요. 친구를 만났을 때 어떤 대화를 하나요? "어제 무슨 일이 있었냐면…"이라며 나의 경험을 하나의 이야기로 만들어 들려줍니다. 역사책은 과거 사건들의 단순한 나열이 아니라 인과관계와 의미를 부여한 하나의 거대한 이야기 덩어리죠. 우리가 열광하는 영화나 드라마는 잘 짜인 이야기 구조를 통해 우리를 웃고 울게 만듭니다. 심지어 우리가 꾸는 꿈조차도 기이한 이야기의 형태를 띱니다. 이처럼 이야기는 우리 삶에 공기처럼 스며듭니다. 그리하여 우리가 누구인지, 세상이 어떤 곳인지, 무엇이 중요하고 가치 있는지를 끊임없이 알게 합니다.

문제는 우리가 의식하든 의식하지 못하든, 우리 모두가 '어떤 이야기'의 주인공으로 살아간다는 사실입니다. 그리고 많은 경우, 그 이야기는 우리가 직접 선택한 것이 아닙니다.

세상은 우리에게 아주 강력하고 매력적인 이야기들을 끊임없이 속삭입니다. 텔레비전 광고와 소셜 미디어는 소비의 이야기를 들려줍니다. "이걸 가지면 행복해질 거야. 저 셀럽들처럼 하고 다니면 사랑받을 거야." 이 이야기 속에서 우리는 명품을 갖는 것이 더 나은 삶이라고 믿게 됩니다. 직장과 사회는 성공의 이야기를 강요합니다. "더 높은 지위에 올라야 해. 더 많은 돈을 벌어야 성공한 인생이야."

이 이야기의 주인공이 되기 위해 우리는 건강과 관계를 희생하며 치열한 경쟁에 몸을 던집니다. 현대 문화는 자아실현의 이야기를 칭송합니다. "네 마음이 이끄는 대로 해. 너 자신이 되는 것이 가장 중요해." 이 이야기 속에서 우리는 모든 기준을 자기 자신에게 두고, 때로는 그 끝없는 욕망의 무게에 짓눌리기도 합니다.

이 이야기들은 공기와 같아서, 나도 모르는 사이에 그 시나리오를 따라 열

하나님의 이야기에 내 인생을 포개어

심히 살아갑니다. 소비 이야기의 충실한 소비자, 성공 이야기의 야심 찬 도전자, 자아실현 이야기의 고독한 순례자가 됩니다.

하지만 이상합니다. 마음 한구석의 공허함이 채워지지 않습니다. 무언가 아주 중요한 것을 놓치고 있다는 느낌, 이것이 내 삶의 전부가 아닐 것이라는 막연한 허기가 스멀스멀 피어오릅니다. 마치 잘 짜인 연극의 배우처럼 완벽하게 역할을 소화하고 있지만 정작 '진짜 나'는 무대 뒤 분장실에서 길을 잃고 헤매는 듯한 기분입니다. 우리는 더 나은 이야기를, 내 존재의 가장 깊은 곳까지 울리는 진짜 이야기를 간절히 찾고 있습니다.

이 책은 바로 그 거룩한 갈망에 대한 응답입니다. 우리의 삶이 그저 우연한 사건들의 파편적인 나열이 아니라, 위대하고 선하신 작가가 친히 써내려가는 장엄한 이야기의 일부라는 진실을 발견하는 여정으로 안내합니다. 인생에 있어서 가장 빛나는 기쁨과 가장 괴로운 슬픔, 자랑스러운 성공과 부끄러운 실패, 심지어 가장 평범하고 지루하게만 느껴졌던 일상의 순간들까지도 그 위대한 이야기 속에서 고유한 의미와 목적을 갖게 되는 놀라운 비밀을 탐험하고자 합니다. 이제 잃어버렸던 우리의 진짜 이야기를 찾아 떠나볼 시간입니다.

✳ 2 ✳

작동하지 않는 신앙의 딜레마

많은 그리스도인이 비슷한 종류의 아픔과 혼란을 혼자서 조용히 앓고 있습니다. 신앙의 연수는 꽤 오래되었고 성경 지식도 적지 않게 쌓였습니다. 주일 예배에 빠지지 않고 소그룹 모임에 참여하며 기도와 헌금 생활도 나름대로 최선을 다합니다. 교회 안에서는 누구보다 경건하고 신실한 그리스도인처럼 보입니다.

그런데 이상하게도 삶은 좀처럼 변하지 않습니다. 예배당 문을 나서는 순간 신앙이라는 옷을 잘 개어서 마음 서랍에 고이 넣어 놓습니다. 그러고는 어쩜 그리도 지난주와 똑같이, 세상의 방식으로 살아갈까요! 월요일 아침 직장에서는 실적 압박에 시달리며 똑같이 경쟁하고 질투합니다. 가정에서는 사소한 문제로 배우자와 다투고 자녀에게 상처 주는 말을 내뱉습니다. 뉴스를 볼 때면 세상 사람들보다 더 깊은 불안과 염려에 휩싸입니다.

머리로는 "하나님은 사랑이십니다."라고 고백하지만, 가슴으로는 누군가를 향한 미움을 떨쳐내지 못합니다. 입술로는 "예수님이 나의 주인이십니다."라고 노래하지만, 삶의 중요한 선택의 순간에는 돈과 성공, 사람들의 인정을 주인처럼 섬깁니다.

이런 모습을 신앙의 이중성이라고 부를 수 있을 것 같습니다. 주일의 나와 평일의 내가 너무나 다른, 두 개의 자아를 가진 사람처럼 살아가는 모습 말이죠. 이 표현할 수 없는 괴리감은 우리를 영적으로 지치게 하고, 때로는 신앙 자체에 대한 냉소와 회의감에 빠지게 만듭니다. "내 믿음은 진짜일까? 혹시 나는 위선자가 아닐까?" 하는 자기혐오에 시달리기도 합니다.

왜 이런 안타까운 일이 일어나는 걸까요? 믿음이 부족해서일까요? 기도를 더 뜨겁게 하고 성경을 더 많이 읽으면 이 문제가 해결될까요? 물론 그것들도 중요합니다. 하지만 근본적인 문제는 정보나 열정의 부족이 아닐 수 있습니다. 혹시, 우리가 가진 수많은 신앙적 지식, 경험, 교리가 우리 삶의 구체적인 경험과 만나지 못하고 허공에서 맴돌고 있기 때문은 아닐까요? 마치 수많은 요리책을 가지고 있지만 정작 부엌에 들어가서 직접 요리해 본 적은 없는 사람과 같다고 할까요. 레시피는 완벽하게 외우고 있지만 재료를 어떻게 다듬고 불을 어떻게 조절해야 할지 몰라 굶주리는 것과 마찬가지입니다.

애플의 창업자 스티브 잡스는 '사용자 경험User Experience, UX'이라는 개념을 세상에 각인시켰습니다. 그는 기술의 위대함은 그것이 얼마나 복잡하고 많은 기능을 가졌느냐에 있지 않고, 평범한 사용자가 얼마나 쉽고 직관적으로 그것을 사용할 수 있느냐에 달려 있다고 생각했습니다. 그는 사람들이 두꺼운 설명서를 읽지 않고도 마치 원래 알았던 것처럼 자연스럽게 제품을 사용할 수 있도록 만드는 데 노력을 기울였죠. 그 결과 어린아이부터 노인까지 누구나 쉽게 사용할 수 있는 아이폰이라는 혁신적인 제품이 탄생했습니다.

저는 우리 신앙에도 일종의 '신앙적 사용자-경험'이 절실히 필요하다고 생각합니다. 기독교의 진리가 아무리 위대하고 심오해도, 그것이 성도들의 삶 속에서 실제로 작동하지 않는다면 무슨 의미가 있을까요? "원수를 사랑하라."는 예수님의 말씀이 머리로는 이해되지만, 나에게 깊은 상처를 준 그 사람 앞에서 내 마음의 분노와 슬픔을 어떻게 다루어야 하는지 구체적인 작동법을 모른다면, 그 말씀은 그저 현실과 동떨어진 채찍질이나 이상적인 구호에 머물고 말겠죠. "항상 기뻐하라."는 사도 바울의 권면을 알지만, 예기치 못한 불행이 닥쳤을 때 내 영혼의 절망과 씨름하며 아주 작은 기쁨의 불씨라도 찾아내는 방법을 배우지 못했다면 그 말씀은 오히려 우리를 죄책감에 빠뜨리는 돌덩이가 될 수 있습니다.

이 책은 바로 이 신앙의 작동법에 관한 이야기입니다. 기독교 신앙이라는 위대한 진리가 어떻게 매일의 삶이라는 구체적인 현장에서 실제로 굴러가고 우리의 생각과 감정, 관계와 선택을 이끌어가는 살아 있는 능력이 되는지를 함께 탐구하고자 합니다. 그 해답은 더 많은 지식을 머리에 쌓는 데 있지 않습니다. 그 해답은 세상을 그리고 나 자신을 바라보는 관점 자체를 바꾸는 데 있습니다. 바로 나의 삶을 하나님의 이야기라는 새로운 창으로 바라보는 법을 배우는 것입니다.

✳ **3** ✳

모든 길의 끝에서
하나님의 이야기를 만나다

우리가 겪는 신앙의 혼란과 무력감은 근본적으로 우리 자신이라는 너무나 작은 이야기 속에 갇혀 있기 때문에 발생합니다. 나의 성공과 실패, 감정과 상처, 계획과 욕망이 세상의 전부인 것처럼 느껴질 때, 우리는 쉽게 길을 잃습니다. 이 비좁은 무대 위에서 우리는 끊임없이 다른 사람과 나를 비교하며 우월감과 열등감 사이를 오갑니다. 아직 오지도 않은 미래를 염려하며 불안에 떨고 이미 지나간 과거의 상처에 발목 잡혀 앞으로 나아가지 못합니다. 내 협소한 이야기의 주인공인 '나'는 너무나 연약하고 변덕스러워서 세상의 작은 파도에도 쉽게 좌초합니다.

하지만 성경은 우리에게 전혀 다른 차원의 비교할 수 없이 거대하고 장엄한 이야기를 들려줍니다. 그것은 바로 '하나님의 이야기'입니다. 이 이야기는 우리가 주인공이 아닙니다. 이 모든 것을 시작하시고 이끌어 가시는 하나님 자신이 주인공이신 이야기입니다. 이 위대한 이야기는 크게 네 개의 막으로 구성된 한 편의 드라마와 같습니다.

첫 번째 에피소드 : 창조Creation – 모든 것이 좋았던 시작

이야기는 태초에 하나님께서 사랑과 지혜로 이 세상을 창조하시는 놀라운 장면으로 시작합니다. 빛과 어둠, 하늘과 땅, 식물과 동물, 그리고 마침내 자신의 형상을 따라 인간을 만드십니다. 이때 하나님은 자신이 만드신 모든 것을 보시며 "보시기에 심히 좋았더라."라고 감탄하십니다. 이는 이 세상의 기원이 선하고 아름답다는 선언입니다. 더 중요한 것은, 우리의 원래 정체성이 바로 이 심히 좋았던 창조의 일부라는 사실입니다. 우리는 어쩌다 생긴 존재가 아닙니다. 하나님의 사랑과 목적 안에서 그분의 형상을 지닌 존귀한 존재로 지음 받았습니다. 이것이 우리 이야기의 출발점입니다.

두 번째 에피소드 : 타락Fall – 깨어지고 어긋난 세상

모든 것이 완벽했던 세상에 금이 가기 시작합니다. 인간이 하나님의 사랑을 신뢰하지 않고 스스로 하나님처럼 되려는 교만한 선택을 했습니다. 그 결과로 세상에 죄와 어둠, 고통과 죽음이 들어옵니다. 바로 타락입니다. 하나님과의 관계가 깨어지고 사람과 사람 사이의 관계가 깨어지고 사람과 자연의 관계마저 깨어져 버렸습니다. 우리가 오늘날 경험하는 모든 종류의 아픔과 슬픔, 갈등과 부조리, 채워지지 않는 갈망과 죽음의 두려움은 바로 이 타락의 이야기에서 비롯됩니다. 타락은 우리가 왜 이렇게 고통스러운 세상에서 사는지, 왜 내 마음속에 선한 것을 원하면서도 악한 것을 행하는 모순이 있는지를 설명해 주는 이야기입니다.

하나님의 이야기에 내 인생을 포개어

세 번째 에피소드 : 구속Redemption - 위대한 반전의 시작

이야기가 비극으로 끝날 것처럼 보일 때 하나님께서 놀라운 반전을 계획하십니다. 바로 자신의 유일한 아들 예수 그리스도를 이 깨어진 세상 속으로 직접 보내시는 것입니다. 이것이 구속 이야기의 시작입니다. 예수님은 이 땅에 오셔서 하나님 나라의 이야기를 선포하시고 병든 자를 고치시며 소외된 자들의 친구가 되어주셨습니다. 그리고 마침내 우리의 모든 죄와 깨어짐의 짐을 지고 십자가에서 죽으셨습니다. 세상의 이야기는 십자가를 완전한 실패와 끝이라고 말했습니다. 하지만 하나님은 사흘 만에 예수님을 죽음에서 다시 살리심으로써 죽음과 어둠의 권세를 이기셨습니다. 예수님의 부활은 하나님의 이야기가 결코 비극으로 끝나지 않을 것임을 보여주는 가장 강력한 증거입니다. 또한 우리를 새로운 생명의 이야기에 참여케 하는 위대한 초대장입니다.

네 번째 에피소드 : 완성Consummation - 모든 눈물을 닦아주실 그날

예수님의 부활로 구속의 이야기가 시작되었지만, 아직 완성된 것은 아닙니다. 우리는 여전히 타락한 세상 속에서 죄와 고통의 현실과 씨름하며 살아갑니다. 하지만 우리는 이야기의 결말을 알고 있습니다. 예수님께서 다시 오실 그날, 하나님은 이 세상을 완전히 회복시키시고 모든 눈물을 닦아주시며 죽음과 슬픔이 없는 새 하늘과 새 땅을 완성하실 것입니다. 이 완성의 이야기는 우리에게 흔들리지 않는 소망을 줍니다. 현재의 고난이 아무리 크게 보일지라도 그것은 이야기의 끝이 아니라 과정일 뿐임을 알게 합니다. 우리는 이 위대한 완성의 날을 향해 나아가는 순례자들입니다.

'창조-타락-구속-완성'으로 이어지는 이 거대한 이야기는 성경 전체를 관통하는 핵심 줄거리^{서사, narrative}입니다. 또한 이 세상과 우리 인생을 이해하는 가장 정확하고 완전한 지도입니다. 기독교 신앙이란 바로 이 하나님의 이야기가 진짜 현실임을 믿고 내 삶을 그 이야기 속으로 가져가 그 일부가 되는 것이라 할 수 있습니다.

아침에 눈을 뜨는 평범한 순간부터 인생을 뒤흔드는 거대한 사건까지, 우리가 경험하는 그 어떤 것도 이 네 개의 에피소드로 이루어진 하나님의 드라마와 무관하지 않습니다. 우리는 어쩌다 세상에 던져진 외로운 존재가 아닙니다. 하나님의 장엄한 드라마에 초대된 특별하고 고유한 역할을 부여받은 주인공입니다. 이 사실을 깨달을 때 우리 삶의 모든 조각들은 비로소 제자리를 찾고 의미를 발하기 시작합니다.

하나님의 이야기에 내 인생을 포개어

이야기 엮기의 기술
: 신앙 서사 형성

그렇다면 어떻게 해야 내 삶을 하나님의 거대한 이야기와 연결할 수 있을까요? 흩어져 있는 내 삶의 경험들을 어떻게 해야 의미 있는 이야기로 엮어낼 수 있을까요? 이 거룩한 작업(자기이해)을 '신앙 서사 형성Faith Narrative Formation'이라고 이름붙이겠습니다.

'서사narrative'라는 말이 조금 학문적으로 들릴 수 있지만 그 본질은 간단합니다. '의미 있게 연결된 이야기'라는 뜻입니다.

예를 들어, '아침에 일어났다. 버스를 탔다. 회사에 갔다.' 이것만으로는 드라마를 만들기 어렵습니다. 역사책은 만들 수 있겠죠. 즉 단순한 사건의 나열인 연대기chronicle에 불과합니다.

하지만 여기에 '지각을 면하기 위해 필사적으로 버스를 탔지만 결국 오늘도 지각해서 부장님께 꾸중을 들었다.'라고 쓰면, 꽤나 재미있는 드라마가 만들어집니다.

여기에는 인과관계와 감정, 갈등이 담긴 하나의 작은 서사가 담겨 있기 때문입니다.

신앙 서사를 형성한다는 것은 이처럼 흩어져 있는 내 삶의 경험이라는 사건들을 '복음'이라는 하나님의 위대한 플롯줄거리으로 바라보고 그것들을 연결하여 하나의 의미 있는 이야기로 엮어내는 거룩한 작업을 의미합니다.

이 작업은 프랑스의 철학자 폴 리쾨르가 이야기한 세 가지 단계(미메시스1, 미메시스2, 미메시스3)를 통해 더 깊이 이해할 수 있습니다. 이것을 쉬운 말로 바꾸어서 '원재료 발견하기', '의미 부여하기', '주인공으로 살아가기'라는 세 가지 여정으로 설명해 보겠습니다.

첫 번째 여정 : 원재료 발견하기(미메시스1)

모든 훌륭한 요리는 신선하고 좋은 '원재료'에서 시작됩니다. 아무리 뛰어난 요리사라도 재료 없이는 아무것도 만들 수 없습니다. 나의 신앙 서사를 위한 원재료는 바로 내가 지금까지 살아온 삶의 모든 경험 그 자체입니다. 나의 어린 시절, 부모님과의 관계, 가장 행복했던 순간의 기억, 씻을 수 없는 상처와 아픔, 학창 시절의 우정과 경쟁, 첫 직장에서의 설렘과 좌절, 결혼과 출산의 기쁨, 관계의 갈등과 오해, 현재 나를 짓누르는 경제적 어려움이나 건강 문제…. 이 모든 것이 나의 이야기를 만드는 둘도 없이 소중한 원재료들입니다.

많은 경우 우리는 이 원재료들을 제대로 들여다보지 않습니다. 어떤 경험은 너무 아파서 꺼내보고 싶지 않을 테죠. 어떤 경험은 너무 평범하고 지루해서 의미 없다고 생각합니다. 또 어떤 경험은 너무 부끄러워서 숨기고 싶어 합니다. 우리는 스스로 자기 삶의 재료들을 판단하고 선별합니다. '이것은 좋은 경험, 저것은 나쁜 경험.'

하지만 하나님의 관점에서는 버려질 경험이란 단 하나도 없습니다. 우리의 가장 빛나는 성공뿐만 아니라 가장 깊은 실패 속에도, 우리의 거룩한 열정뿐만 아니라 우리의 추악한 죄성 속에도 하나님께서 사용하실 수 있는 재료가 있습니다.

하나님의 이야기에 내 인생을 포개어

첫 번째 여정은 바로 이 원재료들을 정직하게 대면하고 수집하는 것입니다. 판단하거나 해석하기 전에 있는 그대로의 내 삶을 가만히 들여다보는 것입니다. '나는 이런 사람이구나. 내게는 이런 일들이 있었구나. 나는 이때 기뻤고, 이때 슬펐구나.' 이 과정을 통해 우리는 잊고 있던 내 삶의 중요한 조각들을 발견하고 하나님께서 일하실 수 있는 재료들을 그분 앞에 정직하게 내어놓게 됩니다.

두 번째 여정 : 의미 부여하기 (미메시스2)

좋은 재료만 쌓아둔다고 훌륭한 요리가 저절로 완성되지는 않습니다. 그 재료들을 어떻게 조합하고 어떤 양념을 더해 어떤 불로 조리할지를 알려주는 '레시피'가 필요합니다. 우리 삶의 원재료들도 마찬가지입니다. 흩어져 있는 경험이라는 점들을 의미 있는 선으로 연결해 줄 플롯, 즉 해석의 틀이 필요합니다.

두 번째 여정은 바로 이 '의미 부여'의 과정입니다. 우리에게는 세상이 제공하는 수많은 레시피(성공, 소비, 자아실현 등)가 있습니다. 하지만 그것들은 잠시 입맛을 돋울지는 몰라도 우리 영혼을 진정으로 살리는 생명의 양식이 되지는 못합니다. 우리에게 필요한 유일하고 완전한 레시피는 바로 앞서 살펴본 하나님의 이야기, 즉 '창조-타락-구속-완성'이라는 복음의 플롯입니다.

이 복음의 렌즈를 가지고 내 삶의 원재료들을 다시 비추어보는 것이 바로 '신앙 서사의 재구성re-plotting'입니다. 예를 들어, 우리가 신뢰했던 친구에게 배신을 당해 깊은 상처를 입었다고 가정해 보죠(원재료). 세상의 이야기는 이것을 '인간관계의 실패', '상처뿐인 비극'으로 해석합니다(세속적 플롯). 이 이야기 속에서 우리는 피해자 역할에 머물며 분노와 자기 연민에 갇히게 될 것입니다.

하지만 복음의 플롯은 이 사건을 전혀 다른 각도에서 조명합니다. 먼저 '타락'의 렌즈는 그 친구의 행동과 내 안의 상처가 모두 죄로 인해 깨어진 세상의 현실임을 보여줍니다. 이것은 나만 겪는 특별한 불행이 아니라 모든 인간이 겪는 보편적인 아픔임을 깨닫게 합니다. 다음으로 '구속'의 렌즈는, 나 역시 하나님을 배신했던 죄인이지만 예수님의 십자가를 통해 조건 없이 용서받았다는 사실을 기억하게 합니다. 그 압도적인 용서의 경험은 나에게 그 친구를 용서할 수 있는 아주 작은 힘과 동기를 제공합니다. 마지막으로 '완성'의 렌즈는 이 땅에서의 깨어진 관계가 영원하지 않으며 언젠가 하나님 나라에서 모든 관계가 온전히 회복될 것이라는 소망을 품게 합니다.

보십시오. 똑같은 '배신'이라는 원재료가 복음이라는 레시피를 통해 전혀 다른 의미의 이야기로 재탄생했습니다. 이것은 더 이상 상처와 실패의 이야기가 아니라 인간의 죄성을 더 깊이 이해하고 하나님의 용서를 체험하며 궁극적인 회복을 소망하는 성숙의 이야기가 됩니다.

이처럼 두 번째 여정은 내 삶의 모든 크고 작은 사건들을 하나님의 위대한 구속 드라마의 한 장면으로 재해석하는 거룩한 기술을 배우고 연마하는 시간입니다.

세 번째 여정 : 주인공으로 살아가기(미메시스3)

자신이 하나님의 위대한 이야기 속에서 의미 있는 역할을 맡은 주인공이라는 사실을 진정으로 깨닫게 되면, 우리는 더 이상 이전과 똑같은 방식으로 살아갈 수 없습니다. 우리의 정체성이 근본적으로 변화하기 때문입니다. 세 번째 여정은 바로 이 새롭게 발견된 정체성으로 오늘을 살아가는 삶의 변화에 관한 것입니다.

하나님의 이야기에 내 인생을 포개어

이것은 '~해야 한다'는 식의 율법적인 노력과는 차원이 다릅니다. 그것은 '나는 ~이다'라는 새로운 정체성에서 자연스럽게 흘러나오는 삶의 열매입니다. 예를 들어 '나는 하나님의 사랑받는 자녀이다.'라는 정체성을 갖게 되면 더 이상 다른 사람의 인정이나 칭찬에 애태우지 않게 됩니다. 이미 가장 완전한 사랑과 인정을 받고 있기 때문입니다. '나는 하나님의 구속 이야기에 참여한 동역자이다.'라는 정체성을 갖게 되면, 내가 하는 일이 아무리 사소해 보여도 그 안에서 하나님의 나라를 세워가는 소명을 발견하고 기쁨으로 감당하게 됩니다.

이 새로운 이야기는 우리의 미래를 향한 두려움을 담대함으로 바꾸고 과거의 상처를 다른 사람을 치유하는 도구로 사용하게 합니다. 원수를 미워하는 대신 긍휼히 여기는 마음을 갖게 됩니다. 절망적인 상황 속에서도 감사의 이유를 찾게 하는 힘을 줍니다. 이것이 바로 신앙 서사가 가진 놀라운 능력입니다. 우리의 신앙은 더 이상 머릿속에만 머무는 관념이 아니라 우리의 손과 발을 움직여 구체적인 사랑과 섬김의 행동으로 나타나는 살아 있는 실체가 됩니다.

세 번째 여정은 이처럼 재해석된 이야기가 우리의 인격과 삶을 빚어가는 '재형상화refiguration'의 과정이며, 이것이야말로 신앙 서사 형성의 궁극적인 목표입니다.

✳ 5 ✳

길 위에서 만난 두 작가,
요셉과 다윗

이 낯설고도 흥미로운 여정을 떠나는 우리에게는 두 명의 훌륭하고 믿음직한 가이드가 있습니다. 바로 요셉과 다윗입니다.

우리가 이들을 길잡이로 삼는 이유는 그들이 한 점의 실수도 없는 완벽한 믿음의 영웅이어서가 아닙니다. 오히려 정반대죠. 그들의 삶은 우리와 마찬가지로, 아니 우리보다 훨씬 더 극심한 혼란과 고통, 억울함과 실수, 부끄러운 실패로 가득 차 있었습니다. 그들은 처음부터 하나님의 큰 그림을 모두 알고 시작한 사람들이 아니었습니다. 그들은 자신의 삶에 닥친 이해할 수 없는 사건들 속에서 이것이 도대체 무슨 의미인지, 하나님은 지금 어디에 계신 것인지 처절하게 물어야 했습니다. 그들은 그렇게 하나님의 이야기를 배워가야만 했던, 우리와 똑같은 성정의 사람들이었습니다.

먼저 요셉의 이야기를 살펴보죠. 그의 이야기는 신앙 서사 형성, 특히 '이야기 재구성'의 교과서와도 같습니다.

그는 아버지의 편애를 받는 화려한 채색옷을 입은 꿈 많은 소년이었습니다(원재료). 하지만 어느 날 갑자기 형들의 시기와 미움으로 인해 깊은 구덩이에 던져지고 결국 이집트로 가는 상인들에게 은 이십에 팔려 노예가 됩니다. 한순간에 그의 인생은 나락으로 떨어졌습니다. 세상의 이야기로 본다면 그의 이야기는 '가정 폭력의 비극', '믿었던 형제에게 버림받은 상처'의 이야기입니다.

하지만 이야기는 여기서 끝나지 않습니다. 노예로 팔려 간 보디발의 집에서 성실함을 인정받아 가정 총무가 되지만 이번에는 억울한 누명을 쓰고 왕의 죄수를 가두는 깊은 감옥에 갇히게 됩니다. 그의 삶은 더 깊은 절망의 구렁텅이로 빠져듭니다. 세상의 플롯은 그를 '불운과 실패의 아이콘'으로 규정하겠죠. 하지만 요셉은 그 칠흑 같은 어둠 속에서도 자신을 향한 하나님의 신실하심을 붙들었고 그분의 시간을 잠잠히 기다렸습니다.

마침내 하나님께서는 그를 감옥에서 건져내어 바로 왕의 꿈을 해석하게 하시고 일약 이집트 제국의 총리로 세우십니다. 그리고 극심한 기근이 닥쳤을 때 그의 지혜로운 통치로 수많은 사람의 생명을 구원하게 됩니다. 이 놀라운 반전의 클라이맥스는 곡식을 구하러 온 형들과 재회하는 씬입니다. 두려움에 떠는 형들 앞에서 요셉은 자신의 파란만장했던 삶 전체를 하나님의 이야기로 재해석하여 이렇게 선포합니다.

"당신들은 나를 해하려 하였으나 하나님은 그것을 선으로 바꾸사 오늘과 같이 많은 백성의 생명을 구원하게 하시려 하셨나니"(창 50:20)

이 한마디에 신앙 서사 형성의 모든 비밀이 담겨 있습니다. 형들의 악행(타락)이라는 원재료를 하나님께서 더 큰 선(구속)을 이루시는 도구로 사용하셨다는 놀라운 이야기 재구성입니다. 요셉은 자신의 삶을 더 이상 개인적인 상처와 성공의 이야기가 아닌 이스라엘 민족과 열방을 구원하시려는 하나님의 거대한 구속 드라마의 일부로 이해했던 것입니다.

이번에는 다윗의 이야기를 생각해 보세요. 그의 삶은 요셉처럼 명쾌하게 해석되지 않는 훨씬 더 복잡하고 모순적인 이야기입니다. 그래서 오히려 우리에게 더 큰 위로와 현실적인 지혜를 줍니다. 다윗은 이새의 여덟 아들 중 막내, 아무도 주목하지 않던 막내 목동이었습니다. 하지만 하나님은 그의 중심을 보시고 이스라엘의 왕으로 기름 부으십니다. 그는 골리앗을 쓰러뜨린 민족의 영웅이 되지만 그 때문에 사울 왕의 지독한 질투와 살해 위협을 받아 오랜 시간 광야를 떠돌며 쫓기는 신세가 됩니다.

왕이 된 후에도 그의 삶은 평탄치 않았습니다. 그는 우리아의 아내 밧세바를 범하고 충신 우리아를 죽이는 끔찍한 죄를 저질렀습니다. 그 죄의 결과로 집안에 칼부림이 끊이지 않았고 사랑했던 아들 압살롬의 반역으로 맨발로 울며 왕궁에서 쫓겨나는 비참한 신세가 되기도 했습니다. 그의 삶은 이처럼 거룩함과 추악함, 영광과 수치가 뒤섞인 한 편의 혼돈스러운 막장 드라마와 같았습니다.

다윗이 위대한 점은 그가 완벽해서가 아닙니다. 이 모든 혼돈스러운 삶의 재료들을 가지고 정직하게 하나님 앞에 나아갔다는 것에 있습니다. 그의 시편은 그가 자신의 삶을 어떻게 하나님과의 대화라는 이야기로 엮어냈는지를 보여주는 생생한 증거입니다. 그는 쫓기는 자의 두려움과 외로움, 왕으로서의 기쁨과 감사, 죄를 지은 자의 처절한 슬픔과 회개, 배신당한 자의 분노와 탄식을 조금도 숨기지 않고 하나님께 쏟아놓습니다. 그리고 그 과정에서 자신을 끝까지 포기하지 않으시는 하나님의 인자하심과 신실하심을 발견하고 찬양합니다. 시편은 다윗이라는 한 인간이 자신의 복잡하고 모순적인 삶을 하나님의 이야기 안에서 끊임없이 재해석하며 씨름했던 영적 분투의 기록입니다.

요셉과 다윗은 우리에게 중요한 사실을 가르쳐줍니다. 신앙 서사를 형성하

하나님의 이야기에 내 인생을 포개어

는 것은 고통이나 실패, 죄와 실수가 없는 완벽하고 아름다운 삶을 사는 것이
아니라는 사실입니다. 오히려 그것은 가장 어둡고 혼란스러운 현실 속에서
가장 부끄럽고 추악한 나의 모습에서도 여전히 일하고 계시는 하나님의 손길
을 발견하는 것입니다. 그리고 그분의 선하신 이야기를 끝까지 신뢰하는 법
을 배우는 평생의 여정입니다. 그들은 우리의 연약함을 누구보다 잘 이해하
는 길잡이입니다. 그들은 불완전한 사람도 하나님의 위대한 이야기 속에서
의미 있는 주인공이 될 수 있다는 살아 있는 희망을 보여주는 증인입니다.

✴ **6** ✴

당신의 이야기로의 초대

이제 우리는 함께 긴 여행을 떠나려 합니다. 나 자신의 신앙 서사를 직접 발견하고 만들어가는 여정입니다. 이 책은 우리에게 정답을 알려주는 지식의 책이 아니라 직접 걷고 탐험할 수 있도록 돕는 안내서가 되기를 기대합니다. 우리는 앞서 설명한 세 가지 단계에 따라 이 여정을 함께 걸어갈 것입니다.

제1부 '원재료'에서는 우리의 삶을 찬찬히 돌아보며 잊고 있었거나 외면했던 경험들을 수집하는 시간을 가질 것입니다.

제2부 '의미 부여하기'에서는 성경의 거대한 복음 이야기를 배우고 그 해석의 틀을 가지고 우리의 삶의 재료들을 새롭게 연결하고 재해석하는 구체적인 방법을 연습할 것입니다.

제3부 '주인공으로 살아가기'에서는 새롭게 발견한 정체성으로 오늘을 살아간다는 것이 무엇을 의미하는지 그리고 마지막 제4부 '삶을 단단히 세우기'에서는 이 신앙 서사를 평생에 걸쳐 풍성하게 가꾸어갈 수 있는 영적인 훈련법들은 무엇인지 함께 나눌 것입니다.

이 여정은 때로 쉽지 않을 수 있습니다. 자신의 아픈 과거를 정직하게 마주해야 하는 용기가 필요합니다. 익숙했던 세상의 이야기와 생각의 틀을 깨뜨리는 불편함을 감수해야 할지도 모릅니다. 하지만 우리는 결코 혼자가 아닙니다. 우리의 신실한 길잡이인 요셉과 다윗이 우리와 함께할 것입니다. 무엇보다 이 모든 이야기의 위대한 작가이시며 감독이신 하나님께서 성령을 통해 우리의 서투른 걸음을 친히 인도하시고 격려하실 것입니다.

우리의 삶이 얼마나 놀랍고 의미 있는 이야기가 될 수 있는지 발견할 준비가 되셨습니까? 세상이 들려주는 낡고 공허한 이야기에 더 이상 만족하지 않고 하나님께서 태초부터 당신을 위해 준비하신 진짜 이야기를 찾아 떠날 준비가 되셨습니까? 그렇다면, 이제 책의 첫 장을 넘겨 우리 함께 그 위대한 모험을 시작해 봅시다.

당신의 삶은 어떤 이야기로 채워져 있습니까?

원재료

당신을 채우는 이야기는 무엇인가요?

1장 텅 빈 마음에 오신 것을 환영합니다

1. 마음 경고등에 불이 켜졌습니다!
2. 머리와 가슴, 너무나 먼 거리
3. 붙잡히지 않는 것을 좇아가다
4. 그 거룩한 불만족을 축복하며
5. 당신의 모든 순간, 찬란함과 어두움까지
6. 이제 당신의 작업대 앞으로

2장 기억의 지하실로 내려가는 첫걸음

1. 마치 고고학자처럼 마음을 파고들기
2. 내 인생의 그래프 그리기
3. 나를 만든 결정적 순간들
4. 얼굴에 새겨진 이야기들
5. 반복되는 클리셰의 덫을 넘어
6. 괜찮아, 모든 조각들을 올려놓아도

3장 작업대 위의 혼돈, 파편들을 마주하는 법

1. 이 혼돈이 정말 나의 삶인가요?
2. 내 안의 수많은 '나'와 마주하기
3. 이해되지 않는 공백들과 함께
4. 보이지 않아도 함께 계시는 하나님
5. 가장 정직한 예배
6. 모든 조각은 저마다의 자리가 있다

텅 빈 마음에 오신 것을 환영합니다

* 1 *

마음 경고등에 불이 켜졌습니다!

자동차 계기판에는 여러 가지 표시등이 있습니다. 주유 경고등, 안전띠 미착용 경고등, 그리고 운전자들을 가장 긴장하게 만드는 '엔진 체크' 경고등이 있습니다. 주황색 엔진 모양의 이 작은 불빛이 켜지는 순간 우리 마음은 덜컥 내려앉습니다. '무슨 큰 문제가 생긴 걸까?', '수리비가 많이 나오면 어떡하지?', '이러다 차가 길 위에서 멈춰버리는 건 아닐까?' 온갖 불안한 생각들이 꼬리를 뭅니다.

그런데 한번 생각해 보세요. 이 엔진 경고등 자체가 자동차의 문제는 아닙니다. 경고등은 우리에게 문제가 있다고 알려주는 고마운 신호일 따름이죠. 이 경고는 우리 눈에 보이지 않는 엔진 어딘가에, 혹은 배기 시스템이나 변속기 어딘가에 점검이 필요한 부분이 있다는 뜻입니다. 만약 이 경고등이 없다면 어떨까요? 우리는 문제를 전혀 감지하지 못하다가 어느 날 도로 한복판에서 차가 멈춰서는 더 큰 위험에 처하게 될지도 모릅니다. 따라서 경고등이 깜빡이는 것은 문제가 아니라 더 큰 문제로부터 우리를 보호하기 위한 '메시지'입니다.

우리 신앙생활에도 이와 비슷한 '영혼의 엔진 경고등'이 켜질 때가 있습니다. 이 경고등은 사람마다 다른 모양으로 나타납니다.

어떤 이에게는 끝없는 '공허감'이라는 이름으로 깜빡입니다. 주일 예배에 참석해 뜨겁게 찬양하고 은혜로운 설교를 듣고 돌아오지만, 월요일 아침이 되면 마음은 다시 텅 빈 허무한 공간처럼 느껴집니다. '이것이 전부일까? 내 삶에 무언가 중요한 것이 빠져 있는 것 같아.' 하는 막연한 갈증이 가시질 않습니다.

어떤 이에게는 '회의감'이라는 경고등이 깜빡입니다. 성경을 읽고 기도를 해도 아무런 감흥이 느껴지지 않습니다. 오랫동안 믿어왔던 말씀들이 갑자기 낯설고, 비현실적으로 느껴집니다. '하나님은 정말 살아계신 걸까? 내 믿음은 그저 나 혼자만의 착각이나 습관은 아닐까?' 하는 회피하고 싶은 질문들이 마음을 파고듭니다.

또 어떤 이에게는 '무력감'이라는 경고등이 울립니다. "원수를 사랑하라."는 말씀을 알지만, 직장에서 나를 괴롭히는 그 사람을 도저히 용서할 수 없는 자신을 발견합니다. "염려하지 말라."는 약속을 믿지만 자녀의 미래나 경제적인 문제를 생각하면 밤잠을 설치는 자신을 보며 좌절합니다. 신앙이 삶의 구체적인 문제 앞에서 아무런 힘을 발휘하지 못하는 것 같아 무력감에 빠집니다.

공허감, 회의감, 무력감… 이 영혼의 엔진 경고등이 켜질 때, 우리는 불안하고 당혹해합니다. 그리고 종종 이 신호들을 오해하죠. 우리는 이 경고등 자체가 '문제'라고 생각합니다. '내 믿음이 부족해서 그래.', '내가 기도를 게을리 해서 벌을 받는 거야.', '나는 다른 사람들보다 영적으로 열등한가 봐.' 우리는 이 모든 것을 자신의 신앙적 실패의 증거로 받아들이고 죄책감과 수치심에 빠집니다. 그래서 우리는 이 불편한 경고등을 애써 무시하거나 급한 대로 종교적인 행위로 덮어버리려고 합니다. 더 열심히 봉사하고 더 많은 성경 공부 모임에 참여하고 더 뜨거운 집회에 찾아다닙니다. 마치 자동차 경고등 위에

검은 테이프를 붙여 보이지 않게 가려버리는 것처럼 말입니다.

하지만 저는 전혀 다른 관점을 제안하고 싶습니다. 그 텅 빈 마음과 끝없는 질문, 그리고 무력한 현실. 이것들은 우리의 신앙이 실패했다는 증거가 아닙니다. 오히려 그것은 우리의 영혼이 여전히 살아있다는, 그래서 더 깊고 실제적인 것을 갈망하고 있다는 가장 확실한 증거입니다. 우리의 영혼에 켜진 엔진 경고등은 정죄하기 위한 것이 아니라 더 깊은 이야기 속으로 초대하기 위한 하나님의 '메시지'이자 '초대장'입니다.

그러니 그 텅 빈 마음에 오신 것을 진심으로 환영합니다. 그 정직한 질문과 씨름을 축복합니다. 당신이 느끼는 그 영적 갈증이야말로 우리가 함께 떠날 이 위대한 이야기 여정의 가장 중요한 출발점이기 때문입니다. 우리는 이 여정에서 그 경고등이 가리키는 곳을 함께 들여다보고 우리 영혼의 엔진을 점검할 것입니다. 그리고 마침내 당신의 삶을 힘차게 움직일 진짜 동력을 발견하게 될 것입니다.

2

머리와 가슴,
너무나 먼 거리

서론에서 우리는 '신앙 경험'이라는 개념을 잠시 언급했습니다. 위대한 진리가 평범한 사람들의 삶에서 실제로 경험되고 사용될 수 있어야 한다는 뜻입니다. 이 개념을 조금 더 깊이 파고 들어가 봅시다. 물론 이 예시들은 개념을 쉽게 설명하기 위한 비유일 뿐입니다. 하지만 대략적인 개념 이해에는 도움이 되리라 생각합니다.

왜 수많은 그리스도인이 놀라운 복음의 능력을 알면서도 그것을 자신의 삶에서 제대로 '사용'하지 못하는 거대한 단절을 경험하는 걸까요?

용서라는 이름의 앱

스마트폰 앱 스토어에 '완벽한 용서'라는 이름의 앱이 있다고 상상해 보세요. 앱 설명은 아주 매력적입니다.

"단 한 번의 터치로 당신의 마음에 있는 모든 미움과 원망을 깨끗이 지워드립니다. 상처로부터의 완전한 자유를 경험하세요. 100% 무료!"

우리는 망설임 없이 이 앱을 다운로드합니다. 마침, 나에게 깊은 상처를 준 사람이 떠오릅니다. 그 사람 때문에 몇 날 며칠을 분노와 억울함으로 지냈습니다. 이제 이 앱으로 모든 것을 해결할 수 있다는 기대감에 부풉니다.

앱을 실행하자 화면에는 '용서할 대상의 이름을 입력하세요.'라는 창이 뜹니다. 나는 그 사람의 이름을 적어 넣습니다. 그러자 화면이 바뀌며 커다란 '용서하기' 버튼이 나타납니다. 나는 심호흡을 한번 하고, 믿음을 다해 그 버튼을 누릅니다. '이제 모든 것이 끝났어. 내 마음에 평화가 찾아올 거야.'

그런데 아무 일도 일어나지 않습니다. 여전히 내 마음속에는 그 사람을 향한 미움이 들끓고 억울한 기억들이 생생하게 떠오릅니다. 나는 당황해서 버튼을 다시 한번 눌러봅니다. 더 세게, 더 간절하게. 하지만 변하는 것은 아무것도 없습니다. 나는 결국 짜증을 내며 앱을 삭제해 버립니다.

"역시, 사기였어! 전혀 작동하지 않아!"

많은 경우 기독교 신앙 안에서 용서라는 계명은 우리에게 이런 식으로 다가옵니다. 우리는 설교를 통해 성경 공부를 통해 "원수를 사랑하고 용서하라."는 명령을 수없이 듣습니다. 이것이 하나님의 뜻이라는 것을 머리로는 분명히 압니다. 그래서 우리는 마음속으로 '용서하기' 버튼을 누릅니다. '주님, 제가 저 사람을 용서합니다. 이제 제 마음의 미움을 거두어 주세요.'

하지만 다음 날 그 사람을 마주치거나 그가 남긴 상처가 떠오르는 순간, 어제 기도했던 것이 무색하게 똑같은 분노와 고통이 덮쳐옵니다.

이런 경험이 반복되면 우리는 둘 중 하나의 결론에 이르게 됩니다. '나는 용서할 능력이 없는, 구제 불능의 신앙인'이라는 자기 정죄입니다. 그게 아니라면 '용서라는 계명은 현실에서는 불가능한, 너무나 이상적인 가르침일 뿐'이라는 냉소와 자포자기입니다.

문제는 어디에 있을까요? '용서'라는 앱의 기능 자체에 문제가 있는 걸까요? 아닙니다. 하나님의 앱은 완벽합니다. 진리의 말씀이기 때문이죠. 문제는 앱의 '사용자 인터페이스'가 너무나 불친절하다는 데 있습니다. '용서하기'라는 최종 목표 버튼만 덩그러니 있을 뿐 그 목표에 이르기까지 사용자가 거쳐야 할 구체적인 단계와 과정이 전혀 안내되지 않았다는 것입니다.

정말로 사용자를 돕는 '용서 앱'이라면 어땠을까요? 아마 '용서하기' 버튼을 누르면 이런 질문들이 차례로 나타나야 하겠죠.

"먼저, 당신이 받은 상처가 얼마나 아픈지 정직하게 느끼고 표현해 보세요. 당신의 분노와 슬픔은 당연합니다."(감정의 정직한 대면)

"그 사건으로 인해 당신이 구체적으로 무엇을 잃었는지 목록을 작성해 보세요."(예 : 신뢰, 안정감, 자존감) (손실의 구체화)

"이제 당신이 얼마나 불완전한 존재이며, 당신 역시 다른 누군가에게 상처를 주었던 죄인임을 기억해 보세요."(자신의 죄성 인식)

"당신이 그런 죄인임에도 불구하고, 하나님께서 그리스도를 통해 당신을 어떻게 조건 없이 용서하셨는지 묵상해 보세요."(복음의 재확인)

"용서는 당신의 감정을 억지로 바꾸는 것이 아니라, 그 사람을 향한 심판을 하나님께 맡기기로 결단하는 것입니다. 이 결단을 하시겠습니까?"(용서의 재정의 및 결단)

"이 과정은 한 번에 끝나지 않을 수 있습니다. 미움의 감정이 다시 찾아올 때마다 이 과정을 반복하며 하나님의 도우심을 구하세요."(과정으로서의 이해)

이처럼 용서는 단 한 번의 클릭으로 끝나는 마법이 아니라 여러 단계를 거쳐야 하는 고통스럽고 더딘 과정입니다. 하지만 많은 신앙 교육은 이 구체적인 과정을 가르쳐주기보다 '용서하라.'는 당위적인 결과만을 선포하는 데 그칩니다. 우리는 훌륭한 목적지를 알고 있지만 그곳까지 가는 지도를 받지 못한 여행자와 같습니다. 그러니 길 위에서 헤매고 지치는 것은 어쩌면 당연한 결과 아닐까요?

평안.zip

또 다른 예를 들어봅시다. 우리에게는 '내 평안을 너희에게 주노라… 너희는 마음에 근심하지도 말고 두려워하지도 말라.'(요14:27)는 예수님의 놀라운 약속이 있습니다. 이것은 마치 우리 신앙의 usb에 '세상이 줄 수 없는 평안.zip'이라는 파일이 저장되어 있는 것과 같습니다. 이 파일은 어떤 불안과 두려움의 바이러스도 막아낼 수 있는 강력한 백신입니다.

어느 날, 당신은 회사로부터 구조조정 대상이 될 수 있다는 소문을 듣습니다. 혹은 의사로부터 건강에 심각한 이상이 의심된다는 소견을 듣습니다. 갑작스러운 위기 앞에 당신의 마음은 거센 폭풍우에 휩싸인 배처럼 요동칩니다. 미래의 불안과 최악의 상황에 대한 두려움이 당신을 집어삼킵니다.

이때, 당신은 usb에 저장된 '평안.zip' 파일을 떠올립니다. '그래, 예수님께서 평안을 주신다고 약속하셨지. 나는 근심하지 않을 거야.' 당신은 마음속으로 그 파일을 다운로드하려고 애씁니다. "주님, 제게 평안을 주십시오." 하지만 아무리 애를 써도 파일은 열리지 않고, '파일을 읽을 수 없습니다.'라는 메시지만 뜨는 것 같습니다. 불안은 조금도 줄어들지 않고 당신은 결국 절망에 빠집니다. '약속은 그저 글자일 뿐인가? 왜 작동하지 않는 걸까?'

이 경우의 문제는 무엇일까요? 파일 자체가 가짜이거나 usb에 문제가 생긴 것일까요? 아닙니다. 하나님의 약속은 영원히 신실합니다. 문제는 그 파일의 압축을 푸는 '프로그램'이 우리 컴퓨터에 설치되어 있지 않다는 데 있습니다. 혹은 그 프로그램의 사용법을 전혀 모른다는 것입니다.

하나님의 평안은 자동적으로 우리 마음에 주입되는 마취제가 아닙니다. 그것은 우리가 능동적으로 참여하고 훈련해야 하는 '실천'을 통해 경험되는 열매입니다. 성경은 그 '압축 해제 프로그램'의 사용법을 곳곳에서 가르쳐줍니다.

"아무 것도 염려하지 말고 다만 모든 일에 기도와 간구로, 너희 구할 것을 감사함으로 하나님께 아뢰라. 그리하면 모든 지각에 뛰어난 하나님의 평강이 그리스도 예수 안에서 너희 마음과 생각을 지키시리라."(빌 4:6-7)

사용법 1 : 구체적인 기도로 아뢰기. 막연한 불안감을 그대로 두지 말고 무엇이 두려운지 무엇을 원하는지를 구체적인 언어로 하나님께 아뢰는 것입니다. 이것은 내 불안의 실체를 직면하고 그것을 하나님의 손에 올려드리는 행위입니다.

사용법 2 : 감사함으로 아뢰기. 가장 두려운 상황 속에서도, 그럼에도 불구하고 감사할 수 있는 것들을 의지적으로 찾아 고백하는 것입니다. 감사는 우리의 시선을 문제의 거대함에서 하나님의 선하심으로 옮겨주는 강력한 영적 훈련입니다.

"너희는 말씀을 행하는 자가 되고 듣기만 하여 자신을 속이는 자가 되지 말라."(약 1:22)

사용법 3 : 말씀에 순종하기. 때로는 하나님의 평안은 우리가 가장 두려워하는 행동, 즉 순종을 통해 임합니다. 예를 들어 재정적 불안에 시달릴 때 오히려 작은 것이라도 나누고 베푸는 순종을 할 때 하나님께서 채우실 것이라는 진짜 평안을 경험하게 됩니다.

이처럼 하나님의 평안이라는 파일을 내 삶에서 경험하기 위해서는 '구체적인 기도', '의지적인 감사', '능동적인 순종'이라는 압축 해제 프로그램이 필요합니다. 하지만 우리는 종종 이 프로그램의 존재 자체를 모르거나 사용법을 배우려 하지 않고 그저 파일이 저절로 열리기만을 기다립니다. 그러다 보니 신앙은 우리의 구체적인 불안과 두려움 앞에서 속수무책인 '작동'하지 않는 관념으로 남게 될 뿐입니다.

용서의 문제, 평안의 문제뿐만이 아닙니다. 사랑, 인내, 절제, 기쁨, 소망 등 우리가 가진 모든 신앙의 위대한 가치들은 이와 비슷한 '단절'의 문제를 겪고 있습니다. 우리는 무엇을 믿어야 하는지의 '정보What'는 차고 넘치도록 가지고 있지만, 그 믿음을 어떻게 살아내야 하는지의 '방법How'은 등한시합니다. 이것이 현대 교회가 겪는 '신앙적 사용자 경험'의 부재이며, 수많은 성도가 영적 공허감과 무력감에 시달리는 근본적인 이유입니다.

✴ 3 ✴

붙잡히지 않는 것을 좇아가다

이처럼 신앙과 삶의 거대한 단절, 즉 '작동'하지 않는 신앙의 문제에 직면할 때 우리가 빠지기 쉬운 가장 흔하고 위험한 함정이 있습니다. 바로 느낌과 감정을 신앙의 척도로 삼는 것입니다.

머리로 아는 교리가 내 삶을 변화시키지 못하고 의지적인 노력이 번번이 실패로 돌아갈 때 우리는 '가슴으로 느끼는 뜨거운 체험'만이 이 모든 문제를 해결해 줄 유일한 돌파구라고 생각하게 됩니다. 그래서 우리는 그 '느낌'을 찾아 헤매기 시작합니다.

마치 목마른 사람이 사막에서 신기루를 좇듯이 우리는 영적인 뜨거움과 감정적인 황홀경을 경험할 수 있는 곳이라면 어디든 찾아갑니다. 더 열정적인 찬양 집회, 더 카리스마 있는 설교, 더 특별한 영적 프로그램, 더 신비한 체험을 약속하는 수련회에 참여합니다. 그리고 그곳에서 잠시나마 뜨거운 눈물을 흘리고 마음에 벅찬 감동을 느끼면 우리는 비로소 '내가 하나님을 만났다.', '내 신앙이 회복되었다.'고 안도합니다.

물론 하나님께서 우리의 감정을 통해 일하시고 우리를 만나주시는 것은 사실입니다. 찬양의 감격, 회개의 눈물, 말씀의 깨달음에서 오는 기쁨은 하나님이 주시는 소중한 선물입니다. 문제는 이러한 감정적인 '느낌'이 신앙의 본질인 것처럼, 혹은 신앙의 건강함을 측정하는 유일한 바로미터인 것처럼 착각

40 제1부 원재료

하는 데 있습니다.

심각한 문제를 일으키는 감정 중심의 신앙

첫째, 감정 중심의 신앙은 매우 불안정합니다.

우리의 감정은 날씨처럼 변덕스럽습니다. 어제는 성령 충만하여 세상을 다 얻은 것 같다가도 오늘 아침 배우자와의 사소한 다툼 한 번에 마음은 금세 차가운 얼음장처럼 변해버립니다. 감정이라는 모래 위에 신앙의 집을 지으면 삶의 작은 파도에도 집은 속절없이 흔들리고 무너져 내립니다. 느낌이 좋을 때는 내 믿음이 최고인 것 같다가 마음이 냉랭하고 무감각해지면 '내 믿음이 식었구나, 나는 하나님에게서 멀어졌구나.' 하며, 절망에 빠지는 롤러코스터를 타게 됩니다.

둘째, 감정 중심의 신앙은 우리를 중독자로 만듭니다.

감정적인 영적 고양감spiritual high은 마약과 같아서 경험할수록 더 강한 자극을 원하게 됩니다. 일상적인 예배와 기도에서는 더 이상 만족을 느끼지 못하고 항상 더 특별하고 더 강렬한 체험만을 추구하게 됩니다. 이것은 신앙을 현실의 삶에서 도피하는 수단으로 전락시킬 위험이 있습니다. 삶의 지루하고 고통스러운 문제들을 믿음으로 씨름하며 해결해 나가는 대신 잠시나마 그것을 잊게 해주는 감정적 위안에 중독됩니다.

셋째, 감정 중심의 신앙은 우리를 자기중심적으로 만듭니다.

감정 중심의 신앙은 결국 내가 어떻게 느끼는가에 모든 초점을 맞추게 됩니다. 예배의 목적은 하나님께 영광을 돌리는 것이 아니라 내가 은혜를 받는 것이 됩니다. 기도의 중심은 하나님의 뜻을 구하는 것이 아니라 내 마음의 평안을 얻는 것이 됩니다. 신앙의 여정 전체가 하나님을 알아가는 것이 아니라 나의 영적 만족감을 채우는 하나의 거대한 소비 활동처럼 변질될 수 있습니다.

넷째, 감정 중심의 신앙은 영적 가뭄의 시기를 견뎌낼 힘을 앗아갑니다.

모든 신앙인에게는 영적으로 메마르고 건조한 광야의 시간이 찾아옵니다. 기도해도 하나님의 침묵만 느껴지고 말씀을 읽어도 아무런 감동이 없는 시간입니다. 이것은 믿음의 선배들이 모두 겪었던 것입니다. 우리의 신앙이 더 깊어지고 단단해지기 위해, 꼭 필요한 과정입니다. 아빌라의 테레사는 이 시기를 '영혼의 어두운 밤'이라고 불렀습니다.

하지만 느낌이 신앙의 전부라고 믿는 사람에게 이 광야의 시간은 재앙과 같습니다. 그들은 이 시기를 영적 성숙의 과정으로 이해하지 못하고 하나님께서 자신을 버리셨다는 절망적인 증거로 받아들입니다. 그래서 이 어두운 밤을 끝까지 통과해 내지 못하고 더 빨리 '좋은 느낌'을 줄 수 있는 다른 곳을 찾아 떠나거나 결국 신앙 자체를 포기해 버리기도 합니다.

그렇다면 우리는 어떻게 해야 할까요? 감정을 억누르고 이성만으로 신앙 생활을 해야 할까요? 그것은 또 다른 극단입니다. 하나님은 우리의 지정의 (知情意), 즉 이성과 감정과 의지를 모두 포함한 전인격으로 당신을 사랑하고 예배하기를 원하십니다.

핵심은 순서와 기초를 바로잡는 것입니다. 우리의 신앙은 느낌이라는 변덕스러운 감정 위에 세워져서는 안 됩니다. 우리의 신앙은 변하지 않는 하나님의 말씀과 그분의 신실하신 성품이라는 진리의 반석 위에 굳건히 세워져야 합니다. 그리고 그 반석 위에서 우리는 우리의 의지를 사용하여 그 진리에 순종하는 삶을 선택하고 훈련해야 합니다.

우리가 이처럼 진리의 반석 위에 서서 의지적인 순종의 발걸음을 내디딜 때 비로소 우리의 감정은 그 결과로서 건강하고 안정적인 열매를 맺게 됩니다. 즉, '진리 → 의지 → 감정'의 순서입니다.

하지만 감정 중심의 신앙은 이 순서를 뒤집어 '감정 → 진리(?) → 의지(?)' 로 만듭니다. 내가 느끼기에 좋으면 그것이 진리인 것 같고, 느낌이 없을 때 는 순종할 의지조차 생기지 않습니다.

당신이 지금 영적 공허감을 느끼고 있다면 그것은 어쩌면 그동안 느낌이라 는 신기루를 좇아왔다는 신호일 수 있습니다. 그것은 이제 모래성이 아닌 반 석 위에 집을 지으라는, 더 이상 감정의 노예가 아닌 진리의 자녀로 살아가라 는 하나님의 초대일 수 있습니다. 진정한 신앙은 내가 하나님을 느끼지 못하 는 순간에도 하나님은 여전히 그 자리에 계시며 나를 붙들고 계신다는 사실 을 신뢰하는 것입니다. 진정한 믿음은 감정이 아니라 그 신뢰에 바탕을 둔 의 지적인 순종으로 증명됩니다. 그러니, 공허감은 바로 이 더 깊고 성숙한 믿음 으로 나아가는 출발점이 될 수 있습니다.

✱ 4 ✱

그 거룩한 불만족을 축복하며

우리는 지금까지 영적 공허감이라는 '엔진 경고등'이 켜지는 이유를 살펴보았습니다. 그것은 신앙과 삶의 '단절' 때문이며 그 해결책으로 '감정적인 느낌'을 좇는 것이 얼마나 위험한지를 이야기했습니다.

이제 이 장의 가장 중요한 핵심으로 나아가려 합니다. 그것은 바로 우리가 느끼는 그 영적 불만족과 공허감이 결코 부끄럽거나 잘못된 것이 아니라 오히려 지극히 거룩하고 존엄한 것일 수 있다는 사실입니다.

세상은 우리에게 불만족을 부정적인 감정으로 여기도록 가르칩니다. 특히 종교적인 환경 안에서는 더욱 그렇습니다. 신앙이 좋은 사람은 항상 기뻐하고 감사하며 만족하는 사람이라고 배우기 때문에 우리 안에 있는 불만족이나 의심, 하나님을 향한 원망 같은 감정들은 억눌러야 할 죄악처럼 느낍니다. 그래서 우리는 그런 부정적인 감정들을 숨기고 다른 사람들 앞에서는 물론이고 하나님 앞에서조차 괜찮은 척, 만족하는 척 연기합니다.

하지만 성경을 정직하게 읽어보면 하나님께서 귀하게 사용하신 사람들은 하나같이 거룩한 불만족을 품었던 사람들이었습니다. 그들은 현실에 안주하지 않았고 쉽고 편리한 대답에 만족하지 않았으며 자신의 정직한 감정과 질문을 가지고 하나님과 씨름했던 사람들이었습니다.

시편 기자의 정직한 탄식

성경의 한가운데 자리 잡은 시편은 이 거룩한 불만족의 가장 위대한 교과서입니다. 우리는 시편을 평화롭고 아름다운 신앙고백으로만 생각하는 경향이 있지만 사실 시편의 상당 부분(약 3분의 1 이상)은 하나님을 향한 처절한 탄식과 불평, 심지어 원망으로 가득 차 있습니다.

"내 하나님이여 내 하나님이여 어찌 나를 버리셨나이까 어찌 나를 멀리 하여 돕지 아니하시오며 내 신음 소리를 듣지 아니하시나이까 내 하나님이여 내가 낮에도 부르짖고 밤에도 잠잠하지 아니하오나 응답하지 아니하시나이다"(시편 22:1-2)

이것은 예수님께서 십자가 위에서 외치셨던 바로 그 기도입니다. 이 기도가 믿음이 약한 자의 불평으로 들리십니까? 아닙니다. 이 기도는 자신의 고통 한가운데서 하나님을 향한 기대를 끝까지 포기하지 않는 자만이 드릴 수 있는 가장 정직하고 깊은 신뢰의 부르짖음입니다. 만약 시편 기자가 하나님을 신뢰하지 않았다면 그는 고통 속에서 하나님을 찾지 않고 그냥 침묵하거나 다른 우상을 찾아 떠났을 것입니다. 그가 하나님께 부르짖고 따지고 매달리는 것 자체가 여전히 하나님만이 유일한 희망임을 믿고 있다는 가장 강력한 증거입니다.

"여호와여 어느 때까지니이까 나를 영원히 잊으시나이까 주의 얼굴을 나에게서 어느 때까지 숨기시겠나이까 나의 영혼이 번민하고 종일토록 마음에 근심하기를 어느 때까지 하오며 내 원수가 나를 치며 자랑하기를 어느 때까지 하리이까"(시편 13:1-2)

'어느 때까지니이까?' 이 구절은 시편 기자들이 가장 자주 던졌던 질문입니다. 이 질문 속에는 하나님의 부재와 침묵처럼 느껴지는 현실의 깊은 고통과 불만족이 담겨 있습니다. 자신의 감정을 포장하거나 위장하지 않습니다. 번민과 근심을 있는 그대로 하나님께 쏟아놓습니다.

이들의 탄식은 단순한 불평과 다릅니다. 단순한 불평은 하나님을 향한 신뢰 없이 문제만을 바라보는 것이지만 거룩한 탄식은 하나님을 향한 신뢰를 붙들고 문제의 현실을 정직하게 아뢰는 것입니다. 당신의 마음속에 있는 공허감과 회의감, '하나님, 도대체 어디 계십니까?' 하는 그 정직한 질문은 믿음 없는 불평이 아니라 시편 기자의 전통을 잇는 거룩한 탄식일 수 있습니다. 거룩한 탄식은 당신의 영혼이 가짜 위안에 만족하지 않고 살아계신 하나님과의 진짜 만남을 갈망하고 있다는 신호입니다.

창조 세계의 거룩한 신음

사도 바울은 로마서 8장에서 이 거룩한 불만족의 범위를 인간을 넘어 모든 피조 세계로 확장합니다.

"피조물이 허무한 데 굴복하는 것은 자기 뜻이 아니요 오직 굴복하게 하시는 이로 말미암음이라. 그 바라는 것은 피조물도 썩어짐의 종노릇한 데서 해방되어 하나님의 자녀들의 영광의 자유에 이르는 것이니라. 피조물이 다 이제까지 함께 탄식하며 함께 고통을 겪고 있는 것을 우리가 아느니라. 그뿐 아니라 또한 우리 곧 성령의 처음 익은 열매를 받은 우리까지도 속으로 탄식하여 양자 될 것 곧 우리 몸의 속량을 기다리느니라."(로마서 8:20-23)

바울은 이 세상의 모든 피조물이 '함께 탄식하며 고통을 겪고 있다.'고 말합니다. 이것은 타락으로 인해 깨어진 세상의 현실에 대한 깊은 불만족의 표현입니다. 세상은 지금의 상태가 정상이 아니며 본래의 창조 목적에서 어긋나 있음을 본능적으로 알고, 신음하고 있다는 말입니다. 그리고 놀랍게도 성령을 받은 우리 신자들 역시 '속으로 탄식한다.'고 말합니다.

우리는 흔히 성령 충만한 사람은 항상 기쁘고 만족할 것이라 생각하지만, 바울은 정반대로 말합니다. 성령을 받았기에 우리는 이 세상의 깨어짐과 아픔을 더 예민하게 느끼고 우리 자신의 연약함과 죄성 때문에 더 깊이 탄식하게 된다고 말이죠. 우리의 이 탄식과 불만족은 하나님의 부재의 증거가 아니라 오히려 우리 안에 성령께서 내주하신다는 가장 확실한 증거입니다. 그것은 우리 영혼이 장차 올 하나님의 나라, 모든 것이 회복될 그날의 완성을 간절히 갈망하고 있다는 신호이기 때문입니다.

그러므로 우리가 이 세상의 불의와 고통을 보며 느끼는 분노와 슬픔, 스스로의 한계와 죄성 앞에서 느끼는 깊은 무력감과 공허감은 지극히 거룩한 것입니다. 그것은 우리의 영혼이 이 깨어진 세상에 완전히 동화되기를 거부하고, 하나님 나라의 온전한 회복을 향한 거룩한 향수병을 앓고 있다는 증거입니다. 우리의 불만족은 절망시키는 독이 아니라 우리로 하여금 더 나은 세상을 꿈꾸고 기도하게 만드는 거룩한 동력입니다.

그 채워지지 않는 빈자리, 그 무엇으로도 만족할 수 없는 깊은 갈증은 하나님께서 우리의 영혼에 심어두신 향수병homesick과 같습니다. 그것은 우리에게 이곳이 우리의 영원한 집이 아니며, 우리는 더 위대한 본향을 향해 나아가야 할 순례자임을 끊임없이 상기시키는 하나님의 나침반입니다. 그러니 더 이상 영적 공허감을 부끄러워하거나 숨기지 마십시오. 오히려 그것을 존엄하게 여기십시오. 그것은 우리를 더 깊은 신앙, 더 넓은 소망, 그리고 더 위대한 이야기 속으로 이끄시는 하나님의 가장 은밀하고 강력한 초대이기 때문입니다.

* 5 *

당신의 모든 순간,
찬란함과 어두움까지

　우리가 느끼는 영적 공허감이 사실은 의미를 추구하는 거룩한 갈망이라는 것을 받아들이게 되면 우리는 자연스럽게 다음 질문에 도달합니다.

　"그렇다면 이 갈망을 가지고 무엇을 해야 하는가? 어디에서부터 시작해야 하는가?"

　이 질문에 대한 대답이 바로 이 책의 1부 전체를 관통하는 핵심 주제입니다.

　"출발점은 바로 우리가 지금 서 있는 그 자리, 이미 살고 있는 그 삶 자체입니다."

　우리는 종종 신앙의 성장을 위해 무언가 특별한 것을 외부에서 가져와야 한다고 생각합니다. 더 많은 지식, 더 특별한 체험, 더 뛰어난 영적 스승을 찾아 헤맵니다. 하지만 하나님은 우리에게 말씀하십니다. "내가 너의 이야기를 써내려갈 원재료는 이미 너의 삶 속에 충분히 있다."
　문제는 우리가 무엇을 원재료로 여기느냐에 있습니다. 더 정확히는, 우리가 무엇을 영적 경험이라고 생각하느냐의 문제입니다.

당신에게 "최근에 겪은 영적 경험에 대해 이야기해 보세요."라고 묻는다면 당신은 어떤 순간들을 떠올리게 될까요? 아마도 많은 사람이 다음과 같은 특별한 순간들을 먼저 떠올릴 것입니다.

> 수련회 마지막 날 밤, 뜨겁게 기도하다가 경험한 벅찬 감격.
> 아름다운 자연 속에서 하나님의 살아계심을 온몸으로 느꼈던 순간.
> 간절한 기도 제목이 기적처럼 응답받았던 사건.
> 설교 말씀을 듣다가 번개처럼 스쳐 지나간 깨달음의 순간.
> 누군가를 용서하기로 결단했을 때 찾아온 마음의 평화.

물론, 이 모든 것은 하나님께서 우리에게 주시는 소중하고 귀한 영적 경험이 맞습니다. 우리는 이러한 순간들을 통해 하나님의 임재를 생생하게 느끼고 신앙의 활력을 얻습니다.

하지만 만약 우리의 삶이 이런 반짝이는 순간들로만 채워져 있지 않다면 어떻게 될까요? 만약 지난 몇 달, 혹은 몇 년 동안 이런 특별한 경험을 단 한 번도 하지 못했다면 그것은 우리에게 영적 경험이 부재한 것일까요? 만약 그렇다면 대부분의 평범한 그리스도인들은 영적으로 메마른 불모지를 걷는 셈이 됩니다.

여기서 우리는 영적 경험에 대한 우리의 정의를 근본적으로 수정하고 확장할 필요가 있습니다. 신앙 서사를 형성하기 위한 원재료로서의 영적 경험은 반드시 긍정적이고, 감동적이며, 경건하게 보이는 순간들만을 의미하지 않습니다. 오히려 우리의 삶을 구성하는 훨씬 더 넓고 깊은 차원의 모든 경험을 포함합니다.

새롭게 정의된 영적 경험, 즉 당신의 이야기를 만드는 원재료는 다음과 같은 것들일 수 있습니다.

혼란과 의심의 경험

하나님의 뜻이 무엇인지 도무지 알 수 없어 답답해했던 시간.

성경을 읽다가 도저히 이해되지 않는 구절 앞에서 씨름했던 밤.

교회의 가르침과 세상의 현실 사이에서 무엇이 옳은지 혼란스러웠던 경험.

'과연 하나님은 선하신가?'라는 질문을 차마 입 밖으로 내지 못하고 속으로 삼켜야 했던 고통의 순간.

이 모든 혼란과 의심은 당신의 믿음이 피상적인 수준에 머무르기를 거부하고 더 정직하고 깊은 이해로 나아가고 있다는 증거입니다. 이것은 당신의 서사에 깊이를 더해줄 아주 중요한 원재료입니다.

실패와 상실의 경험

야심 차게 시작했던 사업이 실패로 돌아갔을 때의 좌절감.

신뢰했던 친구나 동료에게 배신당했을 때의 아픔.

사랑하는 가족을 갑작스럽게 떠나보낸 후의 감당할 수 없는 슬픔.

오랫동안 간절히 기도했지만 끝내 이루어지지 않은 소망 앞에서 느꼈던 실망감.

이러한 실패와 상실의 경험은 우리를 교만에서 벗어나 자신의 연약함을 인정하게 만들고 세상의 것이 아닌 오직 하나님만이 영원한 소망이심을 배우게 하는 가장 강력한 교실이 될 수 있습니다.

죄와 수치심의 경험

끊어내려고 발버둥 쳤지만, 또다시 넘어진 중독의 문제.

순간의 분노를 참지 못하고 사랑하는 사람에게 깊은 상처를 준 후에 밀려오는 죄책감.

다른 사람의 성공을 기뻐해 주지 못하고 시기하고 질투하는 자신의 추한 마음을 발견했을 때의 수치심.

이러한 죄와 수치심의 경험은 우리로 하여금 자기 의의를 내려놓고 오직 예수 그리스도의 십자가 은혜만이 유일한 해결책임을 처절하게 깨닫게 합니다. 이것은 우리를 위선자가 아닌 은혜가 필요한 정직한 죄인으로 하나님 앞에 서게 하는 원재료입니다.

평범하고 반복되는 일상의 경험

매일 아침 울리는 알람 소리.

만원 지하철의 답답한 공기.

끝없이 쌓여있는 서류와 단톡방의 숫자들.

아이들의 밥을 차리고 설거지를 하는 반복되는 가사 노동.

이러한 지루하고 의미 없어 보이는 일상의 순간들 역시 우리 이야기의 중요한 배경이자 무대입니다. 하나님은 종종 불타는 떨기나무 같은 극적인 사건이 아니라 이 평범한 일상에서의 성실함과 인내를 통해 우리의 인격을 빚으시고 당신의 뜻을 이루어 가십니다. '거룩'은 특별한 장소에만 있는 것이 아니라 바로 이 반복되는 일상에 깃들어 있습니다.

기쁨과 감사의 경험

물론, 우리의 삶에는 작고 소박한 기쁨과 감사의 순간들도 있습니다.

예상치 못했던 누군가의 친절.

아이의 해맑은 웃음소리.

힘든 하루를 마치고 마시는 시원한 물 한 잔.

아름다운 저녁노을을 바라볼 때의 고요한 감동.

우리는 종종 너무나 거창한 '축복'만을 기다리느라 하나님께서 매일의 삶 속에 숨겨두신 이런 보석 같은 선물들을 놓치고 살아갑니다. 이런 작은 기쁨들을 알아차리고 감사하는 훈련은 우리의 시선을 문제에서 은혜로 돌리는 가장 효과적인 방법이며, 우리 서사를 따뜻하고 풍성하게 만드는 원재료입니다.

이처럼 우리의 신앙 서사를 위한 원재료는 이미 우리의 삶 전체에 흩어져 있습니다. 좋다고 생각하는 경험뿐만 아니라 나쁘다고 생각하는 경험, 성공이라고 부르는 경험뿐만 아니라 실패라고 부르는 경험, 거룩하다고 여기는 경험뿐만 아니라 세속적이라고 여기는 경험 모두가 포함됩니다.

중요한 것은 그 경험 자체가 긍정적이냐, 부정적이냐가 아닙니다. 중요한 것은 그 경험을 가지고 우리가 어떻게 하나님과 관계를 맺고 그 안에서 어떤 의미를 발견해 나가는가에 있습니다.

실패의 경험 그 자체는 우리를 파괴할 수 있지만 그 실패를 가지고 하나님 앞에 나아갈 때 그것은 우리를 겸손하게 만드는 성장의 재료가 될 수 있습니다.

죄의 경험 그 자체는 우리를 수치심에 가두지만 그 죄를 가지고 십자가 앞에 나아갈 때 그것은 우리를 더 깊은 은혜의 바다로 인도하는 통로가 될 수 있습니다.

그러니 더 이상 당신의 삶을 다른 사람의 삶과 비교하며 부러워하거나 자책하지 마세요. 다른 사람의 극적인 간증을 들으며 '왜 내 삶에는 저런 일이 일어나지 않을까?' 하고 낙심하지 마세요. 하나님은 우리 각자에게 고유한 삶의 경험을 가지고 각자의 특별한 이야기를 쓰기 원하십니다. 하찮게 여겼던 그 평범한 돌멩이가, 숨기고 싶었던 그 부서진 조각이, 하나님 손에서는 놀라운 이야기를 완성할 가장 중요한 모퉁잇돌이 될 수 있습니다. 원재료는 이미 여기에, 우리의 오늘 속에 충분히 있습니다.

✳ **6** ✳

이제 당신의 작업대 앞으로

오래된 목공소의 풍경을 상상해 보세요. 작업실 안에는 세월의 흔적이 묻어나는 커다란 작업대가 놓여 있습니다. 우리는 앞으로 자주 이 작업대 앞에 서게 될 것입니다.

작업대 위에는 온갖 종류의 나무 조각들이 어지럽게 널려 있습니다. 어떤 것은 잘 다듬어진 매끈한 조각이지만 어떤 것은 거칠고 옹이가 박혀 있으며 또 어떤 것은 벌레가 먹거나 뒤틀려 볼품없는 모양입니다. 여기저기 톱밥이 흩날리고 이름 모를 연장들이 제자리를 찾지 못한 채 놓여 있습니다. 언뜻 보기에는 그저 잡동사니들이 쌓여있는 창고처럼 보입니다.

이때, 수십 년간 나무를 만져온 거칠고 주름진 손을 가진 목수가 작업실로 들어옵니다. 그는 우리를 따뜻한 눈빛으로 바라보며 말합니다.

"네 삶의 조각들을 저 작업대 위로 가져와 줄래?"

우리는 머뭇거립니다.

"하지만 제게는 온통 쓸모없고 부서진 조각들뿐인걸요. 저기 저 매끈하고 좋아 보이는 조각들은 몇 개 되지 않습니다. 대부분은 너무 거칠고 부끄러워서 보여드리고 싶지 않아요."

목수는 부드럽게 미소 지으며 다시 말합니다.

"괜찮아. 완벽한 재료를 가져오라고 한 것이 아니란다. 그저 네가 가진 것들을 있는 그대로 가져오면 된단다. 기쁨뿐만 아니라 슬픔도, 성공뿐만 아니라 실패도, 거룩한 열정뿐만 아니라 부끄러운 죄악까지도. 그 모든 것이 우리가 함께 일할 소중한 재료가 될 거야."

1장 마지막에서 저는 우리 모두를 바로 이 목수의 작업대로 정중히 초대하고 싶습니다. 이 목수는 우리 삶의 위대한 조가이자 장인이신 하나님이십니다. 그리고 그 작업대 위에 어지럽게 널려 있는 나무 조각들은 바로 우리가 지금까지 살아온 삶의 모든 경험, 즉 원재료라고 불렀던 것들입니다.

우리는 너무나 오랫동안 이 작업대를 외면해 왔습니다. 내 삶의 조각들이 너무나 부끄럽고 하찮다고 생각했기 때문입니다. 혹은 이 조각들을 가지고 무언가 멋진 것을 만들 수 있다는 상상조차 하지 못했기 때문일 겁니다. 그래서 우리는 이 조각들을 마음 깊은 곳에 숨기거나 혹은 자기 힘으로 어떻게든 다듬어 보려고 애쓰다 지쳤습니다.

하지만 하나님은 오늘 당신에게 말씀하십니다.

"이제, 그만 애쓰고 너의 삶 전체를 나의 작업대 위로 가져오렴. 내가 너와 함께 일하고 싶구나."

이 초대는 우리에게 두 가지를 요구합니다.

첫째는 '용기'입니다. 자신의 삶을 가감 없이 정직하게 대면할 용기입니다. 더 이상 괜찮은 척, 강한 척, 경건한 척하는 가면을 벗어 던지고, 나의 연약함과 깨어짐, 나의 질문과 의심을 있는 그대로 하나님 앞에 내어놓는 용기입니다.

둘째는 '신뢰'입니다. 비록 지금 내 눈에는 내 삶이 온통 뒤죽박죽인 잡동사니처럼 보일지라도 위대한 장인의 손에 맡겨질 때 이 조각들이 모여 하나의 의미 있고 아름다운 작품이 될 수 있다는 것을 믿는 신뢰입니다.

이 책의 나머지 여정은 바로 이 작업대 위에서 펼쳐질 것입니다. 2부에서는 이 흩어진 조각들을 어떤 설계도(복음적 플롯)를 가지고 연결하고 짜맞출 것인지를 배울 것입니다. 3부에서는 그 완성된 작품, 즉 새로운 정체성을 가지고 어떻게 세상을 살아갈 것인지를 탐험할 것입니다. 그리고 4부에서는 이 작업을 평생에 걸쳐 계속해 나갈 수 있는 구체적인 연장(영성 훈련)들의 사용법을 익힐 것입니다.

하지만 그 모든 것을 시작하기에 앞서 가장 먼저 해야 할 일은 당신의 재료들을 작업대 위에 올려놓는 것입니다. 이 장을 덮기 전에 잠시 시간을 내어 당신의 삶이라는 작업대를 조용히 들여다보시길 바랍니다.

나의 경고등 점검 : 지금 당신의 '영혼의 엔진 경고등'은 어떤 모양(공허감, 회의감 등)으로 켜져 있습니까? 그 신호가 보내는 메시지는 무엇이라고 생각하십니까?

작동하지 않는 신앙 : 용서, 평안, 사랑 등의 가치가 삶에서 작동하지 않아 힘들었던 구체적인 사례가 있나요? 그때 무엇이 가장 어렵게 느껴졌습니까?

새로운 원재료 발견 : 당신이 생각하던 '영적 경험'은 무엇이었나요? 이전에는 미처 영적이라 생각지 못했던, 나의 '원재료'가 될 수 있는 평범하거나 아픈 경험 한 가지를 찾아봅시다.

작업대 위로의 초대 : 삶 전체를 하나님의 '작업대' 위에 올려놓는다고 상상할 때, 어떤 마음이 드나요? 가장 내어놓기 어려운 삶의 조각은 무엇이며 그 이유는 무엇입니까?

2장

기억의 지하실로
내려가는 첫걸음

✳ 1 ✳

마치 고고학자처럼
마음을 파고들기

오래된 도시의 폐허 위에 한 명의 고고학자가 서 있습니다. 그의 눈앞에 펼쳐진 것은 언뜻 보기에 그저 흙과 돌무더기, 잡초가 무성한 땅에 불과합니다. 찾는 이 없는 그곳에서 그는 홀로 무엇을 하고자 하는 것일까요? 세상 사람들의 눈에는 그저 버려진 땅이지만 그는 알고 있습니다. 이 무질서해 보이는 땅속 깊은 곳에는 한때 이곳에서 웃고 울고, 사랑하고 싸우고, 꿈꾸고 절망했던 사람들의 삶의 흔적, 즉 사라진 이야기의 조각들이 고스란히 잠들어 있다는 것을요.

그의 손에는 거대한 굴착기나 다이너마이트가 있지 않습니다. 대신 작고 섬세한 삽과 부드러운 붓이 들려 있습니다. 그는 성급하게 땅을 파헤치지 않습니다. 오랜 세월의 무게를 존중하며 조심스럽게, 한 겹 한 겹 흙을 걷어냅니다. 마침내 흙 속에서 모습을 드러낸 깨진 토기 조각 하나, 녹슨 동전 한 닢, 낡은 장신구 하나를 발견할 때마다 그의 얼굴에는 경이로움과 경외감이 스칩니다. 그는 발굴된 유물을 보며 "어쩜 이리 깨지기 쉬운 그릇이라니." 하고 비난하거나 "왜 더 화려한 황금으로 만들어지지 않았나?"라며 판단하지 않습니다. 그는 다만 그 조각에 깃든 시간의 이야기를 듣고 그것을 소중히 어루만질 뿐입니다. 그리고 이 작은 조각들을 하나씩 맞추어 시간의 저편으로 사라진 한 문명의 희로애락을 복원하는 위대한 작업을 계속해 나갑니다.

이 장에서 우리는 바로 이 고고학자가 될 것입니다. 그리고 우리가 탐사할 유적지는 다른 곳이 아닌, 바로 '나의 삶'이라는 이름의 고대 도시입니다. 나의 기억이라는 땅속에는 지금의 내가 누구인지를 말해주는 수많은 이야기의 파편들이 묻혀 있습니다. 어떤 것은 햇볕 아래 밝게 빛나는 유물처럼 자랑스럽고 어떤 것은 깊은 흙 속에 영원히 숨기고 싶을 만큼 부서지고 추한 조각일지도 모릅니다.

많은 사람이 자신의 과거를 돌아보는 것을 두려워하거나 무의미하게 생각합니다. "과거는 과거일 뿐인데, 굳이 들춰내서 뭘 해?"라고 말하며 현재에만 집중해야 한다고 자기를 다그칩니다. "아픈 기억을 다시 떠올리는 것은 상처를 덧나게 할 뿐이야."라며 기억의 지하실 문을 굳게 걸어 잠급니다. "내 인생은 너무 평범해서 돌아볼 만한 특별한 것도 없어."라고 자조하며 자신의 이야기를 하찮게 여기기도 합니다. 과거를 돌아보는 것이 마치 룸미러를 보면서 앞으로 운전하려는 어리석고 위험한 시도처럼 느껴질 수도 있습니다.

하지만 우리가 과거라는 유적지를 탐사하려는 이유는 과거에 갇혀 살기 위함이 아닙니다. 역설적으로 우리는 과거로부터 진정으로 자유로워지기 위해, 그리고 현재를 더 깊이 이해하고 미래를 향한 새로운 방향을 설정하기 위해 과거를 탐험해야 합니다. 지금의 내 모습을 이룬 과거가 있습니다. 나의 독특한 성격, 내가 다른 사람과 관계 맺는 반복적인 방식, 내가 무의식적으로 내리는 수많은 선택, 내가 세상을 바라보는 독특한 관점 등은 대부분 과거의 경험이라는 흙으로 빚어진 결과물입니다. 내가 왜 유독 다른 사람의 무시하는 듯한 눈빛에 쉽게 무너지는지, 왜 새로운 도전을 시작하기 전에 늘 최악의 시나리오부터 떠올리는지, 왜 누군가에게 나의 연약한 속마음을 드러내는 것을 극도로 어려워하는지, 그 해답의 실마리는 종종 우리가 의식하지 못하는 과거의 어느 한순간에 숨겨져 있습니다. 그 순간을 발견하고 빛 가운데로 가져올 때 우리는 비로소 그 과거의 보이지 않는 지배력에서 벗어날 힘을 얻게 됩니다.

신학적으로도 '기억anamnesis'은 신앙의 가장 핵심적인 행위 중 하나입니다. 성경 전체는 하나님의 백성을 향한 "기억하라."는 명령으로 가득 차 있습니다. 하나님은 광야의 이스라엘 백성에게 그들이 이집트에서 비참한 노예였던 시절을 기억하라고 끊임없이 말씀하십니다. 그 기억은 그들을 과거의 수치심에 가두기 위함이 아니었습니다. 오히려 그들을 구원하신 하나님의 놀라운 은혜가 얼마나 큰지를 깨닫고 그 감격 속에서 오늘을 살아가며 이웃의 아픔을 돌아보는 자비로운 백성이 되도록 하기 위함이었습니다. 예수님께서는 제자들과의 마지막 만찬에서 떡과 잔을 나누어 주시며 "나를 기념하라(기억하라)."고 명령하셨습니다. 우리는 성찬에 참여할 때마다 예수님의 찢기신 몸과 흘리신 피, 즉 십자가의 고통스러운 사건을 기억합니다. 그 기억의 행위를 통해 우리는 우리가 누구인지(값 없이 용서받은 죄인), 그리고 어떻게 살아야 하는지(용서와 사랑의 삶)를 다시금 확인하며 현재의 삶을 새롭게 살아갈 동력을 얻습니다.

이처럼 우리의 개인적인 삶의 역사를 돌아보는 것은 그 속에서 일하셨고 지금도 일하고 계시는 하나님의 은밀하고 신실한 손길을 발견하는 거룩한 작업입니다. 그것은 내 삶이라는 작은 텍스트를 하나님의 위대한 구원 역사라는 거대한 문맥 안에서 다시 읽어내는 '영적 고고학'이라 할 수 있습니다.

물론 이 발굴 작업이 언제나 즐겁고 평화롭지만은 않겠죠. 기억의 지하실은 어둡고 먼지가 자욱하며 때로는 우리가 마주하고 싶지 않은 오래된 슬픔이나 잊고 있던 분노 같은 괴물들이 숨어있을지도 모릅니다.

그래서 이 여정에서 가장 중요한 전제는 우리가 결코 혼자 이 지하실로 내려가지 않는다는 사실입니다. 가장 위대하고 지혜로운 고고학자이신 성령 하나님께서 당신과 함께하실 것입니다. 그분은 당신의 손에 진리라는 환한 등불을 들려주시고 당신이 감당할 수 없을 만큼의 고통스러운 진실과 마주할 때 어깨를 붙들어 주실 것입니다. 결코 당신의 과거를 정죄의 눈빛으로 바라보지 않으십니다. 오히려 한없는 사랑과 긍휼의 눈빛으로 함께 울어주시며, 모든 조각을 소중히 어루만져 주실 것입니다.

이제, 당신의 삶이라는 고대 도시를 탐험할 준비가 되셨습니까? 먼지를 뒤집어쓸 각오를 하고 예상치 못한 발견에 놀랄 마음의 준비를 하십시오. 당신의 이야기는 스스로 생각하는 것보다 훨씬 더 깊고 풍성하며 하나님의 은혜가 숨겨져 있는 거룩한 것이기 때문입니다.

✴ **2** ✴

내 인생의 그래프 그리기

본격적인 발굴에 앞서 고고학자는 탐사할 지역 전체의 지도를 그리고 구획을 나누는 일부터 시작합니다. 어디가 높고 어디가 낮은지, 강은 어디로 흐르고 숲은 어디에 있는지, 전체적인 지형은 어떻게 생겼는지를 파악해야 체계적인 발굴 계획을 세울 수 있기 때문입니다. 우리도 마찬가지로 기억의 세부적인 조각들을 파헤치기 전에 먼저 우리 인생 전체의 큰 그림, 즉 '지도'를 그려보는 상상을 해보는 것이 좋습니다.

당신의 삶을 하나의 긴 여정이라고 상상해 보십시오. 그 여정에는 평탄한 길만 있는 것이 아니라 숨 가쁘게 올라가야 했던 높은 산봉우리가 있었습니다. 발을 헛디디면 끝없이 추락할 것 같았던 깊은 골짜기도 있었습니다. 어떤 길은 예상치 못한 방향으로 삶을 이끌었던 '전환점'이었을 것이고, 어떤 구간은 특별한 사건 없이 지루하게만 느껴졌던 평야였을 수도 있습니다.

이러한 당신 삶의 독특한 지형도를 마음속으로 그려보는 '인생 그래프라이프라인, Lifeline'라는 이름의 실제적인 연습이 있습니다. 지금 당장 종이와 펜을 들지 않아도 괜찮습니다. 그저 눈을 감고 당신의 삶을 하나의 선으로 상상하며 저의 안내를 따라와 보십시오.

당신의 의식 속에 하나의 긴 수평선이 있다고 생각해 보세요. 그 선의 왼쪽 끝은 태어난 순간(0세)이고, 오른쪽 끝은 바로 지금, 현재입니다. 그리고 그 선을 수직으로 가로지르는 당신의 마음 상태, 즉 삶의 만족도와 행복감을 나타내는 공간이 펼쳐져 있습니다. 선의 위쪽으로 갈수록 기쁨과 성취감, 평안이 가득했던 긍정적인 상태를, 아래쪽으로 갈수록 고통과 슬픔, 절망이 깊었던 부정적인 상태를 의미합니다.

이제, 당신의 기억이라는 영사기를 돌려 태어난 순간부터 시간의 선을 따라 천천히 걸어가 봅시다. 당신의 삶에 큰 영향을 미쳤던 '결정적 순간들'이 나타날 때마다 잠시 멈추어 그 순간의 감정적 위치에 마음의 점을 찍어보는 것입니다.

어린 시절, 처음으로 자전거 타기에 성공했을 때의 그 짜릿한 성취감은 아마 수평선 위쪽의 어느 지점에 찍힐 것입니다. 초등학교 시절, 가장 친한 친구가 말도 없이 전학을 가버렸을 때의 그 텅 빈 상실감은 선의 아래쪽에 기록될지 모릅니다. 치열했던 수험 생활을 거쳐 원하던 대학에 합격했을 때의 환희는 당신의 인생에서 가장 높은 '봉우리' 중 하나를 형성할 것입니다. 반면, 온 마음을 다해 사랑했던 사람과의 가슴 아픈 이별은 당신을 가장 깊은 '골짜기'로 끌고 갔을지도 모릅니다.

첫 직장에 입사하여 사회인으로서의 첫발을 내디뎠을 때의 설렘과 불안, 결혼하여 새로운 가정을 이루었을 때의 기쁨과 책임감, 아이가 태어났을 때의 경이로움과 두려움, 믿었던 사람에게 배신당했을 때의 분노와 절망, 갑작스러운 질병이나 사고로 삶의 기반이 흔들렸을 때의 공포, 신앙적인 뜨거움을 경험하며 세상을 다 얻은 것 같았던 순간, 혹은 기도해도 응답 없는 하나님의 침묵 속에서 끝없는 의심과 씨름해야 했던 시간까지.

제1부   원재료

당신 삶의 중요한 사건들을 하나씩 떠올리며 마음의 점들을 찍고 그 점들을 부드러운 선으로 연결한다고 상상해 보십시오. 어떤 모양의 곡선이 그려지나요? 전체적으로 완만하게 상승하는 안정적인 그래프인가요, 아니면 오르내림이 심한 롤러코스터 같은 그래프인가요? 이 마음의 지도를 통해 우리는 우리 삶의 무의식적인 패턴과 구조를 발견할 수 있습니다.

혹시 당신의 지도 위에 급격하게 방향이 바뀌는 '전환점Turning Point'이 보입니까? 계속해서 하강하던 곡선이 어떤 사건이나 만남을 계기로 갑자기 상승하기 시작하는 지점 말입니다. 그곳에서 무슨 일이 있었습니까? 당신은 어떤 새로운 깨달음을 얻었거나 중요한 결정을 내렸을지 모릅니다. 혹은 당신의 삶에 새로운 가능성을 열어준 소중한 사람을 만났을 수도 있습니다.

반대로, 평탄하게 이어지던 삶이 어떤 충격적인 사건으로 인해 곤두박질치기 시작한 지점도 있겠죠. 그 전환점은 당신의 삶에 깊은 상처를 남겼지만 동시에 당신을 더 깊은 차원의 성찰로 이끌었을지도 모릅니다. C.S. 루이스가 말했듯, 고통은 잠들어 있는 세상을 향해 하나님이 사용하시는 '확성기'일 수 있기 때문입니다.

아니면 특별한 기복 없이 오랫동안 평탄하게 이어지는 평야 지대도 발견할 수 있습니다. 그 시간은 당신에게 어떤 의미였나요? 어떤 사람에게는 그것이 지루하고 정체된 시간, 무언가 의미 있는 일이 일어나기를 간절히 기다렸던 시간이었을 수 있습니다. 하지만 다른 사람에게는 폭풍우가 지나간 뒤 찾아온 고요하고 안정적인 평화의 시간이었을 수도 있습니다.

이처럼 당신의 삶을 하나의 지도로 조망하는 상상은 흩어져 있던 기억의 조각들을 하나의 유의미한 전체로 엮어내는 첫걸음입니다.

이 과정에서 중요한 것은 판단하지 않는 것입니다. 곡선이 다른 사람보다 더 많이 아래쪽에 있다고 해서 열등감을 느낄 필요가 없습니다. 더 많이 위쪽에 있다고 해서 우월감을 느낄 필요도 없습니다. 이것은 신앙의 성적표가 아닙니다. 하나님께서 당신이라는 독특한 존재를 어떤 길로 인도해 오셨는지를 보여주는 내비게이션 기록과 같습니다. 그 기록에는 맑은 날의 순탄한 주행 기록뿐만 아니라 궂은 날의 험난했던 여정과, 때로는 길을 잘못 들어 헤맸던 기록까지 모두 포함되어 있습니다. 그리고 그 모든 여정이 지금의 당신을 만들었습니다.

이제 우리는 이 지도를 손에 들고 당신의 이야기 속에서 가장 중요했던 몇몇 장소, 즉 당신을 가장 당신답게 만들었던 결정적 순간들 속으로 조금 더 깊은 탐사를 떠나보려 합니다.

✴ **3** ✴

나를 만든 결정적 순간들

우리 인생은 수많은 시간의 파편들로 이루어져 있지만 그 모든 조각이 동일한 무게를 갖지는 않습니다. 어떤 순간은 물 위에 던진 조약돌처럼 작은 파문만 남기고 사라지지만 어떤 순간은 거대한 바위처럼 떨어져 우리 삶의 경로를 완전히 바꾸어 놓습니다.

우리는 이러한 순간들을 '결정적 순간Defining Moments'이라고 부릅니다. 이 순간들은 우리의 정체성을 벼려내고 가치관을 뒤흔들며 삶의 방향을 설정하는 데 지대한 영향을 미칩니다. 이것은 마치 소설의 플롯을 결정적으로 이끌어가는 핵심적인 사건들과 같습니다.

우리가 마음속에 그린 인생 그래프 지도 위에서 가장 높이 솟아있는 봉우리와 가장 깊이 파여있는 골짜기는 바로 이러한 결정적 순간들을 나타냅니다. 이제 우리는 그 두 장소, 즉 삶에서 가장 빛났던 기쁨의 순간과 가장 어두웠던 고통의 순간 속으로 시간 여행을 떠나보려 합니다. 이 여행의 목적은 단순히 과거를 다시 경험하는 것이 아니라 그 경험 속에 담겨 있던 의미의 층들을 고고학자처럼 한 겹씩 벗겨내며 그 안에 숨겨진 하나님의 손길을 발견하는 데 있습니다.

햇살 가득한 정상에서 : 봉우리 경험 탐험하기

먼저, 비교적 수월한 봉우리 경험부터 탐험해 볼까요? 당신의 인생 그래프에서 가장 높았던 지점, 생각만 해도 입가에 미소가 지어지는 그 순간을 떠올려 보세요. 아마도 큰 성공이나 성취의 순간일 수도 있고 누군가의 사랑을 확인했던 순간일 수도 있으며 혹은 지극한 평화와 감사를 느꼈던 고요한 순간일 수도 있죠.

자, 이제 그 기억의 장소로 함께 가봅시다. 눈을 감고 그 장면을 최대한 생생하게 그려보세요. 그 일은 언제, 어디서 일어났습니까? 당신은 몇 살이었나요? 그곳의 분위기는 어땠나요? 귀에는 어떤 소리가 들려왔나요? 혼자였나요, 아니면 누군가와 함께 있었나요? 그 장면의 색채와 온도를 느껴보십시오.

이제 그 사건의 중심으로 들어가 봅시다. 구체적으로 어떤 일이 일어났나요? 그 경험의 절정은 어떤 순간이었죠? 심장을 뛰게 하고 온몸에 전율이 흐르게 했던 그 순간 마음속에는 어떤 감정들이 폭포수처럼 쏟아졌나요? 기쁨, 흥분, 성취감, 평안, 감사, 안도감, 사랑…. 그 감정들에 이름을 붙여보세요.

그때, 당신은 자신에 대해 어떤 믿음을 갖게 되었나요? "아, 나에게도 이런 재능이 있었구나!", "나는 정말 사랑받는 존재구나!", "노력은 결코 배신하지 않는구나!"와 같은 긍정적인 자기 인식이 싹텄을 것입니다.

또한, 다른 사람들과 세상에 대해서는 어떤 새로운 생각을 하게 되었나요? "세상은 생각보다 따뜻한 곳이구나.", "함께하는 것의 가치는 정말 위대하구나."와 같은 희망적인 관점을 갖게 되었을지 모릅니다.

제1부   원재료

그 봉우리의 경험은 삶에 어떤 흔적을 남겼습니까? 그것은 단순히 기분 좋은 추억으로만 남아있나요, 아니면 이후 중요한 선택이나 삶의 태도에 실질적인 영향을 미쳤나요? 그 경험은 당신을 어떻게 더 나은 사람으로 변화시켰나요?

마지막으로, 가장 중요한 질문을 하겠습니다. 지금 돌이켜볼 때, 그 햇살 가득했던 순간에 하나님은 어디에 계셨다고 생각하십니까? 당시에는 미처 깨닫지 못했을지라도 지금의 눈으로 보면 그 모든 것이 하나님의 세심한 계획과 선물이었음을 발견할 수 있습니까? 어떤 사람은 아름다운 자연의 경이로움 속에서 창조주 하나님의 위대함을 느꼈을 것이고 어떤 사람은 좋은 사람들과의 관계 속에서 공동체를 통해 일하시는 하나님의 사랑을 체험했을 것입니다. 또 어떤 사람은 자신의 노력으로 이룬 성취라고만 생각했던 그 성공이 사실은 보이지 않는 하나님의 도우심과 은혜의 결과였음을 뒤늦게 깨닫게 될지도 모릅니다.

이처럼 우리의 봉우리 경험을 복음의 빛 아래서 다시 읽어낼 때 그것은 단순한 자기만족의 기억을 넘어 우리를 향한 하나님의 선하심과 신실하심을 증거하는 거룩한 '간증story'이 됩니다. 하나님은 우리의 기쁨의 순간을 통해 당신이 어떤 분이신지를 가르쳐 주십니다.

어둡고 깊은 골짜기에서 : 고통의 의미 찾아가기

이제, 조금 더 용기가 필요한 작업을 시작해 볼까요? 당신의 인생 그래프에서 가장 깊고 어두웠던 골짜기 경험을 탐험해 봅시다. 아마 고통스러울지도 모르겠어요. 그러니 무리하지 마시고 감당할 수 있는 만큼만 진행하시면

됩니다. 시작하기 전에 잠시 기도하는 마음으로 성령께서 마음을 진리의 빛으로 감싸주시기를, 그리고 거짓된 속삭임으로부터 지켜주시기를 구하는 것이 좋겠습니다.

당신을 가장 절망하게 했던 그 순간을 떠올려 보십시오. 그 고통스러운 일은 언제, 어디서 일어났습니까? 그곳의 공기는 얼마나 차갑고 무거웠나요? 그 고통의 현장에서 곁에는 누가 있었나요? 아니면, 철저히 혼자였나요?

구체적으로 어떤 일이 당신을 그토록 무너지게 했나요? 그 상황의 무게 앞에서 어떻게 반응했나요? 소리치며 저항했나요, 아니면 모든 것을 체념한 채 무기력하게 주저앉았나요? 그 경험의 과정에서 가장 견디기 힘들었던 순간은 언제였습니까?

그때, 당신은 어떤 감정의 소용돌이에 휩싸였나요? 슬픔, 분노, 두려움, 수치심, 죄책감, 외로움, 억울함, 절망…. 괜찮습니다. 그 감정들을 억누르거나 판단하지 말고, 그저 '아, 내가 그때 정말 두려웠구나.', '정말 수치스러웠구나.' 하고 그 존재를 인정해 주는 것만으로도 치유의 첫걸음은 시작됩니다.

더 중요한 질문이 있습니다. 그 깊은 골짜기의 경험을 통해, 당신은 자신에 대해, 다른 사람에 대해, 그리고 세상에 대해 어떤 거짓된 믿음을 마음속에 새기게 되었나요? 이 거짓된 믿음은 삶에 반복되는 슬픈 클리셰, 즉 내면의 시나리오를 새기는 결정적인 순간일지도 모릅니다.

예를 들어, 큰 실패를 경험한 후 "나는 뭘 해도 안 되는 사람이야."라는 클리셰가 생겼을 수 있습니다. 믿었던 사람에게 배신당한 후 "아무도 믿을 수 없어, 결국 세상은 혼자 사는 거야."라는 냉소적인 시나리오를 쓰게 되었을 수도 있습니다. 부모로부터 거절당한 경험은 "나는 사랑받을 자격이 없는 존재야."라는 깊은 상처를 남겼을지 모릅니다.

이 세상이 쓰는 시나리오들은 우리의 삶에 깊은 그림자를 드리웁니다. 우리가 새로운 관계를 맺는 것을 방해하고, 새로운 도전을 시작할 용기를 앗아가며, 하나님의 사랑을 있는 그대로 받아들이지 못하게 만듭니다. 아주 약간, 비슷한 상황을 만나면 클리셰가 작동하며, 그림자를 더 짙게 만들죠.

하지만, 이 골짜기의 어둠 속에도 우리가 발견해야 할 역설적인 진리의 조각이 숨어있을 수 있습니다. 그 끔찍했던 경험을 통해 아주 조금이라도 배우거나 얻게 된 것이 있다면 무엇일까요? 이것은 결코 고통을 미화하려는 시도가 아닙니다. 다만 가장 어두운 곳에서조차 일하시는 하나님의 신비를 인정하려는 처절하고도 절박한 노력입니다. 어떤 사람은 그 경험을 통해 이전에는 몰랐던 자기 안의 강인함을 발견했을 수 있습니다. 어떤 사람은 다른 사람의 고통에 더 깊이 공감하는 따뜻한 마음을 갖게 되었을지 모릅니다. 또 어떤 사람은 삶에서 정말로 소중한 것이 무엇인지 그 우선순위를 다시 정립하는 계기가 되었을 수도 있습니다.

이제 가장 어려운 신앙적 질문 앞에 섭니다. 그 고통의 한가운데서, 하나님은 어디에 계셨습니까? 많은 사람이 이런 순간에 하나님이 자신을 버리셨다고 느끼거나 그분의 능력이나 선하심을 의심합니다. 당신의 그 정직한 감정과 질문을 하나님 앞에 그대로 쏟아놓아도 괜찮습니다. 시편 기자가 그랬던 것처럼 말이죠.

그리고 아주 조심스럽게, 지금의 시선으로 그 시간을 다시 돌아보세요. 혹시 그때는 미처 깨닫지 못했지만 아주 희미하게나마 당신을 붙들고 있었던 하나님의 손길을 발견할 수 있습니까? 어쩌면 절망 속에서도 나를 위해 함께 울어주었던 한 친구의 모습이었을 수도 있고, 우연히 유튜브에서 흘러나와 내 마음을 울렸던 찬양의 한 구절이었을 수도 있으며, 그럼에도 오늘 하루를 살아낼 힘을 주셨던 이름 모를 은혜였을 수도 있습니다.

우리의 골짜기 경험은 우리의 신앙을 좌초시키는 암초가 될 수도 있지만 반대로 피상적인 믿음을 깨뜨리고 더 깊고 진실한 신앙으로 나아가게 하는 강력한 기폭제가 될 수도 있습니다. 햇살은 자라게 하지만 어둠 속에서 내리는 뿌리는 깊어집니다. 당신의 가장 깊은 골짜기는 더 이상 수치와 절망의 장소가 아니라 하나님의 가장 깊은 위로와 은혜가 임하는 거룩한 공간, 은혜의 골짜기가 될 수 있습니다.

✷ **4** ✷

얼굴에 새겨진 이야기들

우리의 이야기는 결코 진공 속에서 쓰이지 않습니다. 수많은 사람과의 만남이라는 날실과 씨실로 엮인 한 편의 정교하고 복잡한 직물과 같습니다. 이 세상에 태어나는 순간부터 우리는 관계의 거미줄 한가운데 놓입니다. 우리에게 생명을 준 부모님, 함께 자란 형제자매, 비밀을 나누었던 친구, 지혜를 가르쳐준 스승, 마음을 설레게 했던 연인, 평생을 약속한 배우자, 그리고 우리에게 새로운 세계를 열어준 자녀까지. 이 모든 관계는 좋든 싫든 지금의 나라는 존재를 형성하는 데 결정적인 영향을 미쳤습니다. 어떤 관계는 우리에게 하늘을 날 수 있는 날개를 달아주었지만, 어떤 관계는 우리의 발에 평생을 끌고 가야 할 무거운 족쇄를 채우기도 했습니다.

따라서 우리 자신의 서사를 이해하기 위한 여정에서 우리 삶에 등장했던 중요한 인물들과 우리가 맺었던 관계의 양상을 살펴보는 것은 필수적인 과정입니다. 당신의 마음속에 당신만의 관계 지도를 그려보는 상상을 해봅시다.

지도의 정중앙에 나를 놓아보십시오. 그리고 당신의 삶에 의미 있는 영향을 미쳤던 사람들의 얼굴을 하나씩 떠올리세요. 그들을 나를 중심으로 주변에 배치해 보는 거예요. 어떤 사람은 아주 가깝게 어떤 사람은 아주 멀리 있겠죠. 어떤 사람의 존재감은 태양처럼 커다랗게, 어떤 사람의 존재감은 작은 별처럼 희미하게 느껴질 것입니다.

가장 가까운 곳에는 누가 있습니까? 생각만 해도 마음이 따뜻해지고 힘이 나는 사람들, 존재 자체를 인정하고 지지해 주었던 그 얼굴들을 떠올려 보세요. 그들로부터 어떤 선물을 받았나요? 당신의 어떤 재능과 가능성을 발견하고 격려해 주었나요? 그들을 통해 당신은 사랑이 무엇인지, 용서가 무엇인지, 신뢰가 무엇인지를 배웠을 것입니다. 그들의 삶의 어떤 모습에서 희미하게나마 하나님의 성품(사랑, 인내, 지혜, 신실함 등)을 엿볼 수 있었나요? 이처럼 건강하고 지지적인 관계는 우리가 하나님을 더 깊이 신뢰하고, 세상 속에서 담대하게 살아갈 수 있는 안전한 기반이 되어 줍니다.

반대로, 지도 위에는 생각만 해도 마음이 불편해지고 아프게 하는 사람들도 있지 않을까요? 깊은 상처나 고통을 준 사람들, 용서하기 너무나 어려운 그 얼굴들 말이죠. 용기를 내어 그들과의 관계도 정직하게 들여다볼 필요가 있습니다. 그들은 무엇을 빼앗아 갔나요? 그들의 말이나 행동은 당신의 자존감에 어떤 상처를 남겼나요? 그 고통스러운 관계로 인해 다른 사람과 관계 맺는 방식에 있어 어떤 부정적인 클리셰(사람을 쉽게 믿지 못하게 되었다, 다른 사람의 눈치를 너무 많이 보게 되었다, 갈등을 피하려고 내 감정을 억누르게 되었다 등)를 갖게 되었나요?

특히 우리 삶의 초기 형성기에 가장 큰 영향을 미치는 부모님과의 관계를 돌아보는 것은 매우 중요합니다. 우리는 종종 부모님과의 관계 경험을 통해 하나님의 첫인상을 형성하기 때문이에요. 만약 아버지가 늘 비판적이고 권위적이었다면, 하나님을 작은 실수 하나도 용납하지 않는 무서운 심판관으로 오해하기 쉽습니다. 만약 어머니가 감정적 필요에 무관심하고 변덕스러웠다면 어려울 때 기도해도 응답하지 않는 무심한 하나님이라는 인상을 갖게 될 수 있습니다. 반대로, 부모님이 비록 불완전했지만 조건 없이 사랑하고 신뢰해 주었다면 하나님의 사랑을 훨씬 더 쉽게 받아들이고 신뢰할 수 있을 것입니다.

우리가 과거의 관계, 특히 부모님과의 관계를 돌아보는 것은 비난하고 원망하기 위함이 아닙니다. 그분들 역시 부모로부터 물려받은 상처와 한계 속에서 최선을 다했을 뿐일지도 모릅니다.

우리가 이 작업을 하는 이유는 무의식적으로 하나님을 볼 때 썼던 거짓된 안경을 발견하고 벗어 버리기 위함입니다. "아, 내가 지금까지 하나님을 우리 아버지처럼 생각하고 있었구나. 하지만 성경이 말하는 하나님 아버지는 그런 분이 아니시구나." 이 깨달음은 우리를 왜곡된 하나님 이미지로부터 자유롭게 하고 진정한 하나님 아버지의 사랑 안으로 들어갈 수 있게 하는 중요한 문이 됩니다.

우리는 관계 속에서 태어나고 관계 속에서 자라고 관계 속에서 상처받고 또 치유됩니다. 우리의 관계 지도는 어떤 정서적, 영적 토양에서 자라났는지를 보여줍니다. 어떤 토양은 비옥하여 우리를 건강하게 자라게 했지만, 어떤 토양은 척박하여 성장을 더디게 했을 수도 있습니다. 중요한 것은 이제 우리에게는 가장 완벽하고 선한 정원사이신 하나님이 계신다는 사실입니다. 주님은 우리의 과거 관계가 남긴 모든 상처와 결핍을 치유하실 수 있으며 예수 그리스도라는 가장 비옥하고 풍성한 관계의 토양으로 옮겨 심으실 수 있습니다. 우리의 관계 지도를 정직하게 들여다보는 것은 바로 그 치유와 회복의 여정을 시작하는 용기 있는 첫걸음입니다.

반복되는 클리셰의 덫을 넘어

지금까지 우리는 인생 그래프를 통해 삶의 주요 사건들을, 관계 지도를 통해 주요 인물들을 살펴보았습니다. 마치 고고학자가 발굴한 수많은 유물 조각을 작업대 위에 펼쳐놓은 것과 같습니다. 이제 마지막으로 이 모든 조각을 한데 모아 더 큰 그림, 즉 숨겨진 패턴을 발견할 차례입니다.

우리 삶에는 마치 장르영화의 관습처럼 뻔하게 반복되는 클리셰가 있습니다. 어떤 클리셰는 희망차고 아름답지만, 어떤 클리셰는 슬프고 파괴적입니다. 이러한 반복적인 패턴은 우리가 의식하지 못하는 사이에 우리의 선택과 행동을 지배하는 내면의 각본Internal Script 혹은 지배 서사Dominant Narrative를 형성합니다.

당신이 탐색했던 삶의 조각들을 다시 한번 종합적으로 살펴보십시오. 혹시 비슷한 종류의 골짜기가 반복적으로 나타나지는 않았나요?

예를 들어, 새로운 공동체에 들어갈 때마다 처음에는 환영받고 잘 적응하는 것 같다가도 결국에는 오해와 갈등 속에서 관계가 깨어지고 마는 패턴이 반복되지는 않았나요? 혹은 어떤 목표를 향해 열심히 노력하여 거의 성공의 문턱에 다다랐을 때 이상하게도 스스로 그 모든 것을 망쳐버리는 자기 파괴적인 행동이 반복되지는 않았나요?

어려움이 닥쳤을 때 습관적으로 느끼는 주요 감정은 무엇인가요? 어떤 사람은 불안을, 어떤 사람은 분노를, 또 어떤 사람은 깊은 무기력감을 느낍니다. 이 감정들은 마치 오래된 친구처럼 위기의 순간마다 어김없이 우리를 찾아옵니다. 그리고 우리는 그 익숙한 감정의 지배 아래 늘 하던 방식대로 반응하고 행동합니다.

이러한 반복되는 상황, 감정, 행동의 패턴들을 종합해 볼 때, 우리의 삶을 지배해 온 숨겨진 시나리오는 무엇이라고 말할 수 있을까요? 우리의 이야기를 가장 잘 요약하는 한 문장의 제목을 붙여본다면 무엇일까요?

아마 이런 것들일 수 있습니다.

"나는 항상 모든 것을 내 힘으로 완벽하게 해내야만 하는 외로운 영웅이다."

"나는 다른 사람들을 기쁘게 하고 실망시키지 않아야만 사랑받을 수 있는 착한 사람이다."

"세상은 결국 강한 자가 살아남는 정글이니, 절대로 나의 약점을 보여서는 안 된다."

"나는 근본적으로 결함이 있는 사람이므로, 언진가는 사람들이 나의 진짜 모습을 알고 실망하며 떠나갈 것이다."

"내게 일어난 좋은 일은 모두 우연한 행운일 뿐, 나는 행복을 누릴 자격이 없다."

이 내면의 시나리오를 발견하고 그 정체를 언어로 표현하는 것은 매우 강력하고도 두려운 경험일 수 있습니다. 그것은 마치 오랫동안 나를 조종해 온 유령의 민낯을 마주하는 것과 같기 때문입니다. 하지만 동시에, 그것은 놀라운 해방의 시작입니다. 왜냐하면 그 클리셰의 존재를 인식하는 순간 우리는 비로소 그것이 '진짜 나'가 아님을, 그것이 하나님께서 나에 대해 말씀하시는 '진리'가 아님을 깨닫게 되기 때문입니다.

이 거짓된 시나리오들은 대부분 우리의 깊은 골짜기 경험 속에서, 그리고 상처를 주었던 관계 속에서 우리도 모르는 사이에 새겨졌습니다. 그것은 우리가 연약한 어린 시절에 상처받은 세상에서 살아남기 위해, 거절당하지 않기 위해 어쩔 수 없이 입어야만 했던 낡고 해진 갑옷과 같습니다. 그 갑옷은 한때 우리를 보호해 주었을지 모르지만, 이제는 오히려 우리의 성장을 가로막고 하나님과의 친밀한 교제를 방해하는 무거운 감옥이 되어버렸습니다.

우리가 이 거짓 시나리오를 빛 가운데로 가져와 그 이름을 부르는 순간, 우리는 비로소 그 갑옷을 벗어 버릴 수 있는 선택권을 갖게 됩니다. 우리는 그 거짓된 속삭임을 향해 "아니, 그것은 진리가 아니야. 나는 더 이상 그 이야기대로 살지 않겠어."라고 선포할 수 있는 영적 권위를 얻게 됩니다.

그리고 이 거짓 시나리오가 오랫동안 차지하고 있던 우리 마음의 왕좌를 비워내고 그 자리에 하나님께서 우리를 위해 쓰신 진실하고 영광스러운 이야기, 즉 복음의 서사를 새로운 주인으로 모실 준비를 하게 됩니다. 이것이 바로 우리가 2부에서 본격적으로 탐험하게 될 이야기 재구성 작업의 핵심입니다.

✶ 6 ✶

괜찮아, 모든 조각들을 올려놓아도

우리는 꽤 길고 깊은 여정을 함께 걸어왔습니다. 우리는 영적 고고학자가 되어 우리 삶의 지도를 그려보았고 가장 중요한 유적지인 봉우리와 골짜기를 탐사했으며 우리 이야기 속에 등장했던 인물들의 흔적을 좇았고 마침내 우리도 모르는 사이에 우리를 지배해왔던 숨겨진 시나리오의 실체를 발견했습니다.

1장 마지막에서 우리는 하나님의 작업대를 상상했습니다. 지금, 그 작업대 위에는 우리가 발굴해 낸 수많은 이야기의 파편들이 가득 놓여 있습니다. 햇살처럼 빛나던 성공의 조각, 날카롭게 부서진 실패의 파편, 솜사탕처럼 달콤했던 사랑의 기억, 얼음장처럼 차가웠던 배신의 상처, 매일 반복되던 일상의 자갈들, 그리고 당신을 오랫동안 옭아매던 거짓 시나리오의 희미한 먼지까지.

이 풍경을 바라보는 마음은 어떻습니까? 아마 하나의 단어로 설명하기 어려운 복잡한 감정이 교차하겠죠. 나의 삶에 이토록 다채로운 이야기가 숨어 있었다는 사실에 놀라울 수도 있고 잊고 있던 상처를 다시 마주하여 마음 한 구석이 저려올 수도 있습니다. 혹은 이 뒤죽박죽인 조각들을 가지고 과연 의미 있는 무언가를 만들 수 있을지 여전히 막막하고 회의적인 마음이 들 수도 있습니다.

그 모든 감정은 자연스럽고 당연합니다. 지금까지 정말 용기 있는 작업을 해냈습니다. 자신의 삶을 정직하게 대면하는 것보다 더 큰 용기는 없기 때문입니다. 우리가 한 일은 단순히 과거를 추억한 것이 아닙니다. 우리는 자신의 삶이라는 성전의 가장 깊은 지성소로 들어가 그곳에 무엇이 있는지 정직하게 살펴보는 거룩한 순례를 한 것이기 때문이죠.

이제 가장 중요한 사실을 기억하세요. 우리는 이 작업대 앞에 결코 혼자 서 있는 것이 아닙니다. 위대한 장인이신 하나님께서 우리 곁에 온화한 미소를 지으며 서 계십니다. 주님은 우리가 가져온 어지러운 조각들을 보며 혀를 차거나 비난하지 않으십니다. 오히려 한없는 사랑과 긍휼의 눈빛으로 각각의 조각들을 소중하게 어루만지십니다. 가장 부끄러워하고 숨기고 싶어 하는 그 깨진 조각조차도 주님께는 세상에서 가장 아름다운 모자이크로 완성할 필수적인 재료가 됩니다.

이제 원재료는 모두 준비되었습니다. 1부의 여정은 여기서 마무리됩니다.
우리는 우리 삶의 '무엇'을 충분히 살펴보았습니다. 이제 2부에서는 이 재료들을 가지고 '어떻게' 아름다운 작품을 만들어갈 것인지를 배우게 될 것입니다.

장인은 이미 완벽하고 흠 없는 설계도를 가지고 계십니다. 그 설계도는 바로 온 우주를 관통하는 가장 위대하고 진실하며 아름다운 이야기, 바로 예수 그리스도의 십자가와 부활이라는 복음의 이야기죠.
우리는 다음 장에서 그 놀라운 설계도를 펼쳐보고 우리의 이 깨지고 흩어진 조각들이 어떻게 그 위대한 이야기 속에서 제자리를 찾고 새로운 의미로 찬란하게 빛나게 되는지를 보게 될 것입니다.

우리의 삶은 더 이상 의미 없는 파편들의 무질서한 집합이 아닙니다. 그것은 하나님의 손에서 지금 막 재창조될 위대한 서사의 거룩한 시작입니다. 그 놀라운 반전을 기대하며, 잠시 숨을 고르고 작업대 위에 놓인 재료들을 다시 한번 축복의 눈으로 바라보며 다음 여정을 떠나봅시다.

성찰과 나눔을 위한 질문

나의 인생 지도 : 당신의 삶을 하나의 지도(인생 그래프)로 그려보면서, 이전에는 미처 중요하게 생각하지 못했거나 잊고 있었지만 지금 보니 내 인생의 중요한 '전환점'이었다고 새롭게 발견하게 된 순간이 있습니까? 그 사건 혹은 만남은 당신을 어떤 새로운 길로 이끌었나요?

선물과 상처 : 당신의 삶에 등장했던 중요한 인물들을 떠올려볼 때, '선물'과도 같았던 관계는 무엇이었나요? 그 관계를 통해 어떤 격려와 사랑을 받았습니까? 반대로 깊은 '상처'를 남긴 관계는 하나님과 세상을 바라보는 방식에 어떤 영향을 미쳤다고 생각하십니까?

숨겨진 시나리오 : 이 장의 탐험을 통해 발견한, 삶을 지배해 온 '숨겨진 시나리오' 혹은 '반복되는 클리셰'는 무엇이었나요?(예 : "나는 항상 완벽해야만 사랑받을 수 있다.") 그 시나리오가 하나님께서 말씀하시는 진리가 아닐 수도 있다는 사실을 깨달았을 마음에는 어떤 생각이나 감정이 들었나요?

3장

작업대 위의 혼돈, 파편들을 마주하는 법

✳ 1 ✳

이 혼돈이 정말 나의 삶인가요?

앞선 2장에서 우리는 영적 고고학자가 되어 우리 삶의 유적지를 탐사하는 길고도 깊은 여정을 함께 걸어왔습니다. 우리는 기억의 지하실 문을 열고 들어가 먼지가 뽀얗게 쌓인 시간의 상자들을 하나씩 열어보았습니다. 인생 그 래프라는 지도를 펼쳐 우리 인생의 봉우리와 골짜기를 확인했고, 관계 지도라는 거미줄을 통해 지금의 나를 빚어낸 수많은 얼굴들을 다시 만났습니다. 그리고 마침내, 우리도 모르는 사이에 우리 삶의 배경음악처럼 반복되어 온 내면의 시나리오, 클리셰의 정체를 발견했습니다.

이제, 당신의 눈앞에 놓인 하나님의 작업대를 상상해 보세요. 그 위에는 당신이 발굴해 낸 수많은 이야기의 조각들이 가득 펼쳐져 있습니다. 햇살처럼 빛나던 성공의 조각, 날카롭게 부서진 실패의 파편, 솜사탕처럼 달콤했던 사랑의 기억, 얼음장처럼 차가웠던 배신의 상처. 매일 반복되어 무심코 지나쳤던 일상의 자갈들, 그리고 당신을 오랫동안 옭아매던 거짓 시나리오의 희미한 먼지까지.

작업대 위의 풍경은 우리가 기대했던 것처럼 깔끔하게 정리된 연대기가 아닙니다. 그것은 차라리 폭풍이 휩쓸고 지나간 뒤의 해변과 같습니다. 아름다운 조개껍데기와 반짝이는 유리 조각도 있지만 정체를 알 수 없는 쓰레기와 날카롭게 부서진 파편들, 그리고 온통 뒤엉킨 해초들이 더 많이 눈에 띕니다. 이야기의 조각들은 서로 논리적으로 연결되지 않고 어떤 부분은 기억나지 않아 텅 비어 있으며 어떤 조각들은 서로 너무나 모순적이어서 같은 사람의 삶에서 나온 것이라고 믿기 어려울 정도입니다.

작업대 위에 놓인 한 조각을 들어 올립니다. 그것은 대학 시절, 선교단체를 통해 뜨거운 신앙을 경험하며 하나님께 자신의 삶을 드리겠다고 서원했던 거룩한 결단의 조각입니다. 그 빛나는 조각 옆에는 몇 년 후 직장 생활에 지쳐 주일 예배조차 겨우 드리며 하나님을 잊고 살았던 냉담한 시간의 조각이 놓여 있습니다. 또 다른 곳에는 갓 태어난 아이를 품에 안고 경이로운 생명의 신비에 감격하며 눈물 흘렸던 순수한 사랑의 조각이 있습니다. 하지만 바로 그 옆에는 아이의 울음소리에 지쳐 순간적인 분노를 터뜨리고는 깊은 죄책감에 시달렸던 부끄러운 기억의 파편이 자리합니다.

이 모든 것이 정말 나의 이야기란 말인가? 이토록 이기적이면서도 때로는 숭고하고 이토록 비겁하면서도 가끔은 용감했던, 이 앞뒤가 맞지 않는 모습이 정말 나의 진짜 얼굴이란 말인가? 이 뒤죽박죽인 조각들을 가지고 과연 의미 있는 무언가를 만들어낼 수 있기는 한 걸까?

이 정직한 질문 앞에서 우리는 압도당하는 느낌을 받습니다. 우리가 마주한 것은 아름다운 간증의 재료라기보다는 실패와 모순으로 가득 찬 삶의 부끄러운 증거물처럼 보입니다.

만약 당신이 지금 이러한 혼란과 실망감을 느끼고 있다면 축하합니다. 지금 지극히 정상적이고 건강한 과정을 통과하고 있기 때문입니다. 삶을 정직하게 대면하는 가장 어렵고도 중요한 첫걸음을 성공적으로 내디딘 것입니다.

우리가 신앙 서사를 형성하는 과정에서 저지르는 가장 큰 실수는 이 혼란스러운 작업대의 풍경을 견디지 못하고 너무 성급하게 모든 것을 그럴듯한 이야기로 포장하려는 시도입니다. 우리는 우리의 실패를 너무 빨리 하나님의 연단으로, 우리의 죄를 너무 쉽게 인간의 연약함으로, 우리가 겪은 상처를 너무 가볍게 하나님의 뜻으로 해석해 버리곤 합니다. 그렇게 함으로써 우리는 각 경험이 품고 있는 진짜 무게와 깊이를 놓치고 값싼 위안에 안주하게 됩니다.

하나님의 작업대 위에서 우리가 가장 먼저 배워야 할 것은 견디는 법입니다. 혼돈, 모순, 이해할 수 없는 공백을 섣불리 설명하려 들지 않고 그저 있는 그대로 바라보며 그 불편함과 함께 머무르는 연습입니다.

위대한 조각가 미켈란젤로는 대리석 원석을 마주하고 오랜 시간 동안 그저 바라보며 그 안에 숨겨진 형상을 발견하기 전까지는 결코 정을 대지 않았다고 합니다. 우리도 마찬가지입니다. 우리 삶이라는 원석 속에 담긴 하나님의 형상을 발견하기 위해 먼저 그 원석의 거칠고 모난 표면, 예측할 수 없는 결들을 충분히 느끼고 존중하는 시간이 필요합니다.

이 장에서 우리는 바로 그 작업을 할 것입니다. 우리는 작업대 위에 놓인 삶의 혼란스러운 본질을 피하지 않고 세 가지 측면에서 더 깊이 들여다보고자 합니다.
첫째, 우리 자신의 내면에 존재하는 깊은 모순성을,
둘째, 우리 이야기 속에 존재하는 이해할 수 없는 서사적 공백을,
셋째, 그 모든 혼란 속에서 우리가 느끼는 하나님의 부재감 혹은 침묵을요.

아마도 이 정직한 탐사를 통해 우리는 깨닫게 되겠죠. 우리의 이 부서지고 혼돈스러운 모습이야말로 하나님의 은혜가 찾아와 일하기 시작하는 가장 완벽한 출발점이라는 놀라운 진실을 말입니다.

✳ 2 ✳

내 안의 수많은 '나'와 마주하기

우리는 마치 수많은 인격이 하나의 몸 안에 사는 것처럼 상황에 따라 너무나 다른 얼굴을 하고 살아갑니다. 교회에서는 누구보다 경건한 신앙인이지만 운전대만 잡으면 거친 말을 내뱉는 폭군으로 변합니다. 다른 사람의 아픔에는 깊이 공감하며 눈물 흘리지만 정작 가장 가까운 가족에게는 날카로운 말로 상처를 줍니다. 거룩한 뜻을 품고 새로운 계획을 세우지만, 작심삼일도 못 가서 예전의 나쁜 습관으로 돌아가 있는 자신을 발견하고는 절망합니다.

이러한 내면의 분열과 자기모순은 우리를 깊은 수치심과 자기혐오에 빠뜨립니다. '나는 위선자야.', '나는 구제 불능이야.', '나는 결코 변할 수 없을 거야.' 우리는 우리 자신의 이 비참한 실체로부터 눈을 돌리고 싶어 합니다. 그리고 다른 신앙인들은 모두 우리와 달리 일관성 있고 거룩한 삶을 살고 있을 것이라고 착각합니다.

하지만 성경을 정직하게 들여다보면 하나님께서 위대하게 사용하셨던 믿음의 영웅들 역시 우리와 똑같은, 아니 우리보다 훨씬 더 극심한 내면의 모순과 씨름했던 사람들이었음을 발견하게 됩니다. 그들의 이야기는 우리에게 중요한 진실을 가르쳐줍니다. 하나님은 완벽하고 일관성 있는 사람을 찾으시는 것이 아니라 자신의 이 모순적인 실체를 정직하게 인정하고 그것을 가지고 당신 앞에 나아오는 사람을 찾으신다는 사실입니다.

다윗 : 찬양과 살인이 공존하는 마음

다윗은 성경에서 "내 마음에 합한 사람"이라는 하나님으로부터 받을 수 있는 최고의 찬사를 받은 인물입니다. 그의 시편을 읽으면 하나님을 향한 그의 순전한 사랑과 깊은 신뢰에 감탄하지 않을 수 없습니다. 그는 "여호와는 나의 목자시니 내게 부족함이 없으리로다."라고 노래하며 하나님의 선하심을 찬양했고, "하나님이여 사슴이 시냇물을 찾기에 갈급함 같이 내 영혼이 주를 찾기에 갈급하나이다."라며 하나님과의 친밀함을 갈망했습니다. 그의 삶은 하나님을 향한 뜨거운 예배와 찬양으로 가득 차 있었습니다.

하지만 바로 그 다윗의 인생, 그 여러 씬에는 우리가 차마 눈 뜨고 보기 힘든 끔찍한 죄악으로 점철된 장면을 볼 수 있습니다. 그는 자신의 충성스러운 부하인 우리아의 아내 밧세바를 탐하여 간음죄를 저질렀고 자신의 죄를 덮기 위해 우리아를 가장 치열한 전쟁터로 보내 죽게 만드는 치밀하고 잔인한 살인 교사죄를 저질렀습니다. 한때 하나님을 그토록 아름답게 찬양했던 그의 입은 거짓말로 가득 찼고 거인 골리앗을 쓰러뜨렸던 그의 용기는 한 여인 앞에서 비겁하게 무너져 내렸습니다.

어떻게 한 사람 안에 이 두 모습이 공존할 수 있을까요? 하나님을 향한 그토록 순전한 사랑과 자신의 욕망을 위해 이웃을 파괴하는 그토록 추악한 이기심이 어떻게 한 마음에 함께 담길 수 있을까요? 이것이 바로 모순이라는 이름의 인간의 실체입니다. 다윗의 위대함은 그가 죄를 짓지 않았다는 데 있지 않습니다. 그의 진짜 위대함은 나단 선지자가 그의 죄를 지적했을 때 그 끔찍한 자기모순의 실체를 정직하게 대면하고 하나님 앞에 철저히 무너졌다는 데 있습니다.

그가 기록한 시편 51편은 죄로 인해 산산조각 난 한 영혼의 처절한 고백입니다.

"하나님이여 주의 인자를 따라 내게 은혜를 베푸시며 주의 많은 긍휼을 따라 내 죄악을 지워 주소서… 우슬초로 나를 정결하게 하소서 내가 정하리이다 나의 죄를 씻어 주소서 내가 눈보다 희리이다."

그는 자신의 죄를 변명하거나 합리화하지 않았습니다. 그는 자신의 힘으로는 결코 이 모순적인 마음을 해결할 수 없음을 인정하고 오직 하나님의 긍휼과 용서에만 매달렸습니다.

만일 작업대 위에 놓인 빛나는 조각과 추악한 조각을 보며 절망하고 있다면 다윗의 이야기를 기억하십시오. 당신의 모순은 당신을 하나님으로부터 멀어지게 하는 장애물이 아니라 오히려 다윗처럼 하나님의 은혜의 보좌 앞으로 나아가게 하는 통로가 될 수 있습니다.

베드로 : 반석과 모래알 사이

예수님의 수제자였던 베드로 역시 극심한 모순의 사람이었습니다. 그는 예수님께서 "너희는 나를 누구라 하느냐?"라고 물으셨을 때, "주는 그리스도시요 살아계신 하나님의 아들이시니이다."라는 위대한 신앙고백을 했던 사람입니다. 예수님은 그의 고백 위에 교회를 세우시겠다고 약속하시며 그를 반석이라고 불러주셨습니다. 그는 물 위를 걷는 기적을 체험했고 변화산에서 영광스러운 예수님의 모습을 목격했으며 예수님을 위해서라면 목숨까지도 버리겠다고 호언장담했던 열정의 사람이었습니다.

하지만 바로 그 반석 같았던 베드로는 예수님께서 십자가를 지셔야 한다고 말씀하셨을 때 "주여 그리 마옵소서 이 일이 결코 주께 미치지 아니하리이다."라며 예수님을 가로막다가 "사탄아 내 뒤로 물러가라."는 호된 꾸지람을 듣기도 했습니다.

그리고 예수님께서 잡히시던 그 밤, 그는 자신의 목숨을 구하기 위해 힘없는 계집종 앞에서 세 번이나 예수님을 모른다고 저주하며 부인했습니다. 예수님을 위해 죽겠다던 그의 용기는 하룻밤 사이에 먼지처럼 사라져 버렸습니다. 그의 믿음은 반석이 아니라 손가락 사이로 사라지는 모래알과 같았습니다.

예수님의 십자가 앞에서 그의 모든 자신감과 열정은 산산조각 났습니다. 그는 자신의 비참한 모순과 마주해야 했습니다. 부활하신 예수님께서 디베랴 바닷가에서 그를 다시 찾아오셨을 때 예수님은 그의 실패를 책망하지 않으셨습니다. 대신 세 번이나 물으셨습니다. "요한의 아들 시몬아, 네가 이 사람들보다 나를 더 사랑하느냐?" 이 질문 앞에서 베드로는 더 이상 자신의 위대한 열정이나 결심을 자랑할 수 없었습니다. 그는 다만 "주님, 모든 것을 아시오매 내가 주님을 사랑하는 줄을 주님께서 아시나이다."라고 고백할 수밖에 없었습니다.

이것이 바로 모순적인 인간이 은혜 안에서 발견하는 새로운 정체성입니다.

우리의 사랑은 베드로처럼 너무나 쉽게 변하고 무너지지만, 우리의 모든 것을 아시면서도 여전히 우리를 찾아와 사랑을 물으시는 주님의 사랑은 결코 변하지 않는다는 사실을 신뢰하는 것입니다. 우리의 신앙은 우리의 일관성이나 완벽함에 기초하는 것이 아니라 우리의 모든 모순과 실패에도 불구하고 우리를 붙드시는 하나님의 신실하심에 기초하는 것입니다.

작업대 위에 놓인 모순적인 조각들은 실패했다는 증거가 아닙니다. 그것은 치열한 영적 전쟁터의 한복판에 서 있는 '연약한 사람'이라는 증거이며 그렇기에 매일 매 순간 예수 그리스도의 은혜가 필요하다는 사실을 알려주는 가장 확실한 신호입니다.

이해되지 않는 공백들과 함께

작업대 위의 조각들을 들여다볼 때 우리를 혼란스럽게 하는 또 다른 요소는 이야기들 사이에 존재하는 커다란 공백 혹은 구멍들입니다. 이것은 단순히 기억나지 않는 과거를 의미하는 것이 아닙니다. 우리의 이성과 신앙으로 도저히 설명하거나 이해할 수 없는 사건들 그래서 우리의 서사에 의미 있는 방식으로 통합되지 못하고 뻥 뚫린 구멍처럼 남아 있는 경험들을 의미합니다. 이 서사적 공백들은 종종 우리 신앙의 가장 근본적인 질문들을 던지게 만듭니다.

응답받지 못한 기도의 공백

아마 모든 신앙인이 한 번쯤은 이 깊은 공백과 마주했을 터, 우리는 성경을 통해 "구하라 그러면 너희에게 주실 것이요."라는 예수님의 약속을 믿습니다. 그래서 우리는 간절한 마음으로 하나님 앞에 나아갑니다. 암에 걸린 어머니의 치유를 위해, 실직한 남편의 재기를 위해, 방황하는 자녀가 돌아오기를 위해 눈물로 밤을 새워 기도합니다. 교회 공동체와 함께 한마음으로 부르짖습니다.

하지만, 아무 일도 일어나지 않습니다. 어머니의 병세는 점점 더 악화되고,

남편은 계속해서 면접에서 떨어지며, 자녀는 더 깊은 어둠 속으로 빠져듭니다. 우리의 기도는 마치 두꺼운 벽에 부딪혀 공허한 메아리가 되어 돌아오는 것 같습니다. 이때 우리 마음속에는 커다란 구멍이 뚫립니다. "하나님, 정말 듣고 계신가요?", "왜 침묵하시나요?", "저를 사랑하시기는 하는 건가요?", "성경의 약속은 다 거짓말이었나요?"

이 응답받지 못한 기도의 경험은 우리의 신앙을 송두리째 흔들어 놓습니다. 하나님을 자판기처럼 생각했던 유치한 믿음이 깨어지는 것은 물론이고 하나님의 선하심과 능력에 대한 근본적인 신뢰마저 무너져 내립니다. 이 경험은 우리의 신앙 그래프 위에 설명할 수 없는 깊은 골짜기를 만들고 그 이후의 모든 신앙 여정에 긴 그림자를 드리웁니다.

이해할 수 없는 고난의 공백

서사적 공백은 때로 아무런 예고 없이 우리의 삶을 덮치는 비극적인 사건의 형태로 나타나기도 합니다. 음주 운전 차량에 의해 한순간에 가족을 잃은 사람의 이야기, 평생 성실하게 살아왔지만, 동업자의 배신으로 모든 것을 잃고 빚더미에 앉게 된 사람의 이야기, 끔찍한 재난이나 사고 현장에서 살아남았지만, 평생을 트라우마와 죄책감 속에서 살아가야 하는 사람의 이야기처럼요.

이러한 고난들은 우리가 가진 인과응보의 틀로는 도저히 설명되지 않습니다. "내가 무얼 그렇게 잘못했기에 이런 일이…."라는 질문은 아무런 답을 주지 못합니다. 어떤 교훈이나 연단을 위한 고난이라기에는 너무나 가혹하고 무의미해 보입니다. 그저 악의 부조리한 현존처럼 느껴질 뿐입니다.

이런 경험을 한 사람에게 "하나님의 선하신 뜻이 있을 것입니다."라는 식의 섣부른 위로는 오히려 깊은 상처를 줄 뿐입니다. 그들의 이야기에는 지금 그 어떤 신학적 설명으로도 메울 수 없는 거대한 구멍이 뚫려 있습니다. 그 구멍은 하나님에 대한 원망과 분노, 세상의 불의에 대한 깊은 절망감으로 채워져 있습니다.

하나님의 침묵이라는 공백

서사적 공백은 반드시 극적인 사건을 통해서만 나타나는 것은 아닙니다. 때로는 아무 일도 일어나지 않는 길고 지루한 시간의 형태로 찾아오기도 합니다. 인생 그래프가 수평선을 그리던 시기입니다. 신앙의 뜨거운 첫사랑도 지나가고 삶의 큰 위기도 없는 평범한 일상이 반복됩니다. 그런데 이상하게도 마음은 점점 더 메말라 갑니다. 기도해도 아무런 감흥이 없고, 말씀을 읽어도 머리에 들어오지 않습니다. 예배는 점점 더 형식적인 의무처럼 느껴지고 하나님은 저 멀리 안개 너머에 계신 것처럼 아득하게만 느껴집니다.

이것은 십자가의 성 요한이나 아빌라의 테레사와 같은 신비가들이 '영혼의 어두운 밤'이라고 불렀던 영적 가뭄의 시기입니다. 이 시기의 가장 큰 고통은 하나님께서 나를 떠나셨거나 내 신앙이 완전히 식어버렸다는 느낌입니다. 내 이야기 속에서 하나님의 역할이 완전히 사라져 버린 것 같은 공백 상태입니다.

이러한 서사적 공백들을 어떻게 이해해야 할까요? 우리는 이 구멍들을 어떻게든 메우고 우리 삶의 모든 사건에 의미를 부여해야 한다는 강박에 시달립니다. 하지만 어쩌면 성숙한 신앙이란 모든 것을 설명할 수 있다는 교만을 내려놓고 이해할 수 없는 신비를 위한 자리를 우리 마음에 내어드리는 법을 배우는 것일지도 모릅니다.

욥의 이야기는 우리에게 이 점을 가장 잘 보여줍니다. 욥은 자신의 이해할 수 없는 고난 앞에서 끊임없이 "왜?"라고 물었습니다. 그의 친구들은 온갖 신학적 이론을 동원하여 그 '왜'에 대한 답을 주려고 했지만 모두 실패했습니다. 마침내 폭풍우 속에서 나타나신 하나님은 욥의 질문에 직접적으로 대답해주지 않으셨습니다. 하나님은 욥에게 고난의 이유를 설명하는 대신 당신이 천지를 창조하신 창조주의 위대함과 지혜를 보여주셨습니다.

하나님의 의도는 이것이었습니다. "욥아, 너는 너의 작은 이해의 틀 안에 나를 가두려 하고 있구나. 너의 고난의 이유는 너의 머리로 이해할 수 있는 것보다 훨씬 더 크고 깊은 나의 주권적인 계획 속에 있단다. 네가 해야 할 일은 모든 것을 이해하려는 것이 아니라 이해할 수 없는 상황 속에서도 여전히 선하고 지혜로운 나를 신뢰하는 것이란다."

욥은 마침내 "내가 주께 대하여 귀로 듣기만 하였사오나 이제는 눈으로 주를 뵈옵나이다."라고 고백하며 자신의 질문을 내려놓습니다. 그는 답을 얻었기 때문에 항복한 것이 아니라 답을 주시는 하나님 자신을 만났기 때문에 항복한 것입니다.

우리의 이야기 속에 존재하는 서사적 공백들은 우리를 절망시키는 구멍이 아니라 우리를 욥처럼 살아계신 하나님과의 더 깊은 만남으로 초대하는 신비의 공간일 수 있습니다. 그곳은 우리의 이성이 멈추는 곳에서 비로소 믿음이 시작되는 거룩한 장소입니다. 우리는 그 공백을 섣불리 메우려 하기보다 그 공백과 함께 하나님 앞에 머무르며, "주님, 저는 이해할 수 없습니다. 하지만 주님을 신뢰합니다."라고 고백하는 법을 배워야 합니다.

✴ 4 ✴

보이지 않아도 함께 계시는 하나님

작업대 위의 혼돈을 마주할 때, 특히 우리 삶의 깊은 골짜기와 이해할 수 없는 공백들을 들여다볼 때, 우리 마음속에 스며드는 가장 차가운 감정은 바로 하나님의 부재감일 것입니다. "그 끔찍했던 순간에, 하나님은 정말 어디에 계셨던 걸까?", "모두가 나를 떠났을 때, 왜 주님마저 나를 외면하셨을까?" 이 질문은 우리의 영혼을 얼어붙게 만듭니다. 우리가 느끼는 하나님의 부재감은 너무나 생생하고 실제적이어서 그것이 '진짜 현실'이라고 믿게 만듭니다.

하지만 성경은 우리에게 놀라운 역설을 가르쳐줍니다. 우리가 하나님의 부재를 가장 깊이 느끼는 바로 그 순간이 종종 하나님께서 우리에게 가장 가까이 다가와 일하고 계시는 순간일 수 있다는 것입니다. 우리의 느낌이 하나님의 실재를 규정하지 않는다는 진실입니다.

엠마오로 가는 길 위의 동행

누가복음 24장에 나오는 엠마오로 가는 두 제자의 이야기는 이 진리를 가장 아름답게 보여주는 한 편의 그림과 같습니다.

때는 예수님께서 십자가에 못 박히신 지 사흘째 되던 날 오후입니다. 두 제자는 깊은 슬픔과 절망에 빠져 예루살렘을 등지고 엠마오라는 시골 마을로 터벅터벅 걸어가고 있습니다. 그들의 마음속 작업대 위에는 온통 깨지고 부서진 희망의 파편들만 가득했습니다.

그들은 지난 며칠간 일어났던 끔찍한 사건들에 대해 서로 이야기합니다. 그들이 메시아라고 굳게 믿었던 스승이 힘없이 잡혀가 조롱당하고 십자가에서 죽었습니다. 그들의 모든 꿈과 기대는 산산조각 났습니다. 그들의 서사는 완전한 실패와 비극으로 끝나버렸습니다. 그들의 대화 속에는 하나님을 향한 깊은 원망과 혼란이 담겨 있었을 것입니다. "어떻게 하나님께서 이런 일이 일어나도록 내버려두실 수 있단 말인가?" 바로 그 순간, 그들의 서사 속에서 하나님은 완전히 '부재'한 것처럼 보였습니다.

바로 그때, 한 낯선 분이 그들에게 다가와 동행하며 묻습니다. "당신들이 길 가면서 서로 주고받고 하는 이야기가 무엇이오?" 제자들은 슬픈 기색을 띠고 멈추어 서서 자신들의 절망적인 이야기를 그에게 들려줍니다. 그러자 그 낯선 분은 모세와 모든 선지자의 글로 시작하여 모든 성경에 쓴 바 자기에 관한 것을 자세히 설명해 주십니다.

이야기의 결말을 우리는 잘 알고 있습니다. 그 낯선 분은 바로 부활하신 예수님이셨습니다. 제자들은 그와 함께 저녁 식사를 하다가 그가 떡을 떼어 축사하실 때 비로소 영적인 눈이 밝아져 그를 알아보게 됩니다. 그리고 그 순간 예수님은 사라지셨습니다. 그제야 서로에게 말합니다. "길에서 우리에게 말씀하시고 우리에게 성경을 풀어 주실 때에 우리 속에서 마음이 뜨겁지 아니하더냐?"

이 이야기는 우리에게 심오한 통찰을 줍니다. 제자들이 하나님의 부재를 가장 깊이 느끼며 절망의 길을 걷고 있을 때 사실 부활하신 주님은 바로 그들 곁에서 함께 걷고 계셨습니다. 그들은 단지 슬픔과 절망에 눈이 가려져 그분을 알아보지 못했을 뿐입니다. 그들의 느낌은 현실과 정반대였습니다.

우리도 마찬가지입니다. 우리가 인생의 가장 깊은 골짜기를 걸으며 "하나님은 어디 계신가?"라고 탄식할 때 사실 주님은 우리 바로 곁에서 우리보다 더 아픈 마음으로 함께 걷고 계시지 않을까요? 우리가 이해할 수 없는 고난의 의미에 대해 혼란스러워하며 친구와 대화할 때 주님은 그 대화 가운데 임재하여 성경의 진리를 통해 우리의 마음을 뜨겁게 하고 계실지도 모릅니다. 우리가 느끼는 하나님의 부재감은 그분의 실제적인 부재의 증거가 아니라 단지 우리의 영적인 눈이 아직 열리지 않았다는 신호일 수 있습니다.

요셉의 회고적 신앙

하나님의 임재를 깨닫는 것은 종종 시간이 지난 뒤에야 가능한 회고적인 retrospective 경험입니다. 폭풍우 한가운데서는 정신을 차릴 수 없지만 폭풍이 지나간 뒤에야 비로소 그 모든 과정 속에서 우리를 붙들고 있었던 보이지 않는 손길을 발견하게 되는 것과 같습니다. 창세기에 나오는 요셉의 이야기는 이 회고적 신앙의 가장 위대한 모범입니다.

당신이 만약 노예로 팔려 가던 구덩이 속의 요셉, 혹은 억울한 누명을 쓰고 감옥에 갇힌 요셉을 만났다고 상상해 보십시오. 그에게 "요셉, 이 모든 일 속에 하나님의 선하신 뜻이 있음을 믿습니까?"라고 물었다면 과연 어떤 대답을 했을까요? 아마 요셉은 당신을 원망스러운 눈으로 바라보며 "하나님이 정말

계신다면 내게 이런 일이 일어날 리가 없다!"고 소리쳤을지도 모릅니다. 그 고통의 순간에 그가 하나님의 임재와 선하심을 온전히 신뢰하기는 불가능에 가까웠을 것입니다.

하지만 수십 년의 세월이 흐른 뒤 이집트의 총리가 된 요셉은 자신을 팔았던 형들 앞에서 전혀 다른 고백을 합니다. 그는 두려움에 떠는 형들을 안심시키며 말합니다.

"당신들은 나를 해하려 하였으나 하나님은 그것을 선으로 바꾸사 오늘과 같이 많은 백성의 생명을 구원하게 하시려 하셨나니."(창세기 50:20)

이 놀라운 고백은 요셉이 모든 것을 초월한 성인이 되었기 때문이 아닙니다. 이것은 그가 자신의 파편화된 삶의 조각들을 시간이라는 관점에서, 그리고 하나님의 구원 역사라는 더 큰 그림 안에서 비로소 다시 읽어낼 수 있게 되었기 때문입니다. 그는 시간이 한참 지나서야 깨달은 것입니다. 자신이 노예로 팔려 갔던 그 비극적인 사건이 사실은 훗날 다가올 끔찍한 기근으로부터 자신의 가족과 수많은 사람을 구원하시려는 하나님의 놀라운 계획의 일부였다는 것을 말입니다. 형들의 악행이라는 인간적인 플롯 뒤에는 그것을 사용하여 더 큰 선을 이루시는 하나님의 플롯이 숨겨져 있었던 것입니다.

요셉은 이 모든 것을 고통의 한가운데서는 결코 볼 수 없었습니다. 그는 이야기의 결말에 도달하고 나서야 비로소 지나온 모든 과정의 의미를 회고적으로 깨닫게 된 것입니다.

당신의 작업대 위에 놓인 이해할 수 없는 고난의 조각들, 하나님의 부재처럼 느껴졌던 공백의 시간은 어쩌면 아직 그 의미가 드러나지 않은 요셉 이야기의 한 부분일지도 모릅니다. 지금 당장 우리는 그 조각들의 의미를 알 수 없습니다. 그것을 섣불리 해석하려는 시도는 오히려 위험합니다.

우리가 할 수 있는 최선은 요셉의 하나님, 즉 인간의 악까지도 합력하여 선을 이루시는 신실하신 하나님이 지금도 나의 이야기 속에서 일하고 계심을 믿음으로 붙드는 것입니다. 그리고 언젠가 시간이 지난 뒤에 우리도 요셉처럼 "아, 그때 그래서 그러셨군요."라고 고백하게 될 그날이 올 것이라는 소망을 품는 것입니다.

우리가 지금 하는 이 신앙 서사 형성의 작업은 바로 이 회고적 신앙의 눈을 훈련하는 과정입니다. 우리는 과거의 조각들을 다시 들여다보며 그때는 미처 깨닫지 못했던 희미한 하나님의 흔적들을 발견하는 연습을 하는 것입니다. 그 작은 발견들이 모일 때 우리는 현재의 고난 속에서도 하나님의 부재를 느끼는 대신 보이지 않는 그분의 임재를 신뢰할 수 있는 더 깊은 믿음의 근육을 갖게 될 것입니다.

✳ 5 ✳

가장 정직한 예배

자, 이제 우리는 우리 작업대 위에 놓인 혼돈의 실체를 정직하게 마주했습니다. 우리 안의 깊은 모순성, 이야기 속의 이해할 수 없는 공백, 그리고 그 모든 것과 함께 찾아오는 하나님의 부재감까지. 그렇다면 이제 우리는 이 어지럽고 부서진 조각들을 가지고 무엇을 해야 할까요? 이것들을 어떻게든 그럴듯하게 다시 붙여보려고 애써야 할까요? 아니면 너무나 부끄럽고 실망스러워서 다시 상자 안에 넣어 기억의 지하실 깊은 곳에 숨겨버려야 할까요?

성경이 우리에게 가르쳐주는 제3의 길은 바로 이 모든 혼돈을 있는 그대로 가지고 하나님 앞에 나아가라는 것입니다. 아무것도 포장하지 않고 아무것도 숨기지 않고 아무것도 합리화하지 않은 채, 나의 가장 날것의 모습을 그분 앞에 '제물'로 드리는 것입니다. 이것이 바로 정직이라는 이름의 예배입니다.

우리는 종종 하나님 앞에 나아갈 때 먼저 자신을 깨끗하게 정리하고 단장해야 한다고 생각하는 경향이 있습니다. 우리의 기도는 종종 이미 정답을 아는 모범 답안을 제출하는 것처럼 느껴집니다. 우리는 우리의 의심과 분노, 실망감 같은 부정적인 감정들은 불경스러운 것이라고 생각하여 억누르고 대신 감사와 찬양, 신뢰의 언어만을 사용해야 한다고 배웁니다. 우리는 하나님께 우리의 가장 좋은 모습만을 보여드리고 싶어 합니다.

하지만 이것은 하나님을 오해하는 것입니다. 전지전능하신 하나님 앞에서 우리가 무언가를 숨길 수 있다고 생각하는 것 자체가 교만입니다. 하나님은 이미 우리의 가장 깊은 곳, 우리가 스스로를 기만하는 어두운 생각과 감정까지도 모두 알고 계십니다. 그분이 우리에게 원하시는 것은 완벽한 모습이 아니라 정직한 모습입니다. 우리가 깨진 모습 그대로 그분 앞에 나아올 때 비로소 그분의 치유와 회복의 은혜가 시작될 수 있기 때문입니다.

고백이라는 제물

우리의 모순된 모습을 가진 죄의 조각들 앞에서는 고백이라는 정직한 제물이 필요합니다. 고백은 단순히 죄의 목록을 나열하는 행위가 아닙니다. 그것은 하나님의 빛 앞에서 나의 진짜 모습을 인정하고, 더 이상 나를 속이지 않기로 결단하는 용기 있는 행위입니다.

다윗이 밧세바와의 범죄 이후 나단 선지자의 책망 앞에서 "내가 여호와께 죄를 범하였노라."라고 고백했을 때 그는 모든 변명과 자기 합리화의 가면을 벗어 던졌습니다. 그 정직한 고백의 순간 비로소 하나님의 용서와 회복의 역사가 시작될 수 있었습니다.

우리는 우리의 죄와 실패를 하나님 앞에 내어놓는 것을 두려워합니다. 그분이 우리를 정죄하고 벌하실 것이라고 생각하기 때문입니다. 하지만 사도 요한은 우리에게 이렇게 약속합니다.

"만일 우리가 우리 죄를 자백하면 그는 미쁘시고 의로우사 우리 죄를 사하시며 우리를 모든 불의에서 깨끗하게 하실 것이요."(요한일서 1:9)

하나님은 우리가 고백할 때를 기다리고 계십니다. 우리가 스스로를 의롭다고 여기는 교만의 자리에서 내려와 "주님, 저는 죄인입니다. 주님의 은혜가 없이는 살 수 없습니다."라고 정직하게 인정할 때 십자가의 보혈은 비로소 우리의 가장 깊은 상처와 더러움을 씻어내는 능력이 됩니다.

작업대 위에 놓인 가장 부끄러운 조각들을 가지고 오늘 하나님 앞에 정직한 고백의 제사를 드려보십시오. 분명히 정죄가 아닌 상상할 수 없는 자유와 평안을 경험하게 될 것입니다.

"하나님께서 구하시는 제사는 상한 심령이라 하나님이여 상하고 통회하는 마음을 주께서 멸시하지 아니하시리이다."(시편 51:17)

이제 당신의 작업대 위에 놓인 모든 조각들을 두 손에 모아 하나님께 올려드린다고 상상해 보세요. 빛나는 성공과 부끄러운 실패, 기쁨의 눈물과 고통의 신음, 순전한 사랑과 추악한 이기심, 이해할 수 있는 것들과 도무지 이해할 수 없는 것들까지. 이 모든 것을 있는 그대로 정직이라는 제물로 그분께 드리십시오.

✴ **6** ✴

모든 조각은 저마다의 자리가 있다

모자이크 작가의 작업실을 상상해 보세요. 그의 작업대 위에는 온갖 종류의 조각들이 가득합니다. 어떤 것은 햇살처럼 빛나는 황금색 타일이고 어떤 것은 깊은 밤하늘을 닮은 다크 블루 타일입니다. 매끄럽고 완벽한 모양의 조각도 있지만 거칠고 날카롭게 깨진 파편, 실수로 잘못 잘려 나간 자투리 조각들도 많이 있습니다. 언뜻 보기에는 그저 잡동사니처럼 보입니다.

하지만 예술가의 눈에는 그 모든 조각이 저마다의 고유한 역할과 자리를 가지고 있습니다. 그는 빛나는 황금색 타일만으로 작품을 만들지 않습니다. 만약 그렇게 한다면 그 작품은 깊이 없이 단조롭고 눈부시기만 할 것입니다. 오히려 깊고 어두운 남색 타일을 배경으로 사용할 때 황금색 타일이 얼마나 더 찬란하게 빛날 수 있는지를 알고 있습니다. 심지어 날카롭게 깨진 파편들을 사용하여 작품에 독특한 질감과 역동적인 생명력을 불어넣습니다. 그의 위대한 설계도 안에서는 버려질 조각이란 단 하나도 없습니다. 모든 조각이 서로를 보완하며 하나의 조화로운 전체를 이루어 갑니다.

하나님은 바로 이 위대한 모자이크 예술가이십니다. 그리고 당신의 작업대 위에 놓인 그 혼란스러운 삶의 조각들은 걸작을 만들기 위한 너무나도 소중한 재료들입니다.

기독교 신앙의 심장에는 바로 이 모자이크의 원리가 담겨 있습니다. 인류 역사상 가장 어둡고 부조리하며 폭력적이었던 그 순간, 즉 무죄한 하나님의 아들이 십자가에 못 박혀 죽었던 그 금요일의 사건을 생각해 보세요. 그것은 그 자체로 가장 끔찍하고 실패한 이야기의 조각이었습니다. 하지만 하나님께서는 바로 그 가장 깨지고 부서진 조각을 사용하여 인류를 구원하고 죽음을 이기는 가장 위대하고 영광스러운 부활의 모자이크를 창조하셨습니다. 십자가는 하나님께서 어떻게 우리의 가장 깊은 어둠과 실패까지도 당신의 선한 목적을 위해 사용하실 수 있는지를 보여주는 영원한 증거입니다.

그러므로 작업대 위에 놓인 그 어떤 조각도 부끄러워하거나 버리려 하지 마십시오. 가장 깊은 골짜기, 가장 수치스러운 실패, 가장 어두운 의심의 조각까지도, 위대한 예술가이신 하나님의 손안에서, 당신의 이야기를 더욱 깊고 아름답게 만드는 필수적인 재료가 될 것입니다. 주님께는 모든 조각을 위한 자리가 있습니다.

이제 원재료는 모두 준비되었습니다. 우리는 우리 삶의 '무엇'을 정직하게 살펴보았습니다. 이제 우리는 제2부로 나아갈 준비가 되었습니다. 제2부에서는 이 재료들을 가지고 '어떻게' 아름다운 작품을 만들어갈 것인지를 배우게 될 것입니다.

장인은 이미 완벽하고 흠 없는 설계도를 가지고 우리를 기다리고 계십니다. 그 설계도는 바로 온 우주를 관통하는 가장 위대하고 진실하며 아름다운 이야기, 바로 예수 그리스도의 십자가와 부활이라는 복음의 이야기입니다.

우리는 다음 장에서 그 놀라운 설계도를 펼쳐보고 우리의 이 깨지고 흩어진 조각들이 어떻게 그 위대한 이야기 속에서 제자리를 찾고 새로운 의미로 찬란하게 빛나게 되는지를 목격하게 될 것입니다. 당신의 삶은 더 이상 의미 없는 파편들의 무질서한 집합이 아닙니다. 그것은 하나님의 손에서 지금 막 재창조될 위대한 서사의 거룩한 시작입니다. 그 놀라운 반전을 기대하며 잠시 숨을 고르고 당신의 작업대 위에 놓인 모든 조각을 다시 한번 축복의 눈으로 바라봐 주십시오. 당신은 그저 무의미한 삶을 살아오지 않았습니다.

나의 모순 마주하기 : 당신의 삶의 조각들을 작업대 위에 펼쳐놓았을 때, 가장 마주하기 힘들었던 당신의 '모순적인 모습'은 무엇이었습니까? 다윗이나 베드로의 이야기처럼, 당신의 가장 큰 실패나 부끄러움의 자리에서 오히려 하나님의 은혜를 더 깊이 깨닫게 된 경험이 있다면 나누어 봅시다.

이해할 수 없는 공백 : 당신의 이야기 속에 존재하는, 도저히 이해하거나 설명할 수 없는 '서사적 공백'(응답받지 못한 기도, 이유를 알 수 없는 고난 등)은 무엇입니까? 그 공백 앞에서 모든 것을 이해하려는 시도를 내려놓고, 그저 신비로 남겨둔 채 하나님을 신뢰하는 법을 우리는 어떻게 배울 수 있을까요?

정직이라는 제물 : 우리의 부서지고 혼돈스러운 삶의 조각들을 포장하지 않고 '정직'이라는 제물로 하나님께 드린다는 것은 당신에게 어떤 의미로 다가옵니까? 지금 당신이 하나님께 드리고 싶은, 그러나 차마 꺼내지 못했던 가장 정직한 '탄식'의 기도가 있다면 무엇인가요?

의미 부여하기

하나님은 내 삶을 어떻게 읽고 계실까요?

4장 모든 것의 시작은 '좋았더라'는 감탄이었다

1. 이야기의 첫 페이지를 넘기며
2. 세상의 시작은 감탄이었다
3. 흙으로 빚은 걸작, 하나님 형상Imago Dei
4. 일과 쉼 : 거룩한 리듬 속으로
5. '좋았더라'는 안경을 쓰고

5장 세상에서 가장 슬픈 장면을 지나며

1. 낙원에 찾아온 불청객
2. 세상에서 가장 위험한 속삭임
3. 보게 되었지만, 보지 못한 것
4. 내 안의 에덴이 무너질 때
5. 폐허 너머의 여명

6장 작가, 무대 위로 올라오다

1. 이야기는 비극으로 끝나지 않는다
2. 위대한 패배, 위대한 승리
3. 무덤 위를 비추는 새로운 햇살
4. 십자가의 빛이 스며들다
5. 새 시나리오가 손에 들어오다
6. 다시 작업대로, 이야기를 이어쓰다

7장 최고의 순간은 아직 남아 있습니다

1. 드라마의 마지막을 향해
2. 요셉처럼, 약속과 현실 사이를 걷다
3. 다윗이 꿈꾸던 바로 그 집
4. 마침내 모든 눈물이 닦이는 날
5. 하늘의 질서를 미리 살아내는 삶
6. 새 마음으로 맞이한 나의 작업대

4장

모든 것의 시작은
'좋았더라'는 감탄이었다

이야기의 첫 페이지를 넘기며

모든 위대한 이야기에는 우리를 사로잡는 첫 문장이 있습니다.

"태초에 하나님이 천지를 창조하시니라."(창세기 1:1)

이보다 더 장엄하고, 더 근원적이며, 더 모든 것을 포괄하는 시작이 있을까요? 성경은 세상의 기원에 대해 어둡고 혼란스러운 신들의 전쟁이나 우연한 폭발로 시작하지 않습니다. 성경은 지극히 선하고, 지혜로우며, 강력하신 한 분의 인격적인 존재, 즉 하나님의 의도적인 '말씀'으로 모든 것이 시작되었다고 선포합니다.

이제 우리는 이 혼란스러운 재료들을 가지고 의미 있는 작품을 만들 위대한 설계도를 펼쳐볼 시간입니다. 그 설계도는 바로 성경 전체를 관통하는 네 개의 에피소드로 이루어진 하나님의 드라마. 즉 '창조-타락-구속-완성'의 이야기입니다. 그리고 우리는 오늘 그 장엄한 드라마의 첫 번째 에피소드, '창조'의 무대로 들어갈 것입니다.

많은 그리스도인이 창조 이야기를 그저 세상이 어떻게 시작되었는지 과학적 설명의 대체물 정도로 생각하는 경향이 있습니다. 그래서 창조론과 진화론의 논쟁에만 몰두하거나 혹은 창조를 이미 너무나 당연하게 받아들인 나머지 그 이야기가 오늘 나의 삶과 무슨 관련이 있는지 깊이 묵상하지 않습니다.

하지만 창조 이야기는 단순히 과거에 일어난 사건에 대한 보고서가 아닙니다. 그것은 이 세상과 그 안에 있는 모든 것, 특히 '나'라는 존재의 근원적인 정체성과 목적, 그리고 가치에 대해 하나님께서 들려주시는 가장 근본적인 진리의 선언입니다.

창조의 렌즈를 통해 나의 삶을 다시 들여다본다는 것은 내 존재의 출고 상태를 확인하는 것과 같습니다. 공장에서 막 출고된 자동차에는 그 차의 고유한 설계 목적과 기능, 그리고 가치를 설명하는 사용 설명서가 함께 제공됩니다. 마찬가지로 창조 이야기는 타락으로 인해 왜곡되고 세상의 거짓말로 인해 손상되기 이전 원래의 나, 즉 하나님께서 의도하신 나의 가장 본질적인 모습을 보여주는 하나님의 사용 설명서입니다.

당신이 작업대 위에 놓인 부서지고 모순적인 조각들을 보며 스스로에 대해 실망하고 있다면 지금 고장 나고 흠집 난 부분만을 보고 있기 때문입니다. 하지만 창조의 무대에서 하나님은 우리에게 말씀하십니다. "그것이 너의 전부가 아니란다. 내가 처음에 너를 어떻게 만들었는지 기억하렴. 너는 나의 손으로 빚어진 걸작이며, 나의 숨결이 담긴 존귀한 존재란다."

이 장에서 우리는 창조 이야기 속으로 깊이 들어가 그 안에 담긴 세 가지 핵심적인 진리를 발견할 것입니다.

첫째, 모든 존재는 하나님의 '선하신 목적'에서 비롯되었다는 진리를,

둘째, 인간은 하나님의 '형상'으로 지음 받은 존엄한 존재라는 진리를,

셋째, 우리의 일과 쉼은 하나님의 창조 사역에 참여하는 거룩한 부르심이라는 진리까지요.

이 진리의 빛 아래서 우리는 세상이 우리에게 붙여준 거짓된 가치 평가와 우리 스스로를 얽매었던 자기 비하로부터 자유로워지고, 우리의 존재 자체만으로 얼마나 사랑스럽고 가치 있는지를 깨닫게 되는 놀라운 여정을 시작할 것입니다. 당신의 진짜 이야기는 실패와 모순에서 시작되지 않습니다. 당신의 진짜 이야기는 하나님의 감탄, "보시기에 참 좋았더라."에서 시작됩니다.

✳ 2 ✳

세상의 시작은 감탄이었다

창세기 1장을 천천히, 소리 내어 읽어본 적이 있습니까? 그곳에는 경이로운 리듬과 패턴이 있습니다. 하나님께서 말씀으로 창조하시고("빛이 있으라"), 그대로 이루어지고("빛이 있었고"), 하나님께서 그것을 보시고 평가하시고("보시기에 좋았더라"), 저녁이 되고 아침이 되니 하루가 지나는 패턴이 반복됩니다.

그리고 이 모든 창조 행위의 후렴구처럼 등장하는 구절이 바로 "보시기에 좋았더라."입니다. 빛, 하늘, 땅과 바다, 식물, 해와 달과 별, 물고기와 새, 그리고 땅의 짐승들까지. 하나님은 자신이 만드신 모든 것을 보시며 '좋다'고 선언하십니다. 그리고 마지막 날, 자신의 형상을 닮은 인간까지 창조하신 후에는 그 모든 것을 보시며 최상급의 감탄사를 터뜨리십니다. "보시기에 심히 좋았더라."

이것은 단순히 미적인 감탄을 넘어선, 존재론적인 선언입니다. 이것은 이 세상의 기본값default value이 선함과 아름다움, 질서와 풍성함이라는 진리입니다. 세상은 원래부터 악과 고통, 혼돈과 결핍으로 가득 찬 곳이 아니었습니다. 그것들은 이후에 찾아온 불청객(타락)일 뿐 세상의 본질이 아닙니다.

이 진리는 오늘을 살아가는 우리에게 왜 중요할까요? 우리는 종종 세상을 너무나 어둡고 부정적인 시선으로만 바라보곤 합니다. 뉴스에는 온통 전쟁과 기근, 범죄와 부패, 재난과 질병 소식으로 가득합니다.

또한, 우리 자신의 삶을 돌아보아도 작업대 위에 펼쳐진 것처럼 실패와 상처, 모순과 공백투성이입니다. 이러한 현실 속에서 우리는 세상의 본질이 원래부터 악하고 고통스러운 것이라고, 인간은 원래부터 이기적이고 구제 불능의 존재라고 생각하기 쉽습니다.

이러한 비관적인 세계관은 우리를 냉소주의와 무력감에 빠뜨립니다. "어차피 세상은 이런 건데, 내가 뭘 할 수 있겠어?"

하지만 창조 신앙은 우리에게 정반대의 관점을 제시합니다. 우리가 지금 목격하는 세상의 모든 깨어짐과 어둠은 정상이 아니라 비정상이라는 것입니다. 그것은 마땅히 있어야 할 본래의 모습에서 어긋나고 이탈한 상태라는 것입니다. 이 인식의 전환은 엄청난 차이를 만들어냅니다.

예를 들어, 당신의 몸에 심한 통증이 있다고 상상해 보십시오. 만약 당신이 인간의 몸은 원래부터 고통스러운 것이라고 믿는다면 당신은 그 통증을 당연하게 여기고 체념하며 살아갈 것입니다. 하지만 당신이 인간의 몸은 원래 건강한 것이 정상이라고 믿는다면 당신은 그 통증을 문제 신호로 인식하고 그 원인을 찾아 치료하며 다시 건강한 상태로 돌아가기 위해 적극적으로 노력을 하게 되겠죠.

마찬가지로, 우리가 세상의 기본값이 '좋았더라'는 것을 믿을 때, 우리는 세상의 죄와 불의, 고통과 신음을 더 이상 당연하게 여기지 않게 됩니다. 우리는 그것을 하나님의 창조 질서가 깨어진 비정상적인 상태로 인식하고 그 깨어진 곳을 싸매고 치유하며 본래의 선하고 아름다운 모습을 회복시키려는 거룩한 열망과 책임감을 갖게 됩니다. 이것이 바로 기독교적인 사회 변혁과 문화 창조의 가장 근본적인 동력입니다. 우리는 존재하지 않는 유토피아를 만들어내려는 것이 아니라 이미 하나님께서 심히 좋았다고 선언하신 그 창조 세계의 아름다움을 다시 회복하려는 것입니다.

더 나아가, 이 진리는 우리 자신을 바라보는 관점을 근본적으로 바꾸어 놓습니다. 작업대 위에 놓인 그 모든 부서지고 추한 조각들을 볼 때, 그것이 나의 본질이라고 생각하며 절망할 수 있습니다. "나는 원래 이렇게 이기적이고, 이렇게 연약하고, 이렇게 모순적인 인간이야."

하지만 창조의 렌즈는 우리에게 이렇게 속삭입니다. "아니, 그것은 너의 본질이 아니란다. 그저 타락으로 인해 너의 진짜 모습 위에 덧씌워진 먼지와 흠집일 뿐이야. 너의 진짜 본질, 너의 기본값은 나의 손으로 빚어지고 나의 숨결이 닿았던 '심히 좋았던' 그 모습이란다."

이것은 우리가 우리의 죄와 연약함을 부인하거나 가볍게 여겨야 한다는 뜻이 결코 아닙니다. 우리는 다음 장(타락)에서 그 어두운 현실을 누구보다 더 정직하게 대면할 것입니다. 하지만 우리가 우리의 어두움을 직면하기 전에 반드시 먼저 붙들어야 할 진리가 바로 이것입니다. 우리의 근원은 어둠이 아니라 빛이라는 것, 우리의 정체성은 죄가 아니라 은혜에 기초한다는 것입니다.

만약 오랫동안 자기 비하와 낮은 자존감에 시달려 왔다면 창세기 1장의 "보시기에 좋았더라."는 하나님의 선언을 당신 자신을 향한 하나님의 음성으로 들어보십시오. 외모, 성격, 재능, 존재 자체를 향해 하나님께서 미소 지으시며 말씀하십니다.

"내가 너를 보니 참 좋구나. 너는 나의 기쁨이고, 나의 자랑스러운 작품이란다."

이 음성을 마음 깊이 받아들일 때 우리는 비로소 세상이 우리에게 붙여준 수많은 거짓된 이름표('너는 부족해', '너는 사랑스럽지 않아', '너는 실패자야')로부터 자유로워질 수 있습니다. 우리의 가치는 성취나 소유, 혹은 다른 사람의 평가에 의해 결정되지 않습니다. 우리의 가치는 우리를 만드신 창조주 하나님의 변함없는 선언에 뿌리박고 있습니다. 나는, 당신은, 그 존재만으로 '심히 좋은' 사람입니다.

흙으로 빚은 걸작,
하나님 형상_{Imago Dei}

창조 이야기의 절정은 단연코 여섯째 날에 일어난 인간의 창조라 할 수 있습니다. 다른 피조물들과는 달리 인간을 창조하실 때 하나님은 삼위일체 하나님 자신들 사이의 깊은 숙고와 대화를 통해 그 계획을 드러내십니다.

"하나님이 이르시되 우리의 형상을 따라 우리의 모양대로 우리가 사람을 만들고..."(창세기 1:26)

그리고 하나님은 흙으로 사람을 지으시고 그 코에 생기를 불어넣으시니 사람이 생령, 즉 살아 있는 존재가 되었다고 기록합니다.

이 짧은 구절 속에 인간의 정체성에 대한 두 가지 위대한 진리가 담겨 있습니다.

첫째, 우리는 '흙(먼지)'으로 만들어진 존재라는 것.
둘째, 우리는 하나님의 '형상'으로 만들어진 존재라는 것.

이 두 가지 진리는 서로 모순되는 것처럼 보이지만, 사실은 동전의 양면처럼 인간 존재의 신비로운 본질을 함께 드러냅니다.

우리는 흙먼지입니다 : 겸손의 근거

성경은 인간이 땅의 흙(아다마)으로 만들어졌기 때문에 사람(아담)이라고 불린다고 말합니다. 이것은 우리의 기원이 지극히 비천하고 연약하다는 사실을 상기시킵니다. 우리는 흙에서 와서 흙으로 돌아가는 유한한 존재입니다. 우리의 생명은 영원하지 않으며 우리의 힘과 지혜에는 분명한 한계가 있습니다. 흙으로 빚어진 질그릇처럼 우리는 깨어지기 쉽고 상처받기 쉬운 존재입니다.

이 진리는 우리를 겸손으로 이끕니다. 우리는 스스로의 힘으로 존재하게 된 자가 아니며 우리의 생명은 우리 자신의 것이 아니라 우리에게 생기를 불어넣어 주신 창조주 하나님으로부터 온 선물임을 인정하게 됩니다. 우리가 가진 모든 것—우리의 재능, 우리의 건강, 우리의 지성, 심지어 우리의 다음 호흡까지도—어느 것 하나 당연한 것이 없으며 모두 은혜의 선물임을 고백하게 됩니다.

작업대 위에 놓인 실패와 연약함의 조각들을 보세요. 그것들은 당신이 흙이라는 사실을 잊지 않게 해주는 소중한 표시들입니다. 우리는 종종 스스로 하나님처럼 되려는 교만한 욕망(이것이 바로 타락의 본질입니다)에 사로잡혀 한계를 인정하지 않습니다. 그리고는 무한한 가능성을 꿈꾸다 지치고 절망합니다. 하지만 '나는 흙먼지입니다.'라고 정직하게 고백할 때 비로소 우리 자신을 향한 비현실적인 기대를 내려놓게 됩니다. 있는 그대로의 연약한 우리를 사랑하시는 하나님의 은혜 안에서 참된 안식을 누릴 수 있습니다. 우리의 연약함은 저주가 아니라 하나님의 능력이 머무는 통로가 될 수 있습니다.

우리는 하나님의 형상입니다 : 존엄함의 근거

하지만 이야기는 여기서 끝나지 않습니다. 성경은 이 비천한 흙먼지 속에 감히 상상할 수 없는 존귀하고 영광스러운 보물이 담겨 있다고 선포합니다. 바로 '하나님의 형상'입니다.

하나님의 형상으로 지음 받았다는 것은 무슨 뜻일까요? 이것은 우리가 하나님처럼 생겼다는 외적인 묘사가 아니라 우리가 하나님을 대리하고 반영하는 특별한 존재로 창조되었다는 기능적이고 관계적인 의미입니다.

고대 근동 세계에서 왕들은 자신이 다스리는 광대한 영토 곳곳에 자신의 동상이나 조각상(형상)을 세웠습니다. 그 형상은 왕이 비록 그 자리에 없더라도 그곳이 여전히 왕의 통치 아래 있음을 상기시키고 왕의 권위를 대리하는 역할을 했습니다. 마찬가지로 하나님은 인간을 온 창조 세계 속에 자신의 형상으로 세우셨습니다. 우리는 이 땅에서 보이지 않는 왕이신 하나님을 대신하여 선하고 지혜로운 통치를 대리하고 실현하도록 부름 받은 작은 왕, 즉 '왕 같은 제사장'입니다. 우리는 하나님의 성품—사랑, 정의, 긍휼, 지혜, 창조성—을 우리의 삶을 통해 세상에 드러내고 반사하도록 지음 받은 거울과 같은 존재입니다.

이 하나님의 형상이라는 진리는 우리 자신과 다른 사람을 바라보는 관점을 혁명적으로 바꾸어 놓습니다.

첫째, 절대적 존엄성의 근거

한 사람의 가치는 그의 국적, 인종, 성별, 나이, 사회적 지위, 경제적 능력, 지적 수준, 신체적 건강함이나 아름다움에 의해 결정되지 않습니다. 그가 숨을 쉬고 살아 있는 한, 그는 하나님의 형상을 지닌 존귀한 존재이며, 마땅히 존중받아야 합니다. 이 진리는 인종차별, 성차별, 낙태, 안락사, 장애인 혐오 등 인간의 존엄성을 파괴하는 세상의 모든 죄악에 맞서 싸울 수 있는 가장 강력한 신학적 무기가 됩니다.

당신은 스스로를 어떻게 평가하고 있습니까? 당신은 당신의 통장 잔고나 직함, 혹은 다른 사람의 '좋아요' 개수로 당신의 가치를 매기고 있지는 않습니까? 당신의 작업대 위에 놓인 실패의 조각들 때문에 스스로를 쓸모없는 존재라고 여기고 있지는 않습니까? 하나님의 형상이라는 진리는 당신에게 선포합니다. 당신의 가치는 당신의 기능function에 있는 것이 아니라 당신의 존재being 자체에 있다고. 당신은 당신 안에 하나님의 형상이 새겨져 있다는 그 이유 하나만으로 온 우주를 주고도 바꿀 수 없는 소중하고 존엄한 존재입니다.

둘째, 관계의 황금률 제시

내 앞에 있는 저 사람, 나와 생각이 다르그 때로는 나를 불편하게 만드는 저 사람 안에도 나와 똑같은 하나님의 형상이 새겨져 있습니다. 따라서 내가 그를 무시하고 멸시하는 것은 단지 한 개인을 모욕하는 것을 넘어 그를 만드신 하나님 자신을 모독하는 행위가 됩니다. 우리가 진정으로 모든 사람이 하나님의 형상임을 믿는다면 우리는 결코 다른 사람을 나의 목적을 위한 수단으로 이용해서는 안 되며, 그를 인격적으로 대하고 그의 이야기를 경청하며,

그의 필요를 돌아보는 삶을 살아야 합니다.

셋째, 놀라운 잠재력과 가능성의 발견

흙으로 만들어졌기에 우리는 연약하지만, 하나님의 형상으로 만들어졌기에 우리는 또한 위대한 일들을 할 수 있는 존재입니다. 우리는 이성과 양심을 가지고 진리를 탐구하고 선악을 분별할 수 있습니다. 우리는 언어와 예술을 통해 아름다움을 창조하고 우리의 내면세계를 표현할 수 있습니다. 우리는 다른 사람과 깊은 사랑의 관계를 맺고, 공동체를 이루며, 서로를 섬길 수 있습니다. 우리는 하나님의 창조 세계를 탐구하고 그 안에 숨겨진 과학의 원리들을 발견하며, 그것을 사용하여 인류의 삶을 더 풍요롭게 만들 수 있습니다.

작업대 위에 놓인 빛나는 봉우리의 조각들을 다시 한번 바라보십시오. 무언가를 배우고 성취했을 때의 기쁨, 아름다운 것을 보고 감동했을 때의 전율, 다른 사람을 돕고 사랑했을 때의 그 충만한 보람은 모두 당신 안에 있는 하나님의 형상이 반짝이며 드러났던 거룩한 순간들이었습니다.

물론, 우리는 다음 장에서 이 영광스러운 하나님의 형상이 타락으로 인해 어떻게 심각하게 손상되고 왜곡되었는지를 살펴보게 될 것입니다.

하지만 중요한 것은 그것이 완전히 파괴되지는 않았다는 사실입니다. 비록 녹슬고 금이 갔을지언정, 모든 인간 안에는 여전히 하나님 형상의 흔적이 남아있습니다. 그리고 기독교 신앙의 핵심은 예수 그리스도 안에서 이 깨어진 하나님의 형상이 온전히 회복되고 새롭게 될 수 있다는 믿음을 가지라는 것입니다.

그러므로 오늘 거울 앞에 서서 당신의 얼굴을 들여다보십시오. 그 얼굴에 있는 주름과 잡티, 세월의 흔적 너머에 당신을 당신답게 만드는 하나님의 독특한 형상이 새겨져 있음을 믿음의 눈으로 바라보십시오. 당신은 그저 흙먼지가 아닙니다. 당신은 하나님의 영광을 담도록 창조된, 존귀하고 아름다운 그분의 형상입니다.

✴ **4** ✴

일과 쉼 : 거룩한 리듬 속으로

하나님께서 자신의 형상대로 사람을 만드신 직후, 그들에게 주신 첫 번째 명령이자 축복은 무엇이었을까요? 그것은 흔히 문화 명령Cultural Mandate이라고 불리는 창세기 1장 28절의 말씀입니다.

"하나님이 그들에게 복을 주시며 하나님이 그들에게 이르시되 생육하고 번성하여 땅에 충만하라, 땅을 정복하라, 바다의 물고기와 하늘의 새와 땅에 움직이는 모든 생물을 다스리라 하시니라."

그리고 2장에서는 조금 더 구체적인 임무가 주어집니다.

"여호와 하나님이 그 사람을 이끌어 에덴동산에 두어 그것을 경작하며 지키게 하시고."

이 말씀들은 우리가 이 세상에서 무엇을 하며 살도록 부름 받았는지, 즉 우리의 일의 목적과 의미에 대한 가장 근본적인 청사진을 보여줍니다.

많은 사람이 일을 단순히 돈을 벌기 위한 수단이나 어쩔 수 없이 해야 하는 고역으로 생각합니다. 특히 타락 이후 일은 저주가 되어 땀을 흘려야만 하는 수고로운 것이 되었습니다.

하지만 창조의 관점에서 볼 때 일은 저주가 아니라 타락 이전에 주어진 축복이자 거룩한 부르심입니다.

'다스리라', '정복하라', '경작하며 지키게 하라'는 이 명령들은 폭력적인 착취나 파괴를 의미하는 것이 아닙니다. 이것은 마치 지혜로운 정원사가 정원을 가꾸듯 하나님의 창조 세계가 가진 무한한 잠재력을 이끌어 내고 그것을 더욱 아름답고 풍성하게 만들며 혼돈과 무질서로부터 보호하고 질서를 부여하는 창조적인 활동을 의미합니다. 즉, 우리의 일은 하나님의 창조 사역을 이 땅에서 계속해서 이어 나가는 '대리 통치' 행위이자 그분의 창조 사역에 '참여'하는 영광스러운 특권입니다.

이러한 관점에서 볼 때 거룩한 일과 세속적인 일의 구분은 사라집니다. 목사나 선교사의 일만 거룩한 것이 아닙니다. 농부가 밭을 갈아 생명을 키우는 일, 과학자가 우주의 신비를 탐구하는 일, 예술가가 아름다움을 창조하는 일, 교사가 다음 세대의 잠재력을 이끌어 내는 일, 프로그래머가 복잡한 코드를 통해 유용한 질서를 만들어내는 일, 청소부가 더럽고 혼란스러운 공간을 깨끗하고 정돈된 공간으로 만드는 일, 그리고 부모가 자녀를 양육하며 한 인격을 빚어가는 일까지, 이 모든 일은 하나님의 창조 세계를 가꾸고 발전시키는 지극히 거룩하고 의미 있는 사역입니다.

작업대 위에 놓인 일과 관련된 조각들을 살펴보세요. 일터에서 성취감을 느꼈던 순간, 재능을 사용하여 누군가를 돕거나 세상에 작은 기여를 했다고 느꼈을 때의 그 보람은 하나님의 동역자로서 창조의 부르심에 응답했던 거룩한 기억들입니다.

반대로, 당신의 일에서 의미를 찾지 못하고 소진되었던 경험, 혹은 당신의 일이 오히려 세상을 파괴하고 사람들을 착취하는 일에 연루되어 있다는 죄책감을 느꼈던 경험은 타락으로 인해 일이 얼마나 본래의 목적에서 벗어나 왜곡될 수 있는지를 보여주는 아픈 증거입니다.

창조의 관점은 우리에게 일의 목적을 다시 생각하게 합니다. 일의 궁극적인 목적은 나의 성공이나 부를 축적하는 것이 아니라 하나님의 영광을 위해 이 세상을 더욱 살기 좋은 곳으로 만들고 이웃을 섬기는 것입니다. 이 목적을 회복할 때 우리는 어떤 직업을 가졌든지 우리의 일터에서 하나님의 나라를 이루어가는 소명자로 살아갈 수 있습니다.

그런데 창조 이야기는 일에 대해서만 말하지 않습니다. 놀랍게도, 일곱째 날의 긴 설명을 통해 '쉼'의 중요성을 강조합니다.

"하나님이 그가 하시던 일을 일곱째 날에 마치시니 그가 하시던 모든 일을 그치고 일곱째 날에 안식하시니라. 하나님이 그 일곱째 날을 복되게 하사 거룩하게 하셨으니…"(창세기 2:2-3)

창조를 마치신 전능하신 하나님께서 왜 안식하셨을까요? 피곤하셨기 때문일까요? 아닙니다. 하나님의 안식은 피로나 고갈의 상태가 아니라 완성된 창조 세계를 바라보시며 기뻐하고 즐거워하시는 '뒤풀이'였습니다. 그리고 하나님은 자신의 형상인 우리도 그 안식에 참여하도록 초대하셨습니다. 이것이 바로 안식일 제도의 근원입니다.

안식은 단순히 일을 멈추는 소극적인 휴식이 아닙니다. 그것은 우리의 정체성과 가치가 우리의 일doing이나 성취achievement에 있지 않음을 온몸으로 고백하는 적극적인 신앙 행위입니다.

쉼 없이 돌아가는 현대 사회는 우리에게 "당신이 하는 일이 곧 당신이다."라고 속삭입니다. 우리는 생산성과 효율성을 최고의 가치로 여기며 잠시라도 멈추어 있으면 낙오될 것 같은 불안감에 시달립니다. 우리는 휴식을 취하면서도 스마트폰을 손에서 놓지 못하고 여가를 즐기면서도 그것을 또 다른 형태의 자기 계발이나 소비 활동으로 채우려 합니다.

하지만 안식은 이 모든 '행위 중심주의'로부터의 독립 선언입니다. 일주일에 하루, 우리는 의도적으로 모든 생산적인 활동을 멈추고 그저 하나님 안에서 우리의 존재 자체를 즐거워하는 법을 배웁니다. 우리는 우리가 무언가를 성취해야만 가치 있는 존재가 아니라 이미 하나님의 사랑받는 자녀라는 사실을 기억하며 그 은혜 안에 잠잠히 거합니다. 안식은 하나님과의 관계를 회복하고, 가족 및 공동체와의 사랑을 나누며, 하나님의 창조 세계의 아름다움을 즐기는 시간입니다.

당신의 작업대 위에 '쉼'과 관련된 조각들은 어떤 모양을 하고 있습니까? 혹시 제대로 쉬는 법을 잊어버린 채 번아웃 직전까지 자신을 몰아붙이고 있지는 않습니까? 휴일이 진정한 안식이 아니라 또 다른 스트레스와 소비로 채워져 있지는 않나요?

창조의 리듬은 우리에게 일과 쉼의 건강한 균형을 회복하라고 말합니다. 엿새 동안 우리는 하나님의 창조 사역에 참여하는 동역자로서 힘써 일해야 합니다. 그리고 일곱째 날에는 모든 것을 멈추고 하나님의 안식에 참여하며 우리의 존재가 일보다 우선함을 기억해야 합니다.

이 거룩한 리듬을 회복할 때, 우리의 일은 의미 있는 소명이 되고 우리의 쉼은 영혼을 회복시키는 은혜의 시간이 될 것입니다.

✳ 5 ✳

'좋았더라'는 안경을 쓰고

이제 우리는 하나님의 드라마의 첫 번째 에피소드, 창조의 무대를 탐험하는 긴 여정을 마쳤습니다. 우리는 이 세상의 기본값이 '좋았더라'는 하나님의 선언에서 시작된다는 것, 우리 인간은 비록 흙으로 만들어졌지만, 하나님의 존귀한 형상을 담은 존재라는 것, 그리고 우리의 일과 쉼은 하나님의 창조 사역에 참여하는 거룩한 부르심이라는 진리를 배웠습니다.

이제 마지막으로 우리가 처음 마주했던 그 혼란스러운 작업대로 다시 돌아가 봅시다. 그 위에는 여전히 부서지고 모순적인 삶의 조각들이 널려 있습니다. 하지만 이제 우리의 눈은 이전과 같지 않습니다. 우리는 창조라는 새로운 렌즈를 끼고 있습니다. 이 '좋았더라'의 렌즈를 통해 작업대 위의 조각들을 재배치하고 다시 해석해 보는 시간을 가져보면 좋겠습니다.

창조의 안경은 우리 작업대 위의 모든 조각의 위치와 의미를 새롭게 재배치합니다. 어둡고 수치스러웠던 조각들은 은혜의 필요성을 알려주는 배경이 되고 밝고 자랑스러웠던 조각들은 교만이 아닌 감사의 이유가 됩니다. 모든 것이 제자리를 찾아가기 시작합니다.

물론, 여전히 작업대 위에는 설명할 수 없는 공백과 모순들이 남아있습니다. 창조 이야기만으로는 우리 삶의 모든 혼돈을 설명할 수 없기 때문이죠. 우리에게는 이 아름다운 창조 세계가 어떻게 이토록 망가지게 되었는지를 설명해 줄 다음 이야기, 즉 '타락'의 에피소드가 필요합니다.

하지만 서두르지 않겠습니다. 다음 장으로 넘어가기 전에 오늘 우리가 발견한 이 창조의 진리 안에 충분히 머무르는 시간을 가지면 좋겠습니다.

당신의 존재가 하나님의 기쁨에서 시작되었다는 이 놀라운 진리를 온몸과 마음으로 누리기를 바랍니다. 나와 당신은 우연의 산물이 아닙니다. 우리는 실패작이 아닙니다. 우리는 사랑받기 위해, 그리고 세상을 다스리고 가꾸는 왕 같은 존재로 '창조'되었습니다. 이것이 우리 이야기의 흔들리지 않는 첫 페이지이며 앞으로 펼쳐질 모든 드라마의 영원한 기초입니다.

본질적 선함 : '나의 본질은 죄가 아닌 하나님의 선언(심히 좋았더라)에서 시작된다.'는 진리가 당신의 낮은 자존감이나 자기 비하의 문제에 어떤 새로운 빛을 비추어 주나요?

흙과 형상의 긴장 : '흙먼지'로서의 연약함과 '하나님의 형상'으로서의 존엄함 사이의 긴장을 어떻게 경험하고 있습니까? 한쪽으로 치우쳐 생각했던 경험이 있다면 나누어 봅시다.

일과 쉼의 재정의 : '일'을 창조 사역의 동참으로 볼 때 당신의 업무에 어떤 의미가 부여되나요? 반대로 '안식'이 존재 가치의 고백이라면, 쉼의 방식을 어떻게 재조정하시겠습니까?

창조의 안경 쓰기 : 창조의 관점으로 당신의 삶의 조각들을 다시 바라볼 때, 그 의미가 가장 새롭게 다가오는 조각은 무엇이며 그 이유는 무엇입니까?

5장

세상에서 가장 슬픈
장면을 지나며

* 1 *

낙원에 찾아온 불청객

우리 삶의 작업대를 찬찬히 바라봅시다. 창조의 빛으로 잠시 잊었던 그 혼란스러운 풍경이 다시 눈에 들어옵니다. 그곳에는 여전히 서로를 할퀴는 모순적인 조각들, 도무지 이해할 수 없는 서사적 공백, 그리고 깊은 슬픔과 수치심의 흔적들이 널려 있습니다.

창조의 이야기는 분명 우리에게 '우리가 누구였는지' 진실을 말해주지만, '우리가 지금 왜 이런 모습인지'에 대한 현실을 충분히 설명해 주지 못합니다. 아름다운 청사진은 있지만 왜 건물이 폐허가 되었는지에 대한 설명이 빠져 있는 것과 같습니다.

이제 우리는 하나님의 드라마, 그 비극적인 두 번째 에피소드의 무대로 들어설 시간입니다. 이 씬의 제목은 바로 '타락The Fall'입니다.

타락은 하나님의 좋았더라는 선언 뒤에 붙는 인류 역사상 가장 슬픈 접속사, '그러나'로 시작되는 이야기입니다. 완벽했던 세상에 어떻게 균열이 생기고 빛나던 하나님의 형상이 어떻게 어두워졌으며 축복이었던 삶이 어떻게 저주 아래 놓이게 되었는지를 설명하는 이야기죠. 우리 삶의 작업대 위에 놓인 모든 깨어짐과 고통, 모순과 공백의 근원을 진단하는 하나님의 엑스레이 사진과도 같습니다.

많은 사람이 타락 이야기를 에덴동산에서 아담과 하와가 저지른 한 번의 실수, 즉 선악과를 따 먹은 먼 옛날의 신화적 사건으로만 생각합니다. 하지만 타락은 단순히 과거의 한 사건에 대한 기록이 아닙니다. 그것은 지금도 여전히 우리의 혈관 속에 흐르는 치명적인 전염병의 가장 정확한 진단서이며 우리가 매일의 삶 속에서 반복적으로 재현하는 인간 조건의 근본적인 딜레마를 보여주는 거울입니다.

이 장에서 우리는 창세기 3장에 기록된 타락의 현장으로 깊이 들어가 그 비극이 어떻게 시작되었고 그 결과가 얼마나 파괴적이었는지를 살펴볼 것입니다. 그리고 더 나아가 그 에덴동산에서의 오래된 이야기가 어떻게 지금 나의 삶 속에서, 나의 관계 속에서, 그리고 나의 가장 깊은 내면의 갈등 속에서 똑같이 반복되고 있는지를 발견하게 될 것입니다.

이 여정은 다소 불편하고 고통스러울 수 있습니다. 우리 자신의 가장 어둡고 추한 모습을 정직하게 마주해야 하기 때문입니다.

하지만, 이 진단이 없이는 진정한 치유도 없습니다. 우리가 어디가 어떻게 망가졌는지를 정확히 알 때 비로소 우리는 제대로 된 처방을 기대할 수 있습니다. 타락의 이야기는 우리를 절망시키기 위해 주어진 것이 아닙니다. 오히려 우리에게 왜 예수 그리스도라는 유일한 의사가 절실하게 필요한지를 깨닫기 위해 주어진 은혜의 진단서입니다. 그러니 용기를 내어 우리 모두의 이야기이기도 한 이 슬픈 이야기의 첫 페이지를 함께 펼쳐봅시다.

✳ 2 ✳

세상에서 가장 위험한 속삭임

완벽한 조화와 평화가 깃든 에덴동산에 초대받지 않은 손님이 등장합니다. 성경은 그를 뱀이라고 묘사하며 "여호와 하나님이 지으신 들짐승 중에 가장 간교하니라."라고 소개합니다. 이 뱀은 단순히 말을 하는 동물이 아니라 하나님의 선한 창조 세계에 반역하는 어둠의 세력. 즉 사탄을 상징합니다. 그리고 그가 인류를 무너뜨리기 위해 사용한 첫 번째 무기는 칼이나 창이 아니었습니다. 그것은 바로 교묘하게 비틀린 질문이었습니다.

뱀은 여자에게 다가와 묻습니다.

"하나님이 참으로 너희에게 동산 모든 나무의 열매를 먹지 말라 하시더냐?"(창세기 3:1)

이 질문은 언뜻 보기에 순진한 질문처럼 보입니다. 하지만 그 안에는 하나님의 성품과 말씀을 교묘하게 왜곡하여 의심의 씨앗을 심으려는 사탄의 치밀한 전략이 숨어 있습니다. 이 세상에서 가장 위험한 질문의 구조를 자세히 해부해 봅시다.

첫째, 뱀은 하나님의 풍성하심을 인색함으로 왜곡합니다

하나님은 사실 아담과 하와에게 이렇게 말씀하셨습니다.

"동산 각종 나무의 열매는 네가 임의로 먹되…"(창세기 2:16)

이것은 금지가 아닌 허용의 말씀, 결핍이 아닌 풍성함의 약속입니다. 그들은 단 하나의 나무를 제외하고 동산에 있는 수백, 수천 가지의 나무 열매를 마음껏 자유롭게 즐길 수 있었습니다.

하지만 뱀은 교묘하게 이 풍성함을 왜곡하고 금지된 단 하나를 전체인 것처럼 부풀립니다. "모든 나무의 열매를 먹지 말라 하시더냐?" 이 질문은 하나님을 마치 인색하고 억압적인 분, 우리의 자유를 빼앗고 즐거움을 금지하는 독재자처럼 느끼게 만듭니다.

물론, 이 전략은 오늘날에도 너무나 효과적입니다. 세상은 우리에게 속삭입니다. "기독교 신앙은 너무 답답해. '하지 말라'는 계명으로 가득 차 있잖아. 네가 정말 원하는 것을 금지하고, 너의 자유를 억압하는 종교 아니야?" 우리는 하나님께서 우리에게 허락하신 수천 가지의 놀라운 축복과 자유는 잊어버리고, 하나님께서 우리의 유익을 위해 금지하신 몇 가지 계명에만 집중하며 하나님을 오해하기 시작합니다. 우리는 하나님의 계명을 우리를 보호하는 사랑의 울타리가 아니라, 우리를 가두는 감옥으로 느끼게 됩니다.

둘째, 뱀은 하나님의 말씀을 의심하게 만듭니다

"하나님이 참으로… 하시더냐?"

이 질문의 핵심은 '참으로(really)?'라는 부사에 있습니다. 이것은 하나님 말씀의 진실성과 신뢰성에 정면으로 의문을 제기하는 것입니다. '네가 아는 것이 정말 확실한 사실일까? 어쩌면 네가 잘못 들었거나 혹은 하나님이 다른 의도를 숨기는 것은 아닐까?' 이 의심의 작은 씨앗은 한번 마음에 심기면, 무섭게 자라나 신뢰의 뿌리를 갉아 먹습니다.

우리 삶에도 이와 같은 뱀의 속삭임이 끊임없이 들려옵니다. 우리가 성경을 통해 "하나님은 너를 사랑하신다."는 약속을 붙들려 할 때 세상은 묻습니다.
"정말? 너의 지금 이 고통스러운 현실을 보면서도 그렇게 말할 수 있겠어?"
우리가 "하나님은 모든 것을 합력하여 선을 이루신다."는 진리를 믿으려 할 때, 세상은 비웃습니다.
"진짜? 네 주변에서 일어나는 이 모든 부조리하고 무의미한 비극들을 보고도 그런 순진한 소리를 할 수 있단 말이야?"
이 질문들은 우리가 굳게 서 있던 진리의 반석에 미세한 균열을 만들고, 우리를 불안과 혼돈의 늪으로 끌어들입니다.

셋째, 뱀은 하나님과 우리 사이를 이간질합니다

뱀의 질문은 교묘하게 하나님을 그분(He)으로, 인간을 너희(You)로 분리시킵니다. 창조의 세계에서 인간은 하나님과 친밀한 대화와 교제 속에 있었지만 뱀은 그 관계에 틈을 만들어 하나님을 마치 우리와는 이해관계가 다른 외부인 혹은 경쟁자처럼 여기게 만듭니다.

여자는 뱀의 이 교묘한 질문에 넘어가 하나님의 말씀을 스스로 편집하고 왜곡하여 대답합니다.

"동산 나무의 열매를 우리가 먹을 수 있으나… 너희는 먹지도 말고 만지지도 말라 너희가 죽을까 하노라."

하나님은 만지지 말라고 하신 적이 없으며, 반드시 죽으리라고 경고하셨지, 죽을까 하노라는 불확실한 추측으로 말씀하지 않으셨습니다. 이미 그녀의 마음속에서 하나님은 멀고 두려운 존재가 되어버린 것입니다.

이 틈을 놓치지 않고 뱀은 결정적인 거짓말, 즉 정면으로 하나님을 대적하는 반대 서사counter-narrative를 제시합니다.

"너희가 결코 죽지 아니하리라. 너희가 그것을 먹는 날에는 너희 눈이 밝아져 하나님과 같이 되어 선악을 알 줄 하나님이 아심이니라."(창세기 3:4-5)

이 거짓말은 세 단계로 구성되어 있습니다.

하나님의 진실성을 부정함 : "결코 죽지 아니하리라."(하나님은 거짓말쟁이다.)
하나님의 선하심을 의심하게 함 : "하나님과 같이 될까 봐 그러시는 거야."(하나님은 너희가 잘되는 것을 시기하며, 자신의 지위를 지키기 위해 좋은 것을 숨기고 계신다.)
궁극적인 유혹을 제시함 : "너희가 하나님과 같이 될 것이다."(너희 스스로가 선악의 기준이 되어 너희 삶의 주인이 될 수 있다.)

이것이 바로 타락의 핵심, 모든 죄의 뿌리입니다. 하나님처럼 되려는 욕망 Eritis sicut Deus, 즉, 창조주이신 하나님의 주권을 거부하고 피조물인 우리 자신이 삶의 중심이 되어 선과 악을 판단하고 결정하려는 교만한 욕망입니다. 뱀이 제시한 것은 단순히 맛있는 과일이 아니었습니다. 그것은 하나님의 이야기에 맞서 인간이 스스로 신이 될 수 있다는 가장 매혹적이고도 치명적인 대안 서사였습니다.

작업대 위에 놓인 수많은 갈등과 실패의 조각들을 다시 한번 들여다보십시오. 그 이면에는 혹시 이 오래된 뱀의 속삭임이 울려 퍼지고 있지는 않습니까? 삶의 어떤 영역에서 하나님의 말씀을 의심하며, 그분의 선하심을 불신하고, 결국 스스로가 하나님이 되어 모든 것을 통제하고 판단하려 하고 있지 않습니까? 직장에서, 가정에서, 재정 문제에서, 심지어 신앙생활에서까지, 우리는 매일 이 에덴동산의 유혹과 마주하며 살아갑니다. 타락은 먼 옛날의 이야기가 아니라 바로 지금 내 마음속에서 벌어지는 치열한 영적 전쟁입니다.

보게 되었지만, 보지 못한 것

뱀의 유혹 앞에서 여자는 선악과를 바라봅니다. 이제 그녀의 눈에 비친 그 나무는 더 이상 하나님의 사랑과 경계를 상징하는 나무가 아니었습니다. 성경은 그녀의 시선이 어떻게 변했는지를 세밀하게 묘사합니다.

"여자가 그 나무를 본즉 먹음직도 하고 보암직도 하고 지혜롭게 할 만큼 탐스럽기도 한 나무인지라."(창세기 3:6)

그녀의 모든 감각과 욕망이 총동원됩니다. 육신의 정욕(먹음직하고), 안목의 정욕(보암직도 하고), 그리고 이생의 자랑(지혜롭게 할 만큼 탐스럽기도 한), 이 세 가지 유혹의 통로를 통해 그녀는 마침내 손을 뻗어 열매를 따 먹고, 함께 있던 남편에게도 줍니다.

참으로 인류 역사상 가장 비극적인 선택의 순간이 아닐까요? 그들은 하나님의 신실한 말씀을 버리고 뱀의 거짓된 약속을 선택했습니다. 그들은 창조주와의 관계 안에서 누리는 참된 자유 대신 스스로 신이 되려는 허망한 자율을 선택했습니다.

그들이 열매를 먹은 직후, 뱀의 약속대로 어떤 일이 일어났습니다.

"이에 그들의 눈이 밝아져…"

뱀의 말이 맞았던 걸까요? 그들은 정말로 하나님처럼 된 것일까요? 아닙니다. 그들의 눈이 밝아져 본 것은 영광스러운 신의 지혜가 아니었습니다. 그들이 본 것은 "자기들이 벗은 줄을 알고" 느끼게 된 끔찍한 '수치심'이었습니다.

이것이 타락의 가장 큰 아이러니입니다. 그들은 하나님처럼 더 높은 존재가 되기를 꿈꿨지만, 그 결과는 오히려 자신의 비참하고 연약한 실체를 직면하게 된 것입니다. 그들은 지혜를 얻는 대신 순수함을 잃었고, 자유를 얻는 대신 죄의 노예가 되었으며, 신이 되는 대신 죽을 운명의 존재가 되었습니다. 창조의 모든 아름다운 관계들은 이 하나의 불순종 행위로 인해 연쇄적으로 무너지기 시작했습니다.

우리는 이 해체의 과정을 네 가지 차원에서 살펴볼 수 있습니다.

첫째, 하나님과의 관계가 파괴되었습니다

창조의 세계에서 아담과 하와는 동산에서 거니시는 하나님과 친밀한 교제를 나누었습니다. 그들 사이에는 두려움이나 숨김이 없었습니다. 하지만 죄가 들어온 직후 그들은 하나님의 소리를 듣고 동산 나무 사이에 숨었습니다. 하나님께서 "아담아, 네가 어디 있느냐?"라고 물으셨을 때 아담은 대답합니다.

"내가 벗었으므로 두려워하여 숨었나이다."

친밀함은 두려움으로, 신뢰는 숨김으로 변해버렸습니다. 이것이 죄의 본질적인 결과입니다. 죄는 우리로 하여금 거룩하신 하나님 앞에서 우리의 벌거벗은 실체를 감추게 만듭니다. 우리는 더 이상 하나님을 사랑의 아버지로 느끼지 못하고 우리의 죄를 찾아내어 심판하실 것 같은 두려운 재판관으로 느끼게 됩니다. 그래서 우리는 기도하기를 멈추고, 말씀을 외면하며, 영적인 것들로부터 점점 더 멀어지려 합니다. 만일 우리가 하나님 앞에 나아가는 것이 어렵고 부담스럽게 느껴진다면, 그것은 우리 안에 있는 이 숨으려는 본능이 작동하고 있다는 신호입니다.

둘째, 자기 자신과의 관계가 파괴되었습니다

타락 이전, 아담과 하와는 벌거벗었으나 부끄러워하지 않았습니다. 그들은 있는 그대로의 자신을 온전히 수용하고 사랑할 수 있었습니다. 하지만 죄가 들어온 후, 그들은 자신들의 벌거벗음을 수치로 인식하기 시작했습니다. 그들은 급히 무화과 나뭇잎을 엮어 치마로 삼아 자신들의 부끄러움을 가리려 했습니다.

이것은 인류 최초의 자기 의self-righteousness의 시도입니다. 우리는 더 이상 있는 그대로의 나 자신으로 살아갈 수 없게 되었습니다. 우리는 우리의 진짜 모습, 즉 연약하고 부족한 모습을 다른 사람들과 하나님 앞에서 감추기 위해 온갖 종류의 '무화과 나뭇잎'을 엮어 스스로를 포장합니다. 우리는 지식, 재산, 외모, 성공, 심지어는 종교적인 열심이라는 나뭇잎으로 우리의 수치심을 가리려 애씁니다.

작업대 위에 놓인 모순의 조각들을 기억하십니까? 우리 안에 있는 그 깊은 내적 분열, 선을 행하고 싶지만, 악을 행하는 자신의 모습 앞에서 느끼는 자기혐오와 절망감은 모두 이 파괴된 자기 관계에서 비롯됩니다. 우리는 더 이상 우리 자신을 사랑하고 신뢰하지 못하며, 끊임없이 다른 사람과 비교하고, 스스로를 정죄하는 내면에서 끊임없이 고소하는 재판관의 목소리에 시달리며 살아갑니다.

셋째, 이웃과의 관계가 파괴되었습니다

창조의 세계에서 하와는 아담을 돕는 배필이었습니다. 그들의 관계는 서로를 온전히 신뢰하고 돕는 아름다운 연합의 관계였습니다. 하지만 타락 직후, 하나님께서 아담에게 책임을 물으셨을 때, 그는 이렇게 대답합니다.

"하나님이 주셔서 나와 함께 있게 하신 여자, 그가 그 나무 열매를 내게 주므로 내가 먹었나이다."

이것은 끔찍한 책임의 전가이자 관계의 파괴입니다. 불과 얼마 전까지 "이는 내 뼈 중의 뼈요 살 중의 살이라."고 찬양했던 그 사랑의 대상이 이제는 자신의 죄를 변명하기 위한 희생양으로 전락해 버렸습니다. 사랑은 비난으로, 연합은 분열로 바뀌었습니다. 여자 역시 뱀에게 책임을 전가합니다.

"뱀이 나를 꾀므로 내가 먹었나이다."

이때부터 인류의 공동체는 서로를 섬기는 곳이 아니라 서로를 탓하고 경쟁하며 자신의 이익을 위해 다른 사람을 이용하고 지배하려는 전쟁터가 되었습니다. 당신의 관계 지도 위에 있던 그 수많은 갈등과 배신의 상처들, 당신의 마음속 깊이 자리한 외로움과 소외감은 모두 이 에덴동산에서 시작된 관계의 파괴가 당신의 삶 속에서 울리는 슬픈 메아리입니다. 우리는 다른 사람을 더 이상 하나님의 형상으로 보지 않고 나의 욕망을 채워줄 대상이나 나의 안전을 위협하는 경쟁자로 보게 되었습니다.

넷째, 자연과의 관계가 파괴되었습니다

타락 이전, 인간은 에덴동산을 경작하며 지키는 청지기로서 자연과 조화로운 관계를 맺고 있었습니다. 땅은 아낌없이 풍성한 소출을 내어주었고 일은 기쁨과 보람을 주는 창조적인 활동이었습니다. 하지만 타락 이후, 하나님은 땅을 저주하십니다.

"땅은 너로 말미암아 저주를 받고 너는 네 평생에 수고하여야 그 소산을 먹으리라. 땅이 네게 가시덤불과 엉겅퀴를 낼 것이라."

이제 일은 더 이상 기쁨의 원천이 아니라 생존을 위한 고통스러운 수고toil가 되었습니다. 자연은 더 이상 협력의 파트너가 아니라 정복하고 싸워야 할 적대적인 대상이 되었습니다. 인간과 자연의 조화로운 관계는 무너지고 서로를 착취하고 파괴하는 관계로 변질되었습니다.

우리가 오늘날 경험하는 일의 고통, 즉 번아웃, 무의미한 노동, 직장에서의 치열한 경쟁과 스트레스는 모두 이 저주의 결과입니다. 더 나아가 환경오염, 기후 변화, 생태계 파괴와 같은 전 지구적인 위기는 인간이 하나님의 청지기라는 본분을 잃어버리고 자연을 무자비하게 착취해 온 결과가 어떻게 우리 자신에게 부메랑이 되어 돌아오는지를 보여주는 비극적인 증거입니다.

이처럼 타락은 단순히 개인의 내면적인 문제를 넘어 우리가 관계 맺는 모든 차원을 파괴했습니다. 하나님과의, 자신과의, 이웃과의, 자연과의 모든 관계를 총체적으로 파괴하는 우주적인 재앙이었습니다. 우리의 작업대 위에 놓인 그 모든 혼란스러운 조각들은 바로 이 해체의 파편들입니다. 우리가 이 진단을 정직하게 받아들일 때 비로소 자신의 힘으로는 이 문제를 결코 해결할 수 없다는 겸손한 자리에 서게 됩니다. 그리고 바로 그 자리에서 우리는 우리를 구원할 외부의 도움이 절실히 필요함을 깨닫게 됩니다.

✳ 4 ✳

내 안의 에덴이 무너질 때

타락의 이야기가 창세기 3장에 기록된 고대의 사건으로만 머물러 있다면 그것은 우리에게 그저 흥미로운 신화나 비극적인 옛이야기에 불과할 것입니다. 하지만, 이 이야기가 우리에게 그토록 강력하고 불편하게 다가오는 이유는 그 이야기 속에서 너무나도 익숙한 우리의 모습을 발견하기 때문입니다.

에덴동산에서 추방된 것은 아담과 하와만이 아니었습니다. 성경은 우리 모두가 아담 안에서 태어났으며 그의 불순종의 유산을 물려받았다고 말합니다. 우리는 매일의 삶 속에서 우리만의 선악과를 마주하고 우리만의 뱀의 속삭임에 귀를 기울이며 우리만의 무화과 나뭇잎을 엮으며 살아가고 있습니다.

이제, 우리가 1부에서 발굴했던 우리 삶의 원재료들을 이 타락이라는 안경을 통해 다시 한번 비추어 볼까요? 당신은 당신의 이야기 속에 얼마나 깊이 에덴의 슬픈 메아리가 울려 퍼지는지를 발견하고 놀라게 될 것입니다.

클리셰의 뿌리를 찾아서

우리는 2장에서 우리도 모르는 사이에 우리의 선택과 행동을 지배해 온 클리세 혹은 지배 서사를 찾아보는 작업을 했습니다. "나는 항상 완벽해야만 사랑받을 수 있다."거나 "세상은 위험한 곳이니 절대로 마음을 다 보여서는 안 된다."와 같은 시나리오들 말입니다. 그때는 이것들이 단순히 나의 개인적인 경험이나 상처의 결과라고만 생각했을지 모릅니다. 하지만 이제 우리는 그 뿌리가 훨씬 더 깊은 곳, 바로 인류의 첫 번쩨 타락 경험과 연결되어 있음을 알 수 있습니다.

당신이 발견했던 숨겨진 클리셰를 다시 한번 떠올려 보십시오. 그리고 그 시나리오가 에덴동산에서의 네 가지 관계 파괴와 어떻게 연결되는지 생각해 보십시오.

"나는 부족한 사람이니까, 완벽해지기 위해 끊임없이 노력해야 사랑받을 수 있다."

이 시나리오는 타락 이후 인류가 경험하게 된 근원적인 수치심과 깊이 연결되어 있습니다. 이는 자신의 벌거벗음을 가리기 위해 무화과 나뭇잎을 엮었던 아담과 하와의 필사적인 노력의 현대판 버전입니다. 우리는 우리의 있는 그대로의 모습으로는 하나님과 다른 사람들에게 받아들여질 수 없을 것이라는 두려움 속에서 성공, 외모, 능력, 심지어 도덕적인 완벽함이라는 나뭇잎으로 우리의 수치심을 가리려고 애씁니다. 우리는 끊임없이 무언가를 증명해야만 하는 피곤한 삶을 살아갑니다.

"나는 내 삶을 내 힘으로 통제해야만 안전하다."

이 시나리오의 뿌리에는 바로 "하나님처럼 되려는" 원초적인 욕망이 자리 잡고 있습니다. 우리는 하나님의 선하신 주권을 신뢰하는 대신 우리 스스로가 우리 삶의 왕이 되어 모든 변수를 통제하고 예측하려 합니다. 우리는 우리의 미래, 우리의 자녀, 우리의 재정, 우리의 관계를 우리의 손에 쥐고 통제할 수 있다고 생각합니다. 하지만 피조물인 우리는 결코 모든 것을 통제할 수 없기에 이 시나리오는 우리를 결국 끝없는 불안과 염려, 그리고 통제 불가능한 상황 앞에서 느끼는 깊은 분노로 이끌고 갑니다.

"세상은 믿을 수 없는 곳이며, 결국 모든 사람은 나를 실망시키고 떠나갈 것이다."

이 냉소적인 시나리오는 아담이 하와를, 하와가 뱀을 탓하며 서로를 비난했던 그 관계 파괴의 현장에서 비롯되었습니다. 우리는 다른 사람을 돕는 배필이 아닌 잠재적인 위협이나 경쟁자로 바라보는 왜곡된 시선을 갖게 되었습니다. 과거의 배신과 상처의 경험은 이 시나리오를 더욱 강화하고 우리로 하여금 마음의 문을 굳게 닫고 다른 사람과 진정한 친밀감을 형성하는 것을 두려워하게 만듭니다.

이처럼 우리의 개인적인 이야기 속에 깊이 뿌리내린 클리셰들은 사실상 우리 각자의 방식으로 에덴의 비극을 재현하는 것에 불과합니다. 우리가 이 연결고리를 깨달을 때 우리는 비로소 내 안의 문제가 단순히 심리적인 문제나 성격의 결함이 아니라 하나님과의 관계가 근본적으로 깨어진 데서 비롯된 영적인 문제임을 인식하게 됩니다. 그리고 그 해결책 역시 심리 상담이나 자기계발을 넘어선 근원적인 차원의 구원이 필요함을 인정하게 됩니다.

골짜기의 경험을 다시 해석하기

우리의 인생 그래프 위에서 가장 깊고 어두웠던 골짜기의 경험을 다시 생각해 보죠. 우리는 그곳에서 억울함, 상실감, 배신감, 절망감을 느꼈습니다. 그리고 종종 그 고통의 원인을 특정한 사람이나 상황 탓으로 돌리거나 혹은 "왜 하필 나에게 이런 일이?"라며 자신의 운명을 탓하며 분노했습니다.

타락의 안경은 우리의 골짜기 경험을 바라보는 더 깊고 넓은 시야를 제공합니다. 물론, 우리의 고통에 직접적인 책임이 있는 사람이나 제도가 있을 수 있습니다. 하지만 더 근본적인 차원에서 우리가 겪는 모든 고통과 슬픔은 이 세상이 타락으로 인해 깨어지고 신음하고 있다는 증거입니다. 당신이 겪은 그 개인적인 비극은 사실 온 우주적인 비극의 한 파편인 셈입니다.

이 관점은 우리의 고통을 결코 가볍게 만들지 않습니다. 오히려 그것은 우리의 개인적인 아픔을 인류 전체의 아픔과 연결하고, 우리의 눈물을 모든 피조물의 탄식과 연결합니다. 우리는 더 이상 "왜 나만 이런 고통을 당해야 하는가?"라는 고립된 질문에 갇혀 있지 않게 됩니다. 대신, 우리는 이 깨어진 세상 속에서 살아가는 모든 존재와 고통 속에서 연대하게 됩니다.

더 중요한 것은, 우리가 골짜기에서 느끼는 그 깊은 슬픔과 분노가 사실은 지극히 정상적이고 거룩한 반응일 수 있다는 것입니다. 우리의 영혼 깊은 곳에는 원래 세상이 어떠해야 했는지, 즉 하나님의 심히 좋았던 창조 세계의 희미한 기억이 남아 있습니다.

우리가 질병, 죽음, 불의, 미움과 같은 타락의 결과물들을 마주할 때 느끼는 그 본능적인 저항감과 고통은 우리 영혼이 "이것은 정상이 아니야! 원래 세상은 이렇지 않았어!"라고 외치는 거룩한 저항인 셈입니다.

따라서 골짜기에서 흘렸던 눈물은 결코 믿음 없는 나약함의 증거가 아닙니다. 그것은 당신 안에 있는 하나님의 형상이 이 깨어진 세상을 향해 탄식하는 소리이며 당신의 영혼이 잃어버린 에덴, 즉 하나님의 온전한 샬롬을 갈망하고 있다는 가장 확실한 증거입니다. 가장 깊은 고통 속에 사실은 회복을 향한 가장 깊은 갈망이 숨겨져 있습니다.

✳ 5 ✳

폐허 너머의 여명

타락의 이야기는 우리를 깊은 절망의 심연으로 끌고 갑니다. 인간은 스스로의 선택으로 하나님을 반역했고, 그 결과 온 우주는 깨어지고 저주 아래 놓였습니다. 만약 이야기가 여기서 끝난다면 우리에게는 아무런 희망도 없겠죠. 우리는 영원히 하나님으로부터 추방되어 서로를 미워하고 자연과 싸우며 고통 속에서 살다가 결국 죽음이라는 허무한 종말을 맞이할 운명이었을 것입니다.

하지만 놀랍게도 이 끔찍한 심판과 저주의 현장 한가운데서 하나님은 아주 희미하지만, 분명한 희망의 빛을 비춰 주십니다. 타락의 이야기는 완전한 절망의 이야기가 아니라 폐허 속에서도 포기하지 않으시는 하나님의 놀라운 은혜가 시작되는 이야기이기도 합니다.

"네가 어디 있느냐?" : 찾아오시는 하나님

죄를 지은 아담과 하와는 두려워하여 나무 뒤에 숨었습니다. 그들은 스스로의 힘으로는 결코 하나님 앞에 나아갈 수 없었습니다. 만약 하나님께서 그들을 그냥 내버려두셨다면 그들은 영원히 그 어둠과 두려움 속에 머물렀을 것입니다.

하지만 하나님은 그들을 포기하지 않으셨습니다. 하나님께서 먼저 그들을 찾아오십니다. 그리고 그들에게 던지신 첫 번째 질문은 "네가 감히 내 명령을 어겼느냐?"라는 질책이 아니었습니다. 그것은 "아담아, 네가 어디 있느냐?"라는, 잃어버린 자녀를 찾는 아버지의 안타까운 부르짖음이었습니다. 이 질문은 그의 위치를 몰라서 물으신 것이 아니었습니다. 이것은 관계의 회복을 위한 하나님의 간절한 초대였습니다. "네가 지금 어떤 상태에 있든지, 숨지 말고 내게로 나아오렴."

이것이 복음의 시작입니다. 복음은 우리가 하나님을 찾아가는 이야기가 아니라 하나님께서 죄로 인해 숨어버린 우리를 먼저 찾아오시는 이야기입니다. 우리가 하나님의 부재를 가장 깊이 느끼며 절망의 어둠 속에 숨어 있을 때조차 하나님은 포기하지 않으시고 "네가 어디 있느냐?"라고 우리 각자의 이름을 부르시며 찾아오고 계십니다.

가죽옷을 입히시는 하나님

아담과 하와는 자신들의 수치심을 가리기 위해 스스로 무화과 나뭇잎으로 옷을 만들어 입었습니다. 하지만 연약한 나뭇잎은 그들의 깊은 부끄러움을 가리기에는 턱없이 부족했습니다. 그것은 곧 시들고 부서져 버릴 임시방편에 불과했습니다. 그때 하나님께서 그들을 위해 직접 옷을 지어 입히십니다.

"여호와 하나님이 아담과 그의 아내를 위하여 가죽옷을 지어 입히시니라."(창세기 3:21)

이것은 놀라운 은혜의 행위입니다. 하나님은 그들의 죄를 심판하시지만 동시에 그들의 수치심을 친히 덮어주십니다.

그런데 이 가죽옷이 어디에서 왔을까요? 그것은 동산의 어떤 죄 없는 동물이 희생되고 피를 흘렸음을 암시합니다.

여기서 우리는 인류의 첫 번째 수치를 덮기 위해 첫 번째 희생이 필요했다는 십자가 복음의 희미한 그림자를 발견하게 됩니다. 우리의 힘으로 엮은 그 어떤 무화과 나뭇잎(우리의 선행, 우리의 노력, 우리의 종교적 열심)도 우리의 근원적인 죄와 수치심을 가릴 수 없습니다. 오직 죄 없는 누군가의 희생을 통해서만, 하나님께서 친히 마련해 주시는 '의의 옷'을 통해서만 우리는 하나님 앞에 담대히 설 수 있습니다. 하나님은 심판 중에도 이미 구원의 길을 예비하고 계셨던 것입니다.

최초의 복음, '원시 복음'

하나님께서 뱀을 저주하시는 장면에서, 인류를 향한 가장 놀라운 희망의 약속이 선포됩니다. 이것은 신학적으로 원시 복음Protoevangelium, 즉 최초의 복음이라고 불립니다.

"내가 너로 여자와 원수가 되게 하고 네 후손도 여자의 후손과 원수가 되게 하리니 여자의 후손은 네 머리를 상하게 할 것이요 너는 그의 발꿈치를 상하게 할 것이니라."(창세기 3:15)

이것은 뱀(사탄)과 인류 사이의 영적 전쟁을 예고하는 말씀입니다. 그리고 이 전쟁의 최종적인 승패를 알려주는 놀라운 예언입니다. 언젠가 '여자의 후손'으로 오실 한 분(궁극적으로는 동정녀에게서 나실 예수 그리스도를 가리킵니다)이 나타나 뱀의 머리, 즉 그의 결정적인 권세를 깨뜨리고 승리할 것이라는 약속입니다. 물론 그 과정에서 여자의 후손 역시 발꿈치를 상하는, 즉 고통과 희생(십자가)을 치르게 될 것입니다.

인류가 타락하여 절망의 나락으로 떨어진 바로 그 순간에 하나님은 이미 구원과 회복의 계획을 선포하고 계셨습니다. 타락의 이야기는 인간의 실패로 끝나는 이야기가 아니라 그럼에도 불구하고 일하시는 하나님의 신실한 구원의 이야기가 시작되는 서곡이었던 셈입니다.

이제 작업대를 다시 한번 바라보십시오. 그곳의 혼돈과 깨어짐은 더 이상 결정된 운명이 아닙니다. 그것은 단지 이야기의 두 번째 에피소드일 뿐입니다. 가장 깊은 골짜기와 가장 부끄러운 실패의 조각조차도 하나님께서는 그것을 당신의 이야기에 절망적인 마침표를 찍기 위해 사용하시는 것이 아닙니다. 오히려 그것을 통해 얼마나 구원자가 필요한 존재인지를 깨닫게 하시고 당신을 위해 이미 예비된 놀라운 구원의 이야기, 즉 세 번째 에피소드인 '구속'의 무대로 당신을 초대하기 위한 거룩한 도구로 사용하고 계십니다.

깨어짐은 실격시키는 조건이 아니라, 오히려 하나님의 은혜 앞으로 나아가게 하는 유일한 자격 조건입니다. 위대한 예술가는 폐허가 된 작업실을 버리지 않습니다. 그는 그 폐허의 재료들을 가지고 이전보다 훨씬 더 놀랍고 영광스러운 작품을 만들어낼 계획을 가지고 있습니다. 타락의 어둠이 깊을수록, 이어질 구원의 빛은 더욱 찬란하게 빛날 것입니다.

뱀의 속삭임 : 삶의 어떤 영역에서 "하나님이 참으로… 하시더냐?", "네가 하나님처럼 될 수 있다."는 뱀의 속삭임이 가장 강력하게 들려오나요? 당신은 보통 어떻게 반응합니까?

깨어진 관계의 현실 : 타락으로 인한 네 가지 관계(하나님, 자신, 이웃, 자연)의 파괴 중, 현재 당신에게 가장 큰 아픔으로 다가오는 것은 무엇이며 구체적으로 어떤 모습입니까?

클리셰의 뿌리 찾기 : 당신의 삶을 지배해 온 '숨겨진 시나리오'가 타락의 이야기(수치심, 통제욕, 불신 등)와 어떻게 연결된다고 생각하십니까?

폐허 속의 은혜 : 가장 어두운 '골짜기'나 하나님이 부재한 듯한 '공백'의 시간 속에서도, 희미하게나마 발견할 수 있는 '찾아오시는 하나님의 손길'은 무엇이었나요?

6장

작가, 무대 위로
올라오다

이야기는 비극으로 끝나지 않는다

이 가장 어둡고 절망적인 순간에 이야기의 작가이신 하나님께서 아무도 예상치 못한 일을 행하십니다. 무대 뒤편 관람석에서 비극을 그저 지켜보고만 계시지 않았습니다. 주님은 직접 무대 위로, 우리가 아파하고 신음하는 바로 그역사의 현장 속으로 들어오셨습니다. 이것이 바로 하나님의 드라마, 그 심장이자 클라이맥스인 세 번째 에피소드인 '구속Redemption' 이야기의 시작입니다.

구속이라는 단어는 오늘날 우리에게 다소 낯설게 들릴 수 있습니다. 이 단어의 원래 의미는 '값을 치르고 되찾아오다.' 혹은 '몸값을 지불하고 노예를 해방시키다.'라는 뜻이 있습니다. 빚 때문에 노예로 팔려 가거나 전쟁 포로로 잡혀간 사람을 누군가가 대신 그에 합당한 값을 치르고 자유를 되찾아주는 행위를 가리키는 말이었습니다. 따라서 구속의 이야기란 죄의 노예가 되어 죽음의 빚을 지고 있는 우리를 하나님께서 친히 엄청난 대가를 치르고 건져내어 자유롭게 하시는 위대한 구출 작전의 이야기입니다.

타락의 이야기가 우리 문제의 심각성을 진단하는 진단서였다면 구속의 이야기는 그 모든 문제를 해결하는 하나님의 유일한 처방전입니다. 창조의 이야기가 우리 삶의 원래 설계도를 보여주었다면 구속의 이야기는 폐허가 된 건물을 원래보다 더 영광스럽게 재건축하시는 하나님의 재창조 계획입니다.

이 장에서 우리는 구속 이야기의 심장인 예수 그리스도의 십자가와 부활 속으로 깊이 들어가 볼 것입니다. 그리고 그 2000년 전 예루살렘의 한 언덕에서 일어난 사건이, 어떻게 오늘 나의 작업대 위에 놓인 그 모든 깨진 조각들의 의미를 근본적으로 바꾸어 놓는 우주적인 능력이 되는지를 발견하게 될 것입니다.

구속은 우리의 죄 많고 상처투성이인 과거를 지우개로 지워버리는 것이 아닙니다. 오히려 그 가장 어둡고 부끄러운 조각들마저도 하나님의 은혜를 드러내는 재료로 변화시키는 놀라운 역전의 이야기입니다.

과거를 돌아보며 후회와 수치심에 시달리고 있다면 혹은, 현재를 바라보며 무력감과 절망에 빠져 있다면 이제 시선을 자신에게서 돌려 무대 위로 올라오신 위대한 작가, 예수 그리스도께로 향할 시간입니다. 주님 안에서 비극은 희극으로 실패는 영원한 승리의 서곡으로 재해석될 것입니다.

✴ **2** ✴

위대한 패배, 위대한 승리

하나님께서 인류를 구원하시기 위해 선택하신 방법은 세상의 지혜로는 도저히 상상할 수 없는 가장 역설적이고 어리석어 보이는 방법이었습니다. 하늘에서 불을 내려 로마 제국을 심판하지도 않으셨고 천군 천사를 동원하여 죄인들을 쓸어버리지도 않으셨습니다. 위대한 철학자를 보내 심오한 진리를 가르치거나 강력한 왕을 보내 세상을 정복하게 하지도 않으셨습니다.

대신, 하나님은 자신의 유일한 아들 예수 그리스도를 이 땅에 보내셨습니다. 그리고 그를 통해 이루신 구원의 방법은 가장 비참하고 수치스러운 죽음의 형태였던 '십자가'였습니다. 십자가는 당시 로마 제국이 가장 흉악한 반역자나 노예들을 처형하던 극악무도한 사형 틀이었습니다. 그것은 완전한 실패, 저주, 그리고 절망의 상징이었습니다. 사도 바울은 고백했습니다.

"십자가의 도가 멸망하는 자들에게는 미련한 것이요 구원을 받는 우리에게는 하나님의 능력이라."(고린도전서 1:18)

세상은 왜 하나님이 이토록 미련해 보이는 방법을 선택하셨는지 이해할 수 없습니다. 하지만, 이 십자가 속에 타락으로 인해 깨어진 모든 관계를 회복하고 우리를 죄와 죽음에서 구원하는 하나님의 심오한 지혜와 능력이 숨겨져 있습니다. 우리는 십자가의 의미를 세 가지 핵심적인 그림으로 살펴볼 수 있습니다.

첫째, 십자가는 '위대한 교환The Great Exchange'이 일어난 자리입니다

타락 이후, 모든 인간은 하나님 앞에서 죄의 빚을 지게 되었습니다. 성경은 "죄의 삯은 사망"이라고 말합니다. 이것은 우리가 우리의 선행이나 노력으로는 결코 갚을 수 없는 절대적인 파산을 의미합니다. 하나님은 공의로운 분이시기에 죄를 그냥 눈감아 주실 수 없습니다. 죄의 대가는 반드시 치러져야만 합니다.

바로 이 딜레마 앞에서 하나님은 자신의 무한한 사랑과 완전한 공의를 동시에 만족시키는 유일한 길을 여셨습니다. 그것은 바로 죄가 없으신 독생자 예수 그리스도께서 우리를 대신하여 그 모든 죄의 빚과 심판을 짊어지게 하시는 것이었습니다. 이것이 바로 대속의 신비입니다.

십자가 위에서 인류 역사상 가장 놀라운 교환, 역전이 일어났습니다. 예수님께서는 우리의 죄, 우리의 수치심, 우리의 저주, 우리가 받아야 할 하나님의 진노와 죽음을 모두 자신의 어깨에 짊어지셨습니다. 그리고 그 대가로 그분은 자신의 완전한 의로움, 하나님의 아들로서 누리던 온전한 사랑과 용납, 그리고 영원한 생명을 우리에게 선물로 주셨습니다. 마치 사형 선고를 받은 죄수와 왕자가 옷을 바꿔 입는 것과 같습니다. 왕자는 죄수의 옷을 입고 대신 죽고 죄수는 왕자의 옷을 입고 새로운 삶을 얻게 되는 것입니다.

작업대 위에 놓인 가장 부끄럽고 추악한 죄악의 조각들을 바라보십시오. 스스로를 용서할 수 없게 만드는 그 기억들, 밤새 죄책감에 시달리게 하는 그 실패의 파편들을 말입니다. 십자가는 선포합니다. "그 모든 빚은 이미 청산되었다. 너의 모든 죄의 기록은 예수의 피로 깨끗이 지워졌다. 너는 더 이상 너의 과거로 평가받지 않는다. 너는 이제 그리스도의 의로움으로 옷 입은 새로운 존재이다." 이것이 바로 "그리스도 예수 안에 있는 자에게는 결코 정죄함이 없나니."(로마서 8:1)라는 위대한 해방의 선언입니다.

둘째, 십자가는 하나님의 '자기희생적인 사랑'이 완벽하게 증명된 자리입니다

우리는 종종 사랑을 감정이나 말로만 생각합니다. 하지만 진정한 사랑은 언제나 행동으로, 특히 자기희생적인 행동으로 증명됩니다. 십자가는 우리를 향한 하나님의 사랑이 얼마나 깊고, 얼마나 무조건적이며, 얼마나 대단한지를 보여주는 가장 확실하고도 유일한 증거입니다.

사도 바울은 이렇게 고백합니다.

"우리가 아직 죄인 되었을 때에 그리스도께서 우리를 위하여 죽으심으로 하나님께서 우리에 대한 자기의 사랑을 확증하셨느니라."(로마서 5:8)

하나님의 사랑은 우리가 사랑스러울 때 우리가 그럴 만한 자격이 있을 때 주어진 것이 아니었습니다. 그 사랑은 우리가 여전히 하나님을 등지고 죄 가운데 거하며 그분과 원수 되었을 때에 우리에게 찾아왔습니다. 이것은 세상의 조건적인 사랑과는 근본적으로 다른 이해할 수 없는 '아가페' 사랑입니다.

스스로 사랑받을 자격이 없다고 느끼십니까? 실패와 연약함 때문에 하나님께서 실망하고 버리셨을 것이라고 생각하십니까? 그렇다면 십자가를 바라보세요. 십자가는 느낌이나 생각과 상관없이 당신을 향한 하나님의 사랑이 얼마나 확고부동한지를 보여주는 영원한 증거물입니다.

하나님은 당신을 사랑하시기 때문에 십자가를 지신 것이 아닙니다. 하나님은 십자가를 지심으로써 당신을 얼마나 사랑하시는지를 보여주신 것입니다. 스스로를 사랑할 수 없는 그 순간에도 십자가는 "나는 너를 위해 나의 모든 것을 내어줄 만큼 너를 사랑한다."고 외치고 있습니다. 이 사랑의 확신이야말로 우리의 깨어진 자존감을 회복시키고 우리를 수치심의 감옥에서 해방시키는 유일한 열쇠입니다.

셋째, 십자가는 어둠의 권세에 대한 '결정적인 승리'가 선포된 자리입니다

십자가 사건은 겉으로 보기에는 완전한 패배였습니다. 예수님은 제자들에게 버림받고 종교 지도자들에게 조롱당했으며 로마 권력에 의해 무력하게 처형당했습니다. 사탄과 어둠의 세력들은 자신들이 마침내 하나님의 아들을 꺾었다고 환호성을 질렀을 것입니다.

하지만 바로 그 순간, 보이지 않는 영적 세계에서는 인류 역사상 가장 위대한 역전이 일어나고 있었습니다. 예수님께서는 십자가에서 죽으심으로써 죄가 인간에 대해 가졌던 모든 권세를 무력화시키셨습니다. 주님은 죽음의 권세 아래로 친히 내려가심으로써 죽음 자체를 이기시고 사망의 문을 깨뜨리셨습니다. 십자가는 사탄의 머리를 상하게 할 것이라던 창세기 3장 15절의 원시 복음이 성취된 결정적인 승리의 현장이었습니다.

십자가는 실패의 상징이 아니라 하나님의 가장 위대한 승리의 깃발입니다. 이제 죄와 죽음, 그리고 사탄은 더 이상 우리를 지배할 최종적인 권세를 갖지 못합니다. 물론 우리는 여전히 이 땅을 살아가면서 죄의 유혹과 싸워야 하고 육체적인 죽음을 맞이해야 합니다.

하지만 그것들은 이제 패잔병의 마지막 발악과도 같습니다. 우리는 이미 승리가 결정된 전쟁을 싸우는 군인들입니다.

삶 속에 있는 끊어내기 힘든 중독의 문제, 삶을 짓누르는 죽음의 두려움, 그리고 끊임없이 참소하는 사탄의 거짓말 앞에서 절망하고 있다면, 십자가를 붙드세요. 십자가는 당신에게 그 모든 어둠의 권세가 이미 그리스도 안에서 패배했음을 선포합니다. 더 이상 그것들의 노예로 살아갈 필요가 없습니다. 십자가의 능력 안에서 당신은 자유를 선포하고 새로운 삶을 살아갈 수 있는 권세를 부여받았습니다.

✴ 3 ✴

무덤 위를 비추는 새로운 햇살

십자가의 이야기가 아무리 위대하다 할지라도 만약 이야기가 거기서 끝났다면 기독교 신앙은 존재하지 않았을 것입니다. 그저 한 위대한 순교자의 비극적인 죽음으로 기억될 뿐 우리의 삶을 변화시키는 능력은 되지 못했을 겁니다. 십자가 이야기가 복음(Good News)이 될 수 있는 이유는 그 뒤에 인류 역사상 가장 경이롭고 충격적인 사건, 바로 예수 그리스도의 부활이 이어지기 때문입니다.

금요일의 어둠과 절망이 지나고 토요일의 침묵과 불안이 흐른 뒤, 주일 아침의 여명과 함께 하나님께서는 죽음의 권세를 깨뜨리고 자신의 아들을 무덤에서 다시 살리셨습니다. 이것은 단순히 심장이 멎었던 사람이 다시 살아나는 소생이 아니었습니다. 이것은 이전과는 질적으로 완전히 다른, 썩지 않고 영광스러우며, 시공간의 제약을 넘어서는 새로운 종류의 몸, 즉 부활의 몸을 입고 일어나신 새로운 창조의 시작이었습니다.

부활은 십자가에서 일어난 구속 사역이 하나님께 온전히 받아들여졌으며 그 효력이 완전함을 확증하는 하나님의 인증 도장과도 같습니다. 부활이 없었다면 우리의 믿음은 헛되고 우리는 여전히 죄 가운데 있을 것이라고 바울은 단언합니다. 부활은 기독교 신앙의 선택 사항이 아니라, 세워지거나 무너지는 유일한 기초입니다.

부활 사건은 우리의 서사를 재해석하는 데 세 가지 결정적인 의미를 가집니다.

첫째, 부활은 '궁극적인 희망'의 근거입니다

타락 이후, 인류의 이야기는 죽음이라는 최종적인 마침표를 향해 달려가는 비극이었습니다. 그 어떤 인간적인 노력이나 지혜도 이 운명을 거스를 수 없었습니다. 죽음은 모든 가능성을 소멸시키는 최종적인 끝이었습니다.

하지만 예수님의 부활은 이 죽음의 독재에 종언을 고했습니다. 부활은 죽음이 우리 이야기의 끝이 아님을 오히려 영원한 생명으로 들어가는 문이 될 수 있음을 보여준 최초의 사건이었습니다. 예수님은 부활의 첫 열매가 되셨습니다. 첫 열매가 있다는 것은, 앞으로 그와 똑같은 열매들이 계속해서 맺힐 것이라는 확실한 보증입니다. 따라서 그리스도를 믿는 우리 역시, 장차 주님과 함께 영광스러운 부활의 몸을 입고 새로운 창조의 세계에 참여하게 될 것이라는 흔들리지 않는 소망을 갖게 됩니다.

이 소망은 우리가 이 땅에서 겪는 고난과 상실을 견디는 힘을 줍니다. 사랑하는 사람의 죽음 앞에서 우리는 슬퍼하지만, 소망 없는 자들처럼 절망하지는 않습니다. 왜냐하면 우리는 부활의 날에 그들과 다시 만날 것을 믿기 때문입니다. 우리가 겪는 질병과 노쇠 그리고 이 땅에서의 모든 불의와 고통이 영원하지 않음을 우리는 압니다. 우리의 이야기는 무덤에서 끝나지 않습니다.

우리의 진짜 이야기는 부활의 아침과 함께 이제 막 시작되었을 뿐입니다.

둘째, 부활은 '새로운 정체성'의 시작입니다

우리가 예수 그리스도를 믿을 때, 우리는 단지 그의 가르침을 따르는 제자가 되는 것만이 아닙니다. 우리는 성령을 통해 부활하신 그리스도와 신비적으로 연합됩니다. 즉, 그의 죽음이 우리의 죽음이 되고 그의 부활이 우리의 부활이 됩니다. 바울은 이것을 세례의 의미로 설명합니다.

"무릇 그리스도 예수와 합하여 세례를 받은 우리는 그의 죽으심과 합하여 세례를 받은 줄을 알지 못하느냐 그러므로 우리가 그의 죽으심과 합하여 세례를 받음으로 그와 함께 장사되었나니 이는 아버지의 영광으로 말미암아 그리스도를 죽은 자 가운데서 살리심과 같이 우리로 또한 새 생명 가운데서 행하게 하려 함이라."(로마서 6:3-4)

참으로 놀라운 선언입니다. 그리스도 안에서 죄에 대해 죽었던 옛사람은 십자가에 못 박혀 장사되었고 이제 우리는 그리스도와 함께 다시 살아난 새사람이 되었다는 것입니다. 우리의 정체성은 더 이상 아담에게 속한 타락한 이야기에 의해 정의되지 않습니다. 우리의 새로운 정체성은 그리스도에게 속한 부활의 이야기에 의해 정의됩니다.

우리는 더 이상 과거의 실패나 상처로 정의되는 존재가 아닙니다. 우리는 부활의 능력을 소유한 새 생명 가운데 살아가는 하나님의 자녀입니다. 이것이 우리의 새로운 이름이자 새로운 시나리오입니다. 물론, 우리는 여전히 옛사람의 습관과 싸워야 하는 현실 속에 살고 있습니다. 하지만 전쟁의 승패는 이미 결정되었습니다. 우리는 이제 죄의 노여가 아니라 부활의 생명 안에서 '의'의 열매를 맺으며 살 수 있는 새로운 가능성을 부여받은 존재입니다.

셋째, 부활은 '현재적 능력'의 원천입니다

부활은 단지 미래에 일어날 좋은 일을 약속하는 희망 사항이 아닙니다. 그것은 바로 오늘, 지금 여기에서 우리의 삶을 변화시키는 실제적인 능력입니다. 그리스도를 죽은 자 가운데서 살리신 바로 그 하나님의 능력, 즉 성령의 능력이 지금 우리 안에 내주하고 계시기 때문입니다.

이 능력은 우리가 타락한 본성의 지배를 거부하고 새로운 삶의 방식을 살아갈 수 있도록 힘을 줍니다. 미움 대신 사랑을, 절망 대신 소망을, 두려움 대신 담대함을 선택할 수 있는 능력을 부여합니다. 이 능력은 우리의 가장 깊은 상처를 치유하고 용서할 수 없었던 사람을 용서하게 하며 끊어낼 수 없었던 중독의 사슬을 끊어내는 기적을 일으킵니다.

작업대 위에 놓인 혼돈스러운 조각들 앞에서 무력감을 느끼고 있다면 내주하시는 부활의 능력을 신뢰하십시오. 자기의 힘으로는 불가능하지만, 내면에 계신 성령께서는 그 모든 깨어짐을 가지고 아름다운 모자이크를 만들어 가실 수 있습니다. 부활은 우리에게 "너희의 힘으로 노력하라."고 말하지 않습니다. 부활은 우리에게 "이미 너희 안에 있는 나의 능력을 의지하라."고 초대합니다.

✳ **4** ✳

십자가의 빛이 스며들다

이제 우리는 구속 이야기의 핵심인 십자가와 부활이라는 두 개의 강력한 안경을 손에 쥐었습니다. 이 새로운 안경을 가지고, 우리가 1부에서 펼쳐놓았던 그 혼란스러운 작업대로 다시 돌아가 봅시다. 이전에는 그저 무의미한 파편과 고통의 흔적으로만 보였던 조각들이 이 구속의 빛 아래서 어떻게 새로운 의미와 가능성으로 빛나기 시작하는지를 목격하게 될 것입니다. 이것이 바로 이야기 재구성, 즉 하나님의 구속 서사 안에서 나의 서사를 다시 써내려가는 거룩한 작업입니다.

나의 '죄와 수치심'을 재해석하기

작업대 위에서 우리를 가장 고통스럽게 했던 것은 아마도 우리의 죄와 실패 그리고 그것이 남긴 깊은 수치심의 조각들이었을 것입니다. 우리를 모순덩어리, 위선자처럼 느끼게 했던 그 기억들 말입니다. 타락의 안경으로 보았을 때 그것들은 우리가 하나님을 반역한 죄인이라는 명백한 증거였습니다.

하지만 이제 십자가라는 안경을 통해 그 조각들을 다시 비추어 보십시오. 십자가의 빛 아래서 그 죄악의 조각들은 더 이상 당신의 정체성을 규정하는 최종적인 판결문이 아닙니다. 그것들은 오히려 하나님의 용서와 은혜가 얼마나 놀라운지를 증거하는 배경이 됩니다. 어둠이 깊을수록 별이 더 밝게 빛나듯 우리의 죄가 깊을수록 우리를 위해 죽으신 그리스도의 사랑은 더욱 찬란하게 빛납니다.

우리의 가장 큰 실패는 이제 우리의 가장 위대한 간증의 재료가 될 수 있습니다. "나는 이렇게 비참한 죄인이었지만, 바로 그런 나를 위해 그리스도께서 죽으셨고, 그의 피로 나를 깨끗하게 하셨습니다." 이 고백 안에서 수치심은 감사로, 절망은 찬양으로 변화됩니다. 더 이상 우리의 죄를 숨기기 위해 무화과 나뭇잎을 엮을 필요가 없습니다. 우리는 이미 그리스도의 '의'라는 완전한 가죽옷을 입고 있기 때문입니다.

나의 '상처와 고통'을 재해석하기

인생 그래프 위 가장 깊은 골짜기, 즉 씻을 수 없는 상처를 남겼던 고통의 조각들을 다시 한번 대면해 봅시다. 타락의 안경은 그것이 깨어진 세상 속에서 우리가 마땅히 겪어야 할 부조리한 현실이라고 말했습니다.

하지만 구속의 안경은 그 고통의 한가운데로 찾아오시는 하나님의 새로운 이야기를 들려줍니다. 우리의 하나님은 고통을 멀리서 관망하시는 분이 아닙니다. 그분은 십자가를 통해 친히 인간의 가장 깊은 고통과 버림받음의 자리로 내려오신 고난받는 하나님이십니다. 예수님께서는 우리의 눈물을 아시고 우리의 아픔에 공감하시며, 우리의 신음과 함께 탄식하십니다.

따라서 고통의 골짜기는 더 이상 하나님이 부재한 텅 빈 공간이 아닙니다.

그곳은 역설적으로 우리가 십자가에 달리신 그리스도를 가장 깊이 만날 수 있는 거룩한 장소가 됩니다. 우리의 상처는 하나님으로부터 멀어지게 하는 장애물이 아니라 오히려 상처 입은 치유자이신 그분의 품으로 더 가까이 나아가게 하는 통로가 될 수 있습니다.

더 나아가, 부활의 안경은 우리의 고통이 현재의 아픔으로 끝나지 않을 것임을 약속합니다. 부활은 모든 눈물이 씻기고 모든 상처가 치유될 최종적인 회복의 날이 반드시 올 것이라는 희망을 줍니다. 그리고 그날이 오기까지 하나님께서는 우리의 상처마저도 다른 상처 입은 영혼들을 위로하고 치유하는 도구로 사용하실 수 있습니다. 헨리 나우웬이 말했듯이 우리의 상처가 구속의 빛 안에서 변화될 때 우리는 비로소 상처 입은 치유자(Wounded Healer)가 될 수 있습니다. 우리의 가장 깊은 아픔이 누군가에게는 가장 큰 위로의 원천이 될 수 있습니다.

나의 '깨어진 관계'를 재해석하기

우리의 관계 지도 위에 있던 수많은 갈등과 배신, 단절의 흔적들을 떠올려 봅시다. 타락은 우리를 서로 탓하고 경쟁하는 고립된 섬으로 만들었습니다.
십자가는 이 모든 관계의 파괴를 회복시키는 하나님의 유일한 해답입니다. 십자가는 먼저 하나님과 우리 사이의 막힌 담을 허물어뜨렸습니다. 우리는 이제 두려움으로 하나님을 피하는 존재가 아니라 그리스도의 피를 힘입어 은혜의 보좌 앞에 담대히 나아갈 수 있는 자녀가 되었습니다. 이 수직적인 화해는 모든 수평적인 화해의 기초가 됩니다.

하나님으로부터 받은 그 놀라운 용서를 진정으로 깨달을 때 우리는 비로소 다른 사람의 허물과 상처를 용서할 수 있는 힘을 얻게 됩니다. 용서는 우리의 감정적인 노력이 아니라 내가 받은 은혜를 다른 사람에게 흘려보내는 결단입니다. 물론, 이것은 결코 쉽지 않은 과정이며 때로는 오랜 시간이 걸릴 수 있습니다. 하지만 십자가는 우리에게 불가능해 보이는 용서의 길을 걸어갈 수 있는 이유와 능력을 모두 제공합니다.

또한, 부활은 우리에게 새로운 공동체, 즉 교회를 선물로 주셨습니다. 교회는 완벽한 사람들의 모임이 아니라 저마다의 작업대 위에 혼란스러운 조각들을 올려놓은 채 오직 십자가의 은혜만을 의지하여 모인 용서받은 죄인들의 공동체입니다. 우리는 이 공동체 안에서 서로의 짐을 함께 지고 서로의 아픔을 위로하며 서로의 죄를 고백하고 용서하는 법을 배우며 함께 그리스도의 장성한 분량까지 자라가게 됩니다. 깨어진 관계의 조각들은 우리를 고립이 아닌 더 깊은 공동체적 연합으로 초대하는 하나님의 부르심이 됩니다.

✳ 5 ✳

새 시나리오가 손에 들어오다

구속의 이야기는 그저 우리의 과거를 새롭게 해석하는 데서 그치지 않습니다. 이 서사는 우리의 현재와 미래를 살아가는 방식을 근본적으로 바꾸어 놓습니다. 타락이 우리에게 '하나님처럼 되라.'는 거짓 시나리오를 심어주었다면, 구속은 우리에게 '그리스도 안에서 새로운 피조물로 살라.'는 진실한 시나리오를 선물합니다.

이 새로운 시나리오로 살아간다는 것은 무엇을 의미할까요? 그것은 우리의 정체성이 근본적으로 변화되었음을 받아들인다는 것입니다.

이전까지 우리의 지배 서사가 "나는 실패자다."였다면 이제 우리의 새로운 서사는 "나는 그리스도 안에서 용납된 하나님의 자녀다."입니다.

이전의 시나리오가 "나는 사랑받을 자격이 없다."였다면 새로운 시나리오는 "나는 하나님께서 아들을 내어주시기까지 사랑한 존귀한 존재다."입니다.

이 정체성의 변화는 우리를 두 가지 치명적인 덫에서 해방시킵니다.

제2부 의미 부여하기

첫째는 '자기 의self-righteousness**'의 덫입니다.**

이는 자신의 선행이나 노력을 통해 스스로를 구원하려는 시도입니다. 우리는 더 이상 완벽해지려고 애쓸 필요가 없습니다. 우리는 이미 그리스도 안에서 완전하다고 인정받았기 때문입니다.

둘째는 '자기 비하self-pity**'의 덫입니다.**

이는 자신의 죄와 실패에 갇혀 절망하는 것입니다. 우리는 더 이상 과거의 실수에 발목 잡혀 있을 필요가 없습니다. 십자가가 이미 그 모든 것을 용서했기 때문입니다.

이제 우리는 율법의 두려움 아래서가 아니라 은혜의 자유 안에서 살아갑니다. 우리는 더 이상 '~해야만 한다'는 의무감 때문에 선을 행하는 것이 아니라 '나는 ~이다'라는 새로운 정체성에서 자연스럽게 흘러나오는 감사의 열매로서 선을 행하게 됩니다. 우리는 실패를 두려워하지 않고 새로운 도전을 할수 있습니다. 왜냐하면 우리의 가치가 성공에 의해 결정되지 않음을 알기 때문입니다. 우리는 다른 사람의 비난에 쉽게 무너지지 않습니다. 왜냐하면 온우주의 왕이신 하나님께서 이미 우리를 의롭다고 칭해주셨기 때문입니다.

물론, 이 새로운 시나리오로 살아가는 것은 하루아침에 이루어지지 않습니다. 우리 옛사람의 습관은 여전히 강력하여 우리는 수시로 낡은 시나리오의 유혹에 넘어지곤 합니다. 그래서 우리에게는 매일의 훈련이 필요합니다. 매일 아침, 십자가 앞에서 나의 옛 정체성이 죽었음을 선포하고 부활하신 그리스도와 연합된 나의 새 정체성을 믿음으로 선택하는 훈련입니다. 뱀의 거짓된 속삭임이 들려올 때마다, 진리의 말씀으로 대적하는 훈련입니다.

이 영적인 싸움에서 우리는 결코 혼자가 아닙니다. 우리 안에 내주하시는 성령께서 우리의 연약함을 도우시고 우리가 새로운 시나리오의 대사를 기억하고 그 역할에 따라 살아갈 수 있도록 힘을 주십니다. 성령은 우리를 끊임없이 십자가의 은혜로 인도하시고 우리 안에서 그리스도의 형상을 빚어 가시며 우리로 하여금 구속의 이야기를 살아내는 증인이 되게 하십니다.

✴ **6** ✴

다시 작업대로, 이야기를 이어 쓰다

이제 다시 한번 작업대 앞에 서십시오. 그곳의 풍경은 처음과 똑같을지 모릅니다. 부서진 조각들은 여전히 부서져 있고 어두운 파편들은 여전히 어둡습니다. 구속의 이야기는 마술 지팡이처럼 우리의 과거를 한순간에 바꾸어 놓지는 않습니다.

하지만 이제 그 작업대 위에는 이전에는 없었던 새로운 것이 있습니다. 그것은 바로 작업대 한가운데 굳건히 서 있는 '십자가'입니다. 그리고 무덤의 어둠을 뚫고 솟아오른 부활의 빛이 작업대 전체를 환하게 비추고 있습니다.

이 십자가와 부활의 빛 아래서 모든 조각은 새로운 의미를 얻기 시작합니다. 우리의 실패는 하나님의 은혜를 증거하는 기념비가 되고 우리의 상처는 다른 이를 치유하는 통로가 되며 우리의 죄는 십자가의 능력을 찬양하는 이유가 됩니다. 더 이상 버려질 조각은 없습니다. 하나님께서는 그 모든 것을 사용하여 우리의 삶을 통해 그분의 놀라운 구속의 사랑을 드러내는 위대한 모자이크를 만들어 가실 것입니다.

타락의 서사가 우리에게 "너는 죄인이다."라고 속삭일 때 구속의 서사는

"그러나 너는 용서받았다."고 외칩니다. 타락이 "너는 실패했다."고 정죄할 때 구속은 "그러나 너는 그리스도 안에서 승리했다."고 선포합니다. 타락이 "너의 이야기는 비극으로 끝났다."고 절망하게 할 때 구속은 "그러나 하나님께서 너를 위해 새로운 시작을 예비하셨다."고 약속합니다.

우리의 삶에서 가장 중요한 질문은 "얼마나 많은 실패와 상처로 얼룩져있는가?"가 아닙니다. 가장 중요한 질문은 "그 모든 것을 가지고 십자가 앞으로 나아가는가?"입니다. 십자가는 우리 삶의 모든 깨어짐과 혼돈이 하나님의 은혜와 만나는 유일한 교차점입니다.

그 작업대 위, 가장 다루기 힘들었던 조각 하나를 집어 들어보세요. 그리고 그것을 들고 무대 위로 올라오신 위대한 작가, 우리를 위해 십자가에 달리시고 부활하신 예수 그리스도의 발 앞에 조용히 가져가십시오. 그분께서 우리의 모든 실패와 눈물을, 영원한 생명과 소망의 이야기로 바꾸어 주실 것입니다.

십자가의 위로 : 십자가의 세 가지 의미(위대한 교환, 자기희생적 사랑, 결정적인 승리) 중, 현재 당신에게 가장 큰 능력으로 다가오는 것은 무엇이며 그 이유는 무엇입니까?

부활의 현재적 능력 : 부활이 '오늘 나의 삶을 변화시키는 능력'이라는 사실은 당신에게 어떤 의미가 있습니까? 삶의 어느 영역에 이 능력이 가장 절실합니까?

구속의 렌즈로 보기 : 작업대 위의 '수치심' 혹은 '상처'의 조각 하나를 선택해 봅시다. 십자가와 부활이라는 구속의 렌즈로 그 조각을 다시 볼 때, 의미가 어떻게 재해석될까요?

시나리오 전쟁 : 타락이 심어준 '옛 시나리오'(예 : 완벽해야 해)와 구속이 선물한 '새로운 시나리오'(예 : 이미 온전해) 사이에서 당신은 어떤 싸움을 하고 있으며, 어떤 결단이 필요합니까?

7장

최고의 순간은
아직 남아 있습니다

✳ 1 ✳

드라마의 마지막을 향해

이제, 이야기는 여기서 끝나는 것일까요? 우리가 예수 그리스도를 믿고 구원받았다면 그것으로 모든 드라마는 막을 내리고 우리는 그저 '오래오래 행복하게 살았습니다.'라는 엔딩 크레딧을 기다리며 살아가면 되는 것일까요?

만약 그렇다면, 우리는 여전히 우리 앞에 놓인 현실을 설명할 수 없겠죠. 우리는 분명 그리스도 안에서 새로운 피조물이 되었지만, 여전히 우리 안에는 죄의 옛 습성이 꿈틀거리고 있습니다. 우리는 부활의 생명을 소유했지만, 여전히 질병과 노쇠, 그리고 죽음의 그림자 아래 살아갑니다. 우리는 하나님의 자녀가 되었지만, 세상은 여전히 불의와 고통, 슬픔과 탄식으로 가득합니다. 우리의 작업대 위는 구속의 빛으로 밝아졌지만, 여전히 그곳에는 이해할 수 없는 공백과 뾰족한 파편들이 남아 있습니다.

이것이 바로 우리가 하나님의 드라마, 그 마지막 네 번째 에피소드인 '완성Consummation'의 무대로 나아가야 하는 이유입니다. 완성의 이야기는 우리에게 아직 드라마가 끝나지 않았음을, 작가께서 계획하신 최종적인 결말이 남아 있음을 알려줍니다. 그것은 지금 우리가 경험하는 이 불완전하고 모순적인 현실이 우리 이야기의 최종적인 모습이 아니라는 위대한 약속입니다.

요셉의 삶을 생각해 보세요. 그가 형들에게 용서를 선포하고 아버지를 다시 만나 총리로서 모든 것을 누리게 되었을 때 그의 이야기는 행복하게 끝난 것처럼 보입니다. 하지만 그가 살던 세상은 여전히 기근의 고통 아래 있었고 그는 언젠가 죽어 이집트 땅에 묻혀야 할 유한한 존재였습니다.

다윗의 삶도 마찬가지입니다. 그가 왕위에 오르고 수많은 전쟁에서 승리했을 때 이야기는 해피엔딩처럼 보입니다. 하지만 그의 가정은 죄로 인해 무너졌고 그의 왕국은 끊임없는 위협에 시달렸으며 그 자신도 늙고 쇠약해져 죽음을 맞이해야 했습니다. 그들의 이야기는 이 땅에서 부분적인 회복과 승리를 맛보았지만, 결코 완전한 '완성'에 이르지는 못했습니다. 그들의 삶은 더 위대한 어떤 것을 가리키는 손가락과 같았습니다.

'완성' 혹은 '새 창조'라고 불리는 이 마지막 에피소드는, 단순히 창조의 상태로 되돌아가는 것만을 의미하지 않습니다. 그것은 창조의 선함과 구속의 은혜가 합쳐져 이전과는 비교할 수 없는 훨씬 더 영광스럽고 아름다운 상태로 모든 것이 회복되고 완성되는 이야기입니다. C.S. 루이스의 표현을 빌리자면, 그것은 우리가 지금까지 경험했던 모든 기쁨과 아름다움이 사실은 희미한 복사본에 불과했음을 깨닫게 될 위대한 실재와의 만남입니다.

많은 사람이 기독교의 종말론을 두려움과 공포의 이미지(전쟁, 재앙, 심판 등)로만 생각하거나 혹은 이 세상을 완전히 떠나 구름 위에서 하프를 켜는 막연하고 비현실적인 천국의 이미지로만 생각합니다. 하지만 성경이 보여주는 완성의 그림은 그보다 훨씬 더 장엄하고 훨씬 더 구체적이며 훨씬 더 이 땅에 발을 딛고 있는 소망입니다.

이 장에서 우리는 성경이 약속하는 그 최종적인 완성의 그림이 무엇인지 살펴볼 것입니다. 그리고 그 미래의 희망이 어떻게 오늘을 살아가는 우리의 관점과 태도, 그리고 삶의 방식을 근본적으로 변화시키는지를 요셉과 다윗의 삶을 통해 탐험할 것입니다. 그들은 비록 완성의 시대를 보지 못했지만, 그 소망을 붙들고 오늘을 살아냈던 위대한 믿음의 선배들입니다.

완성의 이야기는 단순히 우리가 죽어서 가게 될 곳에 대한 사실 나열이 아닙니다. 그것은 지금 우리가 어디를 향해 가는지를 알려주는 나침반이며 이 혼란스러운 세상 속에서 길을 잃지 않도록 우리 발밑을 비추는 등불입니다. 우리의 이야기는 아직 끝나지 않았습니다. 최고의 순간은 아직 오지 않았습니다.

✷ 2 ✷

요셉처럼, 약속과 현실 사이를 걷다

완성의 소망을 제대로 이해하기 위해 우리는 반드시 '이미, 그러나 아직 Already, but Not Yet'이라는 신학적 개념을 이해해야 합니다. 이 개념은 신약성경 전체에 흐르는 중요한 긴장감을 설명하는 틀이며 오늘날 그리스도인들이 경험하는 삶의 모든 모순을 설명해 주는 가장 중요한 열쇠입니다.

이것을 이해하기 위해 제2차 세계대전의 'D-Day(노르망디 상륙작전)'를 비유로 생각해 봅시다.

1944년 6월 6일, 연합군은 노르망디 해안에 성공적으로 상륙했습니다. 군사 전략가들은 이 D-Day의 성공이야말로 전쟁의 승패를 결정지은 결정적인 순간이었다고 말합니다. 그날 이후, 전쟁의 큰 흐름은 연합군 쪽으로 기울었고 최종적인 승리는 사실상 보장되었습니다. 그 의미에서 승리는 '이미' 온 것이나 다름없었습니다.

하지만, D-Day 이후에도 전쟁은 즉시 끝나지 않았습니다.
최종적인 승리의 날인 V-DayVictory Day가 오기까지는 거의 1년이라는 시간이 더 걸렸습니다. 그 기간 전선에서는 여전히 치열하고 끔찍한 전투가 계속되었고 수많은 군인이 목숨을 잃었습니다. 그 의미에서 완전한 평화와 승리는 '아직' 오지 않은 것이었습니다.

D-Day와 V-Day 사이의 군인들은, 이미 보장된 승리를 향해 나아가면서도 여전히 현실의 치열한 전투를 싸워내야 하는 독특한 긴장 속에 살았던 것입니다.

우리 그리스도인들의 삶이 바로 이 D-Day와 V-Day 사이에 있는 군인들의 삶과 같습니다. 우리 삶의 D-Day는 바로 예수 그리스도의 십자가와 부활 사건이었습니다. 그 사건을 통해, 하나님께서는 죄와 죽음, 그리고 사탄의 권세에 대한 결정적인 승리를 거두셨습니다. 전쟁의 승패는 '이미' 결정되었습니다. 그러나 우리의 V-Day, 즉 예수님께서 다시 오셔서 모든 것을 완성하실 그날은 '아직' 오지 않았습니다.

이 '이미, 그러나 아직'의 긴장감을 가장 극적으로 보여주는 인물이 바로 요셉입니다.

요셉의 '이미' : 하나님이 주신 꿈

요셉의 이야기는 그가 십 대 시절에 꾸었던 두 번의 꿈으로 시작됩니다. 형들의 곡식 단이 자신의 단에게 절을 하고, 해와 달과 열한 별이 자신에게 절을 하는 꿈. 이 꿈은 하나님께서 그의 미래에 대해 주신 분명한 약속이었습니다. 그것은 그의 삶의 목적지와 결말을 미리 보여준 그의 개인적인 서사의 D-Day와도 같았습니다. 하나님께서 그와 함께하시며 그를 높이 들어 사용하실 것이라는 약속은 '이미' 그의 손에 쥐어졌습니다. 그는 자신이 누구이며 어디로 가야 하는지를 아는 사람이었습니다.

요셉의 '아직' : 구덩이와 감옥이라는 현실

하지만 그 꿈을 꾼 직후, 그의 현실은 약속과는 정반대의 방향으로 곤두박질쳤습니다. 그는 형들의 시기로 죽음의 문턱인 구덩이에 던져졌고 이집트의 노예로 팔려 갔으며 억울한 누명을 쓰고 깊은 감옥에 갇혔습니다. 그가 처한 현실은 하나님의 약속이 완전히 실패한 것처럼 보이는 절망적인 '아직'의 상황이었습니다. 그의 꿈, 즉 '이미' 주어진 약속과 그의 현실, 즉 '아직' 성취되지 않은 상황 사이의 간극은 너무나도 거대했습니다.

이 긴 시간 동안 요셉은 어떤 마음이었을까요? 그는 아마 수없이 하나님께 물었을 것입니다. "하나님, 저에게 주셨던 그 꿈은 다 무엇이었습니까? 왜 저의 현실은 이 모양입니까?" 그는 하나님을 원망하며 신앙을 포기할 수도 있었고 혹은 꿈을 그저 어린 시절의 망상으로 치부해 버릴 수도 있었습니다.

하지만 성경은 요셉이 그 '아직'의 시간 속에서 어떻게 살았는지를 반복해서 증언합니다.

"여호와께서 요셉과 함께하시므로 그가 형통한 자가 되어…"(창세기 39:2)
"여호와께서 요셉과 함께하시고 그에게 인자를 더하사…"(창세기 39:21)

요셉의 형통은 환경적 형통이 아니었습니다. 그는 여전히 노예였고 여전히 죄수였습니다. 그의 형통은 최악의 '아직'의 현실 속에서도 '이미' 자신과 함께하시는 하나님을 신뢰하며 그날그날 자신에게 맡겨진 일에 최선을 다하는 관계적 형통이었습니다.

그는 보디발의 집에서 성실한 노예였고, 감옥에서는 신실한 죄수였습니다. 그는 언제가 될지 모르는 그 V-Day, 즉 꿈이 이루어질 그날을 막연히 기다리며 현실을 허비하지 않았습니다. 그는 '이미' 받은 약속을 가슴에 품고 '아직'의 현실을 믿음으로 살아냈습니다.

우리도 요셉처럼 이 '이미, 그러나 아직'의 긴장 속을 살아갑니다. 우리는 '이미' 그리스도 안에서 하나님의 자녀가 되었고 영원한 생명을 얻었습니다. 하지만 우리는 '아직' 죄와 고통이 가득한 세상 속에서 날마다 영적 전투를 치르며 살아갑니다. 요셉의 이야기는 우리에게 이 긴장 속에서 어떻게 살아야 하는지를 가르쳐 줍니다.

우리는 '이미' 주어진 구원의 확신을 굳게 붙들어야 합니다. 동시에, '아직' 완성되지 않은 세상의 현실 앞에서 정직하게 탄식하며 오늘 나에게 주어진 삶의 자리를 성실하게 살아내야 합니다. 우리의 구덩이와 감옥은 결코 우리 이야기의 끝이 아닙니다. 그것은 약속의 성취를 향해 나아가는 과정의 일부일 뿐입니다.

3

다윗이 꿈꾸던 바로 그 집

그렇다면 우리가 최종적으로 소망하는 그 '완성'의 모습은 구체적으로 어떤 것일까요? 성경은 그것을 새 하늘과 새 땅이라고 부르며 그 핵심을 "보라 하나님의 장막이 사람들과 함께 있으매 하나님이 그들과 함께 계시리니."라는 하나님과의 완전한 임재의 회복으로 설명합니다.

이 영광스러운 비전을 자신의 온 삶을 통해 갈망하고 꿈꾸었던 인물이 바로 다윗입니다.

다윗의 '아직' : 떠도는 언약궤와 성전을 향한 갈망

다윗의 통치 기간, 그의 가장 큰 열정은 오랫동안 블레셋에 빼앗겼다가 돌아와 기럇여아림의 한 개인 집에 방치되어 있던 하나님의 언약궤를 이스라엘의 중심인 예루살렘으로 가져오는 것이었습니다. 언약궤는 보이지 않는 하나님의 임재와 통치를 상징하는 가장 중요한 성물이었습니다. 다윗은 이스라엘의 진짜 왕은 자신이 아니라 하나님이심을 선포하고 온 백성이 하나님의 임재를 중심으로 살아가기를 간절히 원했습니다.

그는 마침내 언약궤를 다윗 성으로 옮겨왔을 때 기쁨을 주체하지 못하고 왕의 체면도 잊은 채 어린아이처럼 춤을 추었습니다. 하지만 그의 마음 한구석에는 여전히 채워지지 않는 갈증, 즉 '아직'의 아쉬움이 남아있었습니다. 그는 자신은 백향목으로 만든 화려한 왕궁에 거하는데 정작 만왕의 왕이신 하나님의 궤는 초라한 휘장(텐트) 가운데 있는 것을 마음 아파했습니다. 그래서 그는 하나님의 영광을 위해 그분의 임재를 위한 영구적이고 아름다운 집, 즉 성전을 건축하려는 위대한 꿈을 품게 됩니다.

이것은 단순히 웅장한 건물을 짓고 싶다는 건축학적 야망이 아니었습니다. 이것은 하나님의 임재가 더 이상 일시적이거나 제한적이지 않고 영원하고 안정적으로 자신의 백성 가운데 머물기를 바라는 깊은 영적 갈망이었습니다. 다윗은 이 땅 위에 하나님의 나라, 즉 하나님의 통치와 임재가 가시적으로 실현되는 것을 꿈꾸었습니다.

다윗의 '이미' : 하나님이 주신 영원한 언약

하지만 하나님께서는 다윗의 이 선한 소원을 허락하지 않으십니다. 너는 피를 많이 흘린 전쟁의 사람이기 때문에 성전을 지을 수 없다고 말씀하십니다. 대신, 하나님께서는 다윗에게 그가 상상했던 것보다 훨씬 더 위대하고 영원한 약속, 즉 '다윗 언약'을 주십니다.

"네가 나를 위하여 내가 거할 집을 건축하겠느냐… 여호와가 너를 위하여 집을 짓고… 내가 네 몸에서 날 네 씨를 네 뒤에 세워 그의 나라를 견고하게 하리라 그는 내 이름을 위하여 집을 건축할 것이요 나는 그의 나라 왕위를 영원히 견고하게 하리라."(사무엘하 7:5, 11-13)

하나님은 다윗의 계획을 뒤집으십니다. 다윗이 하나님을 위해 집(성전)을 짓는 것이 아니라 하나님께서 다윗을 위해 집(왕조)을 세우시겠다고 약속하십니다. 그리고 그의 아들 솔로몬이 성전을 지을 것이며, 궁극적으로는 그의 후손을 통해 세워질 나라가 영원히 견고할 것이라고 약속하십니다.

이 약속은 일차적으로 솔로몬을 통해 성취되었지만, 솔로몬의 왕국과 그가 지은 성전 역시 영원하지 않았습니다. 그것들은 모두 타락한 인간의 한계 속에서 무너져 내렸습니다. 따라서 이 다윗 언약의 진정한 성취는 다윗의 후손으로 오실 영원한 왕, 예수 그리스도를 통해 이루어질 하나님 나라를 가리키는 것이었습니다.

예수님 자신이 바로 하나님께서 우리와 함께 거하시는 진정한 성전이십니다. 그리고 그분이 다시 오셔서 완성하실 새 하늘과 새 땅이야말로 다윗이 그토록 꿈꾸었던, 하나님께서 자기 백성과 영원히 함께 거하시는 진정한 하나님의 집입니다.

다윗은 평생의 꿈이었던 성전 건축을 '아직' 이루지 못했습니다. 하지만 그는 '이미' 하나님으로부터 영원한 나라를 약속받았습니다. 그는 그 약속을 믿음으로 붙들고 비록 자신은 볼 수 없을지라도 장차 올 그 영광스러운 완성을 소망하며 살아갔습니다. 그는 자기 아들 솔로몬이 지을 성전을 위해 평생에 걸쳐 모든 재료를 기쁨으로 준비했습니다.

다윗의 이야기는 우리에게 중요한 교훈을 줍니다. 우리가 이 땅에서 하나님의 나라를 위해 행하는 모든 수고와 헌신이 비록 우리의 생애 동안에는 그 완성된 모습을 보지 못할지라도 결코 헛되지 않다는 것입니다.

우리는 다윗처럼 장차 완성될 새 하늘과 새 땅이라는 위대한 건축 프로젝트를 위해 오늘 벽돌 한 장을 쌓는다는 마음으로 살아가는 사람들입니다. 우리의 작은 순종과 섬김은 디딤돌이 되어 그 영광스러운 하나님의 집을 짓는 데 사용될 소중한 재료가 될 것입니다.

✳ **4** ✳

마침내 모든 눈물이 닦이는 날

완성의 이야기를 말할 때 우리가 피할 수 없는 또 하나의 주제는 바로 최후의 심판입니다. 심판이라는 단어는 우리에게 주로 두려움과 정죄의 이미지를 떠올리게 합니다.

하지만 성경이 말하는 최후의 심판은 믿는 자들에게 결코 두려움의 소식이 아니라 오히려 가장 큰 위로와 소망의 소식입니다. 왜냐하면 최후의 심판의 본질은 마침내 이 땅의 모든 불의와 거짓이 바로잡히고 하나님의 완전한 정의와 진리가 온 세상에 최종적으로 승리하는 위대한 정의의 실현이기 때문입니다.

이 땅을 살아가는 동안 깊은 억울함과 부당함의 눈물을 흘려야 했던 요셉과 다윗의 삶은 왜 우리에게 이 최후의 심판이 복음인지를 생생하게 보여줍니다.

요셉의 오래된 상처와 하나님의 큰 그림

요셉은 아무런 잘못 없이 형들에게 팔리고, 주인에게 배신당했으며 동료에게 잊혔습니다. 그의 젊은 시절은 온통 억울함과 부당함으로 가득 차 있었습니다. 만약 그의 이야기가 이집트의 총리가 되는 것으로만 끝났다면 그것은 그저 한 개인의 성공 신화에 불과했을 것입니다.

하지만, 이 이야기의 진정한 클라이맥스는 기근을 피해 곡식을 구하러 온 형들과 재회하는 장면에서 펼쳐집니다.

그 순간, 요셉은 형들을 심판할 수 있는 절대적인 권력을 쥐고 있었습니다. 그는 지난 세월 동안 자신이 당했던 모든 고통을 그대로 되갚아 줄 수도 있었습니다. 하지만 그는 개인적인 복수를 선택하지 않았습니다. 대신 그는 눈물을 흘리며 형들을 용서하고 이 모든 사건 이면에 있었던 더 큰 하나님의 서사를 선포합니다.

"당신들은 나를 해하려 하였으나 하나님은 그것을 선으로 바꾸사 오늘과 같이 많은 백성의 생명을 구원하게 하시려 하셨나니."

이것은 최후의 심판이 어떤 모습일지에 대한 놀라운 예고편과 같습니다. 최후의 심판의 목적은 개인적인 원한을 갚는 것이 아닙니다. 그것은 이 땅에서 벌어졌던 모든 인간적인 악행과 비극들조차도, 결국에는 하나님의 더 크고 선하신 구원의 목적을 이루는 과정의 일부였음이 온 우주 앞에 드러나는 순간입니다. 그날, 우리는 비로소 우리의 작업대 위에 놓여 있던 가장 이해할 수 없었던 고통의 조각들이 사실은 하나님의 위대한 모자이크를 완성하기 위한 필수적인 부분이었음을 깨닫고 감탄하게 될 것입니다. 요셉이 자신의 삶을 통해 부분적으로 경험했던 그 '큰 그림'의 완성을 우리는 그날 온전히 목격하게 될 것입니다.

다윗의 탄식과 신원하시는 하나님

다윗의 삶 역시 억울함으로 가득했습니다. 그는 충성을 다했던 사울 왕에게 오랫동안 쫓기며 죽음의 위협 속에서 살아야 했습니다. 왕이 된 후에도 그는 압살롬의 반역으로 왕궁에서 쫓겨났고 시므이 같은 자에게 저주와 모욕을 당해야 했습니다.

그의 시편에는 이 억울함에 대한 처절한 부르짖음, 즉 하나님의 정의로운 심판을 구하는 탄식이 가득합니다.

"여호와여 나의 원통함을 살피셨사오니 나를 위하여 판결하옵소서."(예레미야애가 3:59)
"여호와여 진노로 일어나사 내 대적들의 노를 막으시며 나를 위하여 깨소서 주께서 심판을 명령하셨나이다."(시편 7:6)

다윗은 자신의 억울함을 자신의 칼로 해결하려 하지 않고 최종적인 심판관이신 하나님께 맡겨 드렸습니다. 하지만 그는 이 땅에서 그 모든 억울함이 완전히 해결되는 것을 보지 못했습니다. 그의 탄식은 종종 응답 없는 메아리처럼 느껴졌을 것입니다.

최후의 심판은 바로 다윗의 이 모든 탄식에 대한 하나님의 최종적인 응답입니다. 그날, 하나님께서는 일어나셔서 모든 억울한 자들의 눈물을 닦아주시고 그들을 위해 친히 변호하시고 옳고 그름을 판결해 주실 것입니다. 이 땅에서 힘이 없어 고통 받고 진실을 말해도 외면당했던 모든 이들의 신음이 마침내 영광스러운 찬양으로 바뀌게 될 것입니다.

이 심판의 소망은 오늘을 살아가는 우리에게 다윗처럼 인내하며 불의에 맞설 수 있는 용기를 줍니다. 우리는 최종적인 정의가 하나님의 손에 있음을 믿기에 당장 눈앞에서 악이 승리하는 것처럼 보일 때에도 절망하지 않을 수 있습니다. 우리는 우리의 억울함을 복수심으로 불태우는 대신 그것을 기도의 제물로 바꾸어 정의로운 심판관이신 하나님께 올려드릴 수 있습니다.

✷ 5 ✷

하늘의 질서를 미리 살아내는 삶

그렇다면 이 영광스러운 완성의 소망은 오늘을 살아가는 우리의 삶을 구체적으로 어떻게 변화시킬까요? 요셉과 다윗의 삶은 장차 올 그 나라의 시민권을 미리 부여받은 자들이 이 땅을 어떻게 살아가야 하는지를 보여주는 위대한 모범입니다.

요셉처럼 다스리기 : 세상 속의 청지기

요셉은 '아직'의 절망적인 현실 속에서도 '이미' 받은 약속을 붙들고 오늘을 성실하게 살아냈습니다. 그는 노예였을 때나 죄수였을 때나 심지어 이집트 제국의 총리가 되었을 때, 자신의 지위와 능력을 자신의 이익이 아닌 다른 사람을 섬기고 생명을 살리는 데 사용했습니다.

그는 7년의 풍년 동안 곡식을 저장하여 다가올 7년의 흉년을 대비했습니다. 이것은 단순히 뛰어난 행정 능력을 보여주는 것을 넘어 하나님의 창조 세계를 돌보고 미래를 준비하는 신실한 청지기의 모습입니다. 그는 자신에게 주어진 권력을 가지고 형들에게 복수하는 대신 그들을 용서하고 그들의 가족 전체를 책임졌습니다. 이것은 장차 올 하나님 나라의 핵심 가치인 용서와 화해를 그의 삶으로 미리 보여준 것입니다.

요셉처럼 우리도 우리가 속한 세상 속에서 하나님 나라의 청지기로 부름 받았습니다. 우리는 우리의 직업, 우리의 재능, 우리의 재물을 더 이상 나 자신의 성공과 안위를 위해서만 사용하지 않습니다. 우리는 그것을 사용하여 이웃을 섬기고 공동체를 세우며 하나님의 창조 세계에 질서와 아름다움을 더하는 일에 사용합니다. 비록 세상은 타락한 원리로 돌아갈지라도 우리는 그 속에서 정직과 성실 그리고 사랑이라는 하나님 나라의 원리로 살아감으로써 장차 올 그 나라의 실재를 세상에 증거하는 작은 모델하우스가 되는 것입니다.

다윗처럼 예배하기 : 본향을 그리워하는 순례자

다윗의 삶의 중심에는 하나님을 향한 뜨거운 예배와 갈망이 있었습니다. 그는 왕으로서의 성공에 안주하지 않았습니다. 그는 항상 더 깊은 하나님의 임재를 갈망했고 이 땅에 하나님의 완전한 통치가 이루어지기를 꿈꾸었습니다. 그의 시편은 이 거룩한 불만족과 본향을 향한 그리움으로 가득 차 있습니다.

"하나님이여 주는 나의 하나님이시라 내가 간절히 주를 찾되 물이 없어 마르고 황폐한 땅에서 내 영혼이 주를 갈망하며 내 육체가 주를 앙모하나이다."(시편 63:1)

다윗은 이 땅의 왕궁이 자신의 영원한 집이 아님을 알았습니다. 그는 이 땅을 살아가는 순례자요 나그네로서 자신의 진짜 본향인 하나님을, 그리고 그분의 완전한 통치가 이루어질 그 나라를 그리워하며 살았습니다. 이 거룩한 향수병은 그가 죄에 빠졌을 때 철저히 회개하게 했고 교만해지려 할 때 겸손하게 했으며 그의 삶의 방향을 끊임없이 하나님께로 향하게 하는 나침반이 되었습니다.

다윗처럼, 우리도 이 세상에 너무 안주하거나 만족하며 살지 않도록 부름 받았습니다. 물론 우리는 이 땅에서의 삶을 감사하고 즐거워해야 합니다. 하지만 우리는 이 땅의 좋은 것들이 장차 올 하나님 나라의 영광에 비하면 희미한 그림자에 불과함을 기억해야 합니다. 이 거룩한 갈망은 우리로 하여금 세상의 헛된 우상에 마음을 빼앗기지 않게 하고 깨어 기도하며 주님 다시 오실 날을 준비하게 합니다. 우리가 드리는 모든 예배는 장차 새 하늘과 새 땅에서 울려 퍼질 영원한 찬양의 예행연습입니다.

✳ **6** ✳

새 마음으로 맞이한 나의 작업대

이제 마지막으로, 작업대로 돌아갑시다. 우리의 이야기는 더 이상 과거의 상처나 현재의 혼란에 의해 정의되지 않습니다. 우리의 이야기는 장차 올 그 영광스러운 완성의 빛 아래서 그 최종적인 의미와 목적을 발견하게 될 것입니다.

우리는 이제 하나님의 드라마, 그 전체적인 설계도를 모두 살펴보았습니다. 창조의 영광스러운 시작, 타락의 비극적인 현실, 구속의 극적인 반전, 그리고 완성의 찬란한 희망까지. 이 네 개의 에피소드야말로 당신의 작업대 위에 놓인 그 모든 흩어진 조각들을 꿰어 하나의 의미 있고 아름다운 이야기로 만들 유일하고도 완전한 서사이자 플롯입니다.

요셉의 구덩이는 총리의 자리로 이어졌고, 다윗의 동굴은 왕궁으로 이어졌습니다. 하지만 그들의 이야기는 거기서 끝나지 않았습니다. 그들의 모든 성공과 실패, 기쁨과 눈물은 모두 장차 오실 영원한 왕 예수 그리스도를 가리키고 있었고 그분이 완성하실 새 하늘과 새 땅을 소망하게 했습니다.

마찬가지로 우리의 이야기도 지금 우리가 서 있는 자리에서 끝나지 않습니다. 하나님께서는 창조된 아름다움, 타락한 깨어짐, 그리고 그리스도 안에서 경험한 구속의 은혜까지, 우리의 삶의 모든 조각을 사용하셔서 우리를 완성의 그날에 참여할 영광스러운 존재로 빚어 가고 계십니다.

우리의 작업대 위의 모든 혼돈은 마침내 질서 잡히고 모든 눈물은 닦여질 것입니다.

이제 남은 것은 이 위대한 이야기 속에서 우리에게 주어진 역할을 발견하고 그 새로운 시나리오에 따라 오늘을 살아내는 것입니다. 그 구체적인 여정을 우리는 제3부에서 함께 떠나게 될 것입니다.

이미와 아직 사이 : '이미' 주어진 하나님의 약속과 '아직' 성취되지 않은 현실 사이의 간극이 느껴지는 영역이 있습니까? 그 긴장 속에서 어떻게 믿음으로 오늘을 살아내시겠습니까?

거룩한 갈망 : 다윗처럼 당신의 마음속에도 이 깨어진 세상 속에 하나님의 나라(정의, 평화 등)가 이루어지기를 바라는 거룩한 갈망이 있습니까? 구체적으로 어떤 모습인가요?

최후의 심판과 소망 : 하나님의 최종적인 정의가 실현되기를 바라는 '억울함'이나 '불의'의 경험이 있나요? 최후의 심판에 대한 소망이 당신을 어떻게 위로합니까?

미리 살아내는 삶 : 요셉(청지기)이나 다윗(예배자)처럼 미래의 시민으로 오늘을 살기 위해, 당신의 일상에서 구체적으로 실천할 수 있는 작은 행동 한 가지를 결단해 봅시다.

주인공으로 살아가기

새로운 길은 어디에서 시작될까요?

8장   이름이 다시 불려질 때

　　1. 관객석에서 무대 위로

　　2. 루팡, 이름을 훔치다

　　3. 아버지가 불러주신 새 이름

　　4. 모든 변화는 안에서 시작된다

　　5. 새 이름을 입는 연습

　　6. 진짜 주인공이 등장하다

9장   마음의 날씨를 읽는 시간

　　1. 마음이라는 예측 불가한 날씨

　　2. 감정이라는 선물

　　3. 멈춰버린 내면의 바늘

　　4. 복음, 내 안의 하늘을 밝히다

　　5. 감정을 다스리는 주인되기

　　6. 살아 있는 마음으로 드리는 예배

10장   사랑의 새로운 언어를 배우다

　　1. 관계라는 무대 위에서

　　2. 고아의 언어 : 두려움, 정죄, 그리고 비교

　　3. 자녀의 언어 : 사랑, 은혜, 그리고 공동체

　　4. 새로운 언어를 배우고 연습하다

　　5. 교회, 사랑을 탐구하는 작은 실험실

　　6. 관계가 복음의 표현입니다

8장

이름이 다시
불려질 때

관객석에서 무대 위로

이제 우리 앞에는 너무나 중요하고 실제적인 질문이 놓여 있습니다.

"그래서, 이제 무엇이 달라지는가?"

이 모든 것을 아는 것이, 이 위대한 이야기를 머리로 이해하는 것이 오늘을 살아가는 나의 구체적인 삶과 무슨 상관이 있는가? 월요일 아침 직장에서 마주해야 하는 까다로운 상사 앞에서, 자녀의 반항으로 마음이 무너지는 저녁 식탁에서, 미래에 대한 불안으로 잠 못 이루는 깊은 밤에, 이 거대한 이야기가 과연 나에게 실질적인 힘이 되어줄 수 있는가?

이 질문이야말로 3부 전체가 답하고자 하는 핵심적인 질문입니다. 지금까지 우리가 관객석에 앉아 우리 자신의 삶이라는 드라마를 하나님의 해설과 함께 감상하는 시간이었다면 이제는 우리가 직접 무대 위로 올라가 주인공으로 살아갈 시간입니다. 하나님께서는 우리에게 새로운 시나리오를 쥐여주시며 이 구속의 드라마를 너의 삶으로 살아내라고, 너의 이야기의 새로운 주인공이 되라고 우리를 초대하십니다.

하지만 어떻게요? 어떻게 우리가 이 새로운 역할을 감당할 수 있을까요? 우리는 여전히 연약하고, 넘어지기 쉬우며, 옛 습관의 강력한 중력에 빠져버리는 존재인데 말입니다.

그 대답은 '더 열심히 노력하는 것'에 있지 않습니다. 그 대답은 우리가 누구인지 즉 우리의 '정체성Identity'이 근본적으로 변화되었음을 믿고 선포하는 것에서 시작됩니다.

우리의 행동은 우리의 정체성에서 흘러나옵니다. 만약 나의 정체성이 실패자라면 나는 실패자의 방식으로 생각하고 느끼고 행동할 것입니다. 만약 나의 핵심 정체성이 사랑받지 못할 존재라면, 나는 다른 사람의 인정을 갈구하거나 혹은 아예 관계를 포기해 버리는 방식으로 살아가게 되겠죠. 우리의 삶은 우리가 스스로에 대해 믿고 있는 이야기의 직접적인 결과물입니다.

따라서 새로운 삶을 살아가는 첫걸음은 새로운 행동을 결심하는 것이 아니라 하나님께서 그리스도 안에서 우리에게 부여하신 새로운 이름, 즉 우리의 새로운 정체성을 받아들이고 그 이름에 따라 살아가는 법을 배우는 것입니다.

이 장에서 우리는 타락이 우리에게서 훔쳐간 진짜 이름이 무엇이었는지, 그리고 구속을 통해 하나님께서 우리에게 어떤 놀라운 새 이름을 주셨는지를 탐험할 것입니다. 그리고 그 새로운 이름이 어떻게 우리의 생각과 감정 그리고 행동의 모든 영역에서 혁명적인 변화를 일으키는지를 발견하게 될 것입니다. 우리의 이야기는 이제 새로운 주인공을 맞이할 준비를 마쳤습니다.

2

루팡, 이름을 훔치다

우리의 새로운 정체성을 제대로 이해하기 위해 우리는 먼저 타락이 우리에게서 무엇을 앗아갔는지를 다시 한번 깊이 들여다볼 필요가 있습니다. 타락은 단순히 선악과를 따 먹은 하나의 불순종 행위가 아니었습니다. 그것은 인류 역사상 가장 교묘하고도 비극적인 정체성 도둑질 사건이었습니다.

하나님께서 죄를 짓고 숨어버린 아담에게 던지신 두 번째 질문을 기억하십니까?

"누가 너의 벗었음을 네게 알렸느냐?"(창세기 3:11)

이 질문은 정보에 대한 것이 아닙니다. 하나님은 이미 모든 것을 알고 계셨습니다. 이 질문은 관계와 정체성에 관한 것입니다. "아담아, 이전에는 너는 나 앞에서 벌거벗었으나 부끄러워하지 않았는데, 이제 너는 왜 너 자신을 '벌거벗은 자', 즉 수치스러운 존재로 인식하게 되었느냐? 너는 이제 나의 목소리가 아닌 누구의 목소리를 듣고 너의 정체성을 규정하고 있느냐?"

타락 이전에 아담과 하와의 정체성은 창조주이신 하나님의 말씀에 의해 규정되었습니다. 그들은 하나님의 "보시기에 심히 좋았다."는 선언 안에서, 그분의 형상으로 지음 받은 존귀하고 사랑받는 존재였습니다. 이것이 그들의 진짜 이름이었습니다.

하지만 뱀의 속삭임에 귀를 기울이고 그의 거짓말을 믿는 순간 그들은 정체성의 기준점을 하나님에게서 자기 자신에게로, 그리고 사탄의 거짓말로 옮겨왔습니다. 그들의 눈이 밝아져 본 것은 자신들의 벌거벗음, 즉 결핍과 불완전함이었습니다. 그들의 정체성은 사랑받는 피조물에서 수치스러운 죄인으로 급격히 추락했습니다. 이것이 바로 위대한 정체성 도둑질입니다. 루팡처럼, 사탄은 우리의 진짜 이름을 훔쳐 가고, 그 자리에 거짓된 이름표들을 붙여놓았습니다.

그리고 우리는 모두 아담의 후예로서 이 거짓된 이름표들을 운명처럼 달고 살아갑니다. 우리가 1부에서 발견했던 숨겨진 클리셰들은 바로 이 거짓 이름표들의 다른 표현일 뿐입니다. 그 이름표들은 우리의 삶의 경험과 상처를 통해 더욱더 선명하게 우리 영혼에 새겨집니다.

어린 시절 부모로부터 충분한 사랑과 인정을 받지 못한 사람은 '고아Orphan'라는 이름표를 달게 됩니다. 그는 평생 마음 깊은 곳의 안정감과 소속감을 갈망하며 다른 사람의 인정을 얻기 위해 애쓰거나, 혹은 버림받을 것이 두려워 누구에게도 마음을 주지 못하는 삶을 살아갑니다.

학창 시절이나 사회에서 큰 실패를 경험하고 깊은 좌절감에 빠졌던 사람은 '실패자Failure' 혹은 '무능한 자Incompetent'라는 이름표를 달게 됩니다. 그는 새로운 도전을 두려워하고, 자신의 가치를 끊임없이 다른 사람의 성취와 비교하며 자신은 뭘 해도 안 된다는 자기 예언적 저주에 갇히게 됩니다.

다른 사람으로부터 깊은 상처나 배신을 당한 사람은 '피해자Victim'라는 이름표를 달게 됩니다. 그는 세상을 불신과 두려움의 눈으로 바라보고, 다른 사람의 작은 행동에도 쉽게 상처받으며, 과거의 억울함에 갇혀 앞으로 나아가지 못합니다.

자신의 반복되는 죄와 연약함 앞에서 깊은 수치심과 죄책감에 시달리는 사람은 '죄인Sinner' 혹은 '더러운 자Unclean'라는 이름표를 달게 됩니다. 그는 하나님과 다른 사람들 앞에 떳떳하게 설 수 없다고 느끼며 결코 변화될 수 없을 것이라는 절망 속에서 자신을 정죄합니다.

이 외에도 '사랑스럽지 않은 자', '부족한 자', '외톨이', '문제아' 등 사탄과 세상은 우리에게 수많은 거짓 이름들을 속삭입니다. 그리고 가장 큰 비극은, 우리가 이 거짓 이름들을 우리의 진짜 정체성으로 받아들이고 그 이름에 걸맞은 삶을 살아간다는 데 있습니다.

'고아'는 고아처럼 행동하고, '실패자'는 실패자처럼 행동하며, '죄인'은 죄인처럼 행동합니다. 우리의 삶은 이 거짓 정체성이라는 감옥에 갇혀, 본래 하나님께서 의도하셨던 풍성하고 자유로운 삶을 결코 누리지 못합니다.

작업대 위를 다시 한번 돌아보십시오. 당신의 삶을 지배해 온 가장 강력한 거짓 이름은 무엇이었습니까? 누가, 혹은 어떤 경험이 그 이름을 붙여주었습니까? 그 이름을 당신의 진짜 정체성으로 얼마나 오랫동안 믿으며 살아왔습니까?

이 거짓 정체성을 정직하게 인식하고 그 이름을 불러보는 것이 그것으로부터 해방되는 여정의 첫걸음입니다. 왜냐하면 복음은 바로 이 모든 거짓 이름을 떼어내시고 우리에게 진짜 이름을 되찾아주시는 하나님의 위대한 '개명(改名) 선언'이기 때문입니다.

* 3 *

아버지가 불러주신 새 이름

예수님께서 공생애를 시작하시기 위해 요단강에서 세례 요한에게 세례를 받으셨을 때, 하늘로부터 놀라운 음성이 들려왔습니다.

"이는 내 사랑하는 아들이요 내 기뻐하는 자라."(마태복음 3:17)

이것은 성부 하나님께서 성자 예수님의 정체성을 온 세상 앞에 공식적으로 선포하신 순간입니다. 예수님께서는 아직 그 어떤 기적도 행하시거나 위대한 가르침을 주시거나 십자가를 지시기 전이었습니다. 그분의 정체성은 그분의 행위가 아닌 존재에, 즉 아버지와의 관계에 근거하고 있었습니다. 그분은 무언가를 했기 때문에 사랑받는 아들이 아니라 원래부터 사랑하는 아들이셨습니다.

그리고 놀라운 복음의 신비는 우리가 예수 그리스도를 믿고 그와 연합될 때 하나님 아버지께서 예수님에게 하셨던 이 선포를 이제 우리 각자를 향해서도 동일하게 하신다는 것입니다. 예수님 덕분에 우리 역시 하나님의 '사랑하는 자녀'요, '기뻐하는 자'가 되었습니다. 이것이 바로 타락이 훔쳐갔던 우리의 진짜 이름을 되찾고 거기에 더하여 상상할 수 없었던 더 영광스러운 이름을 덧입게 된 새로운 정체성입니다.

이 새로운 정체성은 우리가 노력해서 얻어낸 것이 아닙니다. 이것은 전적으로 그리스도께서 십자가와 부활을 통해, 우리를 위해 성취하신 것을 우리가 믿음으로 받아들일 때 주어지는 선물입니다. 이제 우리는 더 이상 우리의 과거 경험이나 상처, 혹은 우리의 현재 감정이나 행위에 의해 우리의 정체성을 규정할 필요가 없습니다. 우리의 유일하고도 흔들리지 않는 정체성의 근거는 우리를 향한 하나님의 객관적인 선포, 즉 복음의 진리 위에 있습니다.

이 새로운 정체성을 몇 가지 핵심적인 이름으로 더 깊이 탐색해 봅시다.

첫째, 당신의 새 이름은 '하나님의 자녀Child of God'입니다

타락이 우리에게 붙여준 가장 근원적인 거짓 이름이 고아였다면 구속이 우리에게 되찾아준 가장 영광스러운 진짜 이름은 바로 하나님의 자녀입니다. 사도 요한은 이 감격을 이렇게 표현합니다.

"보라 아버지께서 어떠한 사랑을 우리에게 베푸사 하나님의 자녀라 일컬음을 받게 하셨는가, 우리가 그러하도다."(요한일서 3:1)

하나님의 자녀가 되었다는 것은 구체적으로 무엇을 의미할까요?

무조건적인 사랑과 용납 : 우리는 더 이상 사랑과 인정을 얻기 위해 애쓸 필요가 없습니다. 우리는 우리의 있는 모습 그대로, 우리의 모든 연약함과 실패에도 불구하고 아버지의 완전하고 변함없는 사랑 안에 있습니다. 탕자가 아버지의 재산을 탕진하고 돼지우리에서 헤매다가 돌아왔을 때 아버지는 그의 행위를 따져 묻지 않고 맨발로 달려나가 그를 끌어안고 잔치를 베풀었습니다. 이것이 바로 우리를 향한 하나님의 마음입니다.

친밀한 관계와 접근권 : 우리는 더 이상 두려움 때문에 하나님을 피해 숨지 않습니다. 우리는 "아빠, 아버지"라고 부르며, 언제든지 은혜의 보좌 앞에 담대히 나아갈 수 있는 특권을 얻었습니다.(로마서 8:15)

상속자로서의 권리 : 우리는 하나님의 나라를 유업으로 받을 상속자가 되었습니다. 이 땅에서의 삶이 전부가 아니며, 우리를 위해 예비된 영원한 기업이 있음을 확신하며 살아갑니다.(로마서 8:17)

이제 우리는 더 이상 영적인 고아가 아닙니다. 우리에게는 나를 완벽하게 아시고, 모든 필요를 공급하시며, 결코 포기하지 않으실 선하신 아버지가 계십니다. 이 진리 안에서 참된 안정감과 소속감을 누리십시오.

둘째, 당신의 새 이름은 '성도Saint'이며 '용서받은 자Forgiven'입니다

타락은 우리에게 '죄인' 혹은 '더러운 자'라는 수치스러운 이름표를 붙여주었습니다. 우리는 과거의 죄책감과 현재의 연약함 앞에서 끊임없이 정죄당하며 살아갑니다. 하지만 성경은 그리스도 안에 있는 우리를 더 이상 '죄인'이라고 부르지 않고 '성도'라고 부릅니다. 성도는 도덕적으로 완벽한 사람을 의미하는 것이 아니라 '거룩하게 구별된 자', 즉 세상이 아닌 하나님께 속한 자라는 뜻입니다.

우리가 어떻게 감히 성도라고 불릴 수 있을까요? 그것은 십자가에서 일어난 위대한 교환 때문입니다. 우리의 모든 죄와 더러움은 그리스도께로 전가되었고 그리스도의 완전한 의로움과 거룩함이 우리에게로 전가되었습니다. 하나님께서는 이제 우리를 보실 때 우리의 죄악된 모습을 보시는 것이 아니라, 우리를 덮고 있는 그리스도의 완벽한 의의 옷을 보십니다.

이 진리는 우리를 죄책감의 감옥에서 해방시킵니다. 물론 우리는 여전히 죄를 짓고 넘어집니다. 하지만 우리의 신분은 더 이상 죄인이 아닙니다. 우리는 의인으로서 때때로 죄를 짓는 것일 뿐입니다. 이것은 엄청난 차이입니다. 죄가 더 이상 우리의 정체성을 규정하지 못합니다. 우리가 넘어질 때마다 우리는 절망 속에 주저앉아 있는 대신, 우리 죄를 자백하면 모든 불의에서 우리를 깨끗하게 하시는 신실하신 하나님께로 나아가 용서를 구하고 다시 일어설 수 있습니다.(요한일서 1:9)

셋째, 당신의 새 이름은 '그리스도의 대사 Ambassador for Christ'입니다

타락은 우리를 목적 없이 방황하는 '추방자'로 만들었습니다. 하지만 구속은 우리에게 새로운 사명과 목적을 부여했습니다. 우리는 이제 이 땅에서 하나님 나라를 대표하고 세상에 화해의 메시지를 전하는 '그리스도의 대사'로 부름 받았습니다.(고린도후서 5:20)

대사는 자신의 말을 하는 사람이 아니라 자신을 보낸 왕의 메시지를 정확하게 전달하는 사람입니다. 우리는 세상 사람들에게 말과 삶으로 이렇게 선포하도록 보냄 받았습니다. "하나님은 더 이상 당신에게 진노하지 않으십니다. 그분은 그리스도 안에서 당신과 화해하기를 원하십니다. 그러니 하나님께로 돌아오십시오."

이 사명은 우리의 삶에 놀라운 의미와 목적을 부여합니다. 우리의 직업, 우리의 가정, 우리가 만나는 모든 관계는 이제 우리가 하나님의 사랑과 용서를 증거하는 대사관이 됩니다. 우리는 더 이상 나 자신의 성공과 행복만을 위해 살아가지 않습니다. 우리는 더 큰 이야기, 즉 하나님의 구원 이야기에 참여하는 영광스러운 주인공이 되었습니다.

이 외에도 성경은 우리에게 수많은 새로운 이름을 선물합니다. 우리는 '세상의 빛과 소금', '왕 같은 제사장', '거룩한 나라', '하나님의 걸작품', '그리스도의 신부', '성령의 전'입니다. 이 모든 이름들을 묵상하고, 당신의 마음 가장 깊은 곳에 새기십시오. 이것이 바로 사탄과 세상이 당신에게 붙여준 모든 거짓 이름들을 대적하고 승리할 수 있는 유일한 진리의 무기입니다.

✳ 4 ✳

모든 변화는 안에서 시작된다

우리의 정체성이 근본적으로 변화되었다는 이 진리가 어떻게 우리의 구체적인 삶의 행동 변화로 이어질 수 있을까요? 많은 신앙인이 바로 여기에서 어려움을 겪습니다. "내가 하나님의 자녀라는 것을 머리로는 알겠는데 내 삶은 왜 변하지 않는 걸까?" 이 질문에 대한 대답은 우리가 여전히 '밖에서 안으로Outside-In'의 방식으로 살아가려 하기 때문입니다.

두 가지 삶의 방식 : 율법과 복음

세상의 모든 종교와 자기 계발론은 기본적으로 밖에서 안으로의 원리를 따릅니다. 이것은 **'행위 → 정체성'**의 공식입니다. "만약 특정한 행동들(선행, 계율 준수, 명상, 긍정적 사고 등)을 충분히 열심히 한다면 마침내 가치 있는 존재(깨달은 자, 좋은 사람, 성공한 사람)가 될 것이다."

이것은 우리의 행위를 통해 우리의 정체성을 획득하고 증명하려는 시도입니다. 율법주의적인 기독교 역시 이와 동일한 구조를 가집니다. "충분히 기도하고, 성경을 읽고, 봉사하고, 죄를 짓지 않는다면, 하나님께서 나를 인정하실 것이고, 좋은 그리스도인이 될 거다."

이 밖에서 안으로의 삶의 방식은 필연적으로 두 가지 결과 중 하나로 귀결됩니다.

하나는 교만입니다. 만약 내가 다른 사람들보다 계율을 잘 지키고 있다고 생각한다면, 나는 스스로를 의롭다고 여기며 다른 사람들을 정죄하게 될 것입니다. 이것이 바로 바리새인들의 모습이었습니다.

다른 하나는 절망입니다. 만약 내가 계속해서 실패하고 넘어지는 자신의 모습을 본다면, 나는 결코 하나님의 기준에 도달할 수 없을 것이라는 깊은 죄책감과 무력감에 빠지게 될 것입니다. 이것이 바로 율법 아래서 탄식하던 수많은 사람들의 모습입니다.

하지만 복음은 이 모든 것을 뒤집는, 혁명적인 안에서 밖으로Inside-Out의 원리를 제시합니다.

이것은 **'정체성 → 행위'**의 공식입니다. "너는 이미 그리스도 안에서 하나님의 사랑받는 자녀요, 완전한 의인이라는 새로운 정체성을 선물로 받았다. 그러므로 이제 그 새로운 정체성에 합당한 삶을 감사와 기쁨으로 살아내라."

이것은 근본적인 차원에서의 패러다임 전환입니다. 우리의 행동은 더 이상 우리의 정체성을 얻기 위한 수단이 아닙니다. 우리의 행동은 이미 주어진 정체성에서 자연스럽게 흘러나오는 열매입니다. 선을 행함으로써 하나님의 자녀가 되는 것이 아니라 이미 하나님의 자녀가 되었기 때문에 선을 행하기를 기뻐하는 것입니다. 율법을 지킴으로써 구원받는 것이 아니라 이미 구원받았기 때문에 감사함으로 율법을 지키는 것입니다.

이 차이를 한 비유로 설명해 보겠습니다. 한 고아 소년이 부유하고 자비로운 왕에게 입양되어 왕자가 되었다고 상상해 보세요.

'밖에서 안으로'의 방식으로 생각하는 왕자는, 자신이 왕자답게 행동해야만 (예절을 배우고, 공부를 열심히 하고, 왕의 명령에 순종해야만) 왕의 사랑을 유지하고 쫓겨나지 않을 것이라고 생각합니다. 그의 모든 행동은 인정받고 버림받지 않으려는 두려움에서 비롯됩니다.

반면, '안에서 밖으로'의 방식으로 생각하는 왕자는 자신의 행위와 상관없이 자신이 이미 왕의 아들이라는 흔들리지 않는 신분을 가지고 있음을 믿습니다. 그는 자신을 입양해 준 왕의 은혜에 너무나 감사하고 그를 사랑하기 때문에 자발적으로 왕자다운 품격을 갖추고 아버지를 기쁘게 하는 삶을 살고 싶어 합니다. 그의 모든 행동은 이미 받은 사랑에 대한 감사와 기쁨에서 비롯됩니다.

지금 어떤 왕자로 살아가고 있습니까? 우리의 신앙생활은 두려움에 대한 율법 준수인가요? 아니면 은혜에 대한 감사에서 우러나오는 사랑의 응답인가요?

새로운 시나리오의 실제적 적용

이 '안에서 밖으로'의 원리가 우리의 일상적인 영적 전투에서 어떻게 실제로 작동하는지 구체적인 예를 통해 살펴봅시다.

유혹과 마주할 때

옛 시나리오(죄의 노예) : "이 유혹은 너무 강력해. 나는 어차피 또 넘어질 거야. 나는 구제 불능이야."

이 생각은 우리를 무력감에 빠뜨리고 죄에 굴복하게 만듭니다.

새 시나리오(그리스도 안에서 자유인) : "나는 더 이상 이 죄의 노예가 아니다. 그리스도께서 십자가에서 이 죄의 권세를 깨뜨리셨다. 나는 내 안에 계신 성령의 능력으로 이 유혹을 거부하고 의를 선택할 수 있는 자유를 가졌다."

이 진리를 선포할 때, 우리는 죄를 이길 수 있는 실제적인 힘을 공급받게 됩니다.

실패와 실수 앞에서

옛 시나리오(정죄받은 자) : "거봐, 너는 역시 안돼. 너는 모두를 실망시켰어. 너는 하나님의 자녀가 될 자격이 없어."

이 수치심과 죄책감은 우리를 절망의 구덩이에 가둡니다.

새 시나리오(용서받은 자녀) : "나의 가치와 신분은 나의 성공이나 실패에 달려 있지 않다. 나는 여전히 하나님의 사랑받는 자녀다. 이 실패는 나를 정죄하는 것이 아니라, 나에게 얼마나 은혜가 필요한지를 다시 한번 가르쳐 주는 기회이다. 나는 아버지께 나아가 용서를 구하고 다시 일어설 수 있다."

이 은혜의 관점은 우리를 실패의 두려움에서 해방시키고 다시 도전할 용기를 줍니다.

다른 사람과의 갈등 속에서

옛 시나리오(고아, 피해자) : "저 사람이 나를 무시했어. 나는 상처받았어. 나를 방어해야 해. 혹은 저 사람의 인정을 얻기 위해 비굴해져야 해."

이 생각은 우리를 분노나 두려움에 사로잡히게 하고 관계를 파괴합니다.

새 시나리오(사랑받는 자, 화해의 사도) : "나의 안정감과 가치는 저 사람의 인정에 달려있지 않다. 나는 이미 하나님 안에서 충분히 사랑받고 있다. 그러므로 나는 자유롭게 저 사람을 용서하고, 먼저 다가가 화해를 청할 수 있다. 나는 이 갈등 속에서 그리스도의 평화를 이루는 도구로 사용될 수 있다."

이 정체성은 우리를 관계의 노예가 아닌, 관계를 치유하는 주도적인 존재로 세워줍니다.

이처럼 우리의 새로운 정체성은 단지 교리적인 지식이 아니라 매일의 삶 속에서 우리가 마주하는 모든 도전과 씨름할 수 있는 가장 강력하고 실제적인 영적 무기입니다.

✳ 5 ✳

새 이름을 입는 연습

우리의 새로운 정체성을 머리로 아는 것과 그 정체성으로 실제로 살아가는 것 사이에는 간극이 있습니다. 왜냐하면 우리의 옛 시나리오와 거짓 이름들은 너무나 오랫동안 우리의 생각과 감정의 회로에 깊이 새겨져 있어 마치 자동 조종 장치처럼 작동하기 때문입니다. 우리가 클리셰를 경험하는 이유죠. 우리는 조금만 긴장을 늦추면 어느새 옛날의 방식으로 생각하고 반응하는 자신을 발견하게 됩니다.

따라서 새로운 정체성으로 살아가는 것은 단 한 번의 결단으로 끝나는 것이 아니라 평생에 걸쳐 계속되어야 하는 의도적이고 반복적인 '훈련'을 필요로 합니다. 마치 훌륭한 배우가 새로운 역할을 맡았을 때 그 역할에 완전히 몰입하기 위해 수없이 대본을 읽고 연습하는 것처럼, 우리도 하나님께서 우리에게 주신 이 새로운 역할을 우리 자신의 것으로 만들기 위한 기억의 훈련이 필요합니다. 우리는 우리의 진짜 이름이 두엇인지를 끊임없이 스스로에게 상기시키고 그 이름에 따라 살아가는 것을 연습해야 합니다.

이 기억의 훈련을 위한 몇 가지 실제적인 영성 훈련들을 소개합니다. 이 훈련들은 앞으로 이어질 장들에서 더 깊이 다루게 될 것이지만 여기서는 그 기본적인 원리를 먼저 살펴보겠습니다.

자신에게 복음 선포하기(Preaching the Gospel to Yourself)

이것은 가장 기본적이면서도 가장 강력한 훈련입니다. 옛 시나리오의 거짓된 속삭임이 들려올 때마다, 그것을 복음의 진리를 가지고 의식적으로 대적하고 반박하는 것입니다.

아침에 눈을 뜰 때, 불안감이 밀려온다면, "두려워하지 말라 내가 너와 함께 함이라"(이사야 41:10)는 약속의 말씀을 선포하며 하루를 시작하십시오.

직장에서 실패하여 수치심이 들 때, 화장실에 가서라도 조용히 "그리스도 예수 안에 있는 자에게는 결코 정죄함이 없나니"(로마서 8:1)라는 진리를 당신의 영혼에게 들려주십시오.

다른 사람을 향한 미움이 솟아오를 때, "내가 너희를 사랑한 것 같이 너희도 서로 사랑하라"(요한복음 13:34)는 명령과 함께, 당신이 얼마나 큰 사랑으로 용서받았는지를 기억하십시오.

이것은 긍정적인 자기 암시와는 다릅니다. 이것은 우리의 감정이나 상황에 근거하는 것이 아니라, 변하지 않는 하나님의 말씀이라는 객관적인 진실에 우리의 생각을 다시 정렬시키는 작업입니다.

성례에 참여하기(Participating in the Sacraments)

예수님께서는 우리에게 두 가지 중요한 시청각 교육 자료, 즉 성례(세례와 성찬)를 남겨주셨습니다. 성례는 우리의 새로운 정체성을 눈으로 보고, 맛보고, 만지며 기억하게 하는 은혜의 통로입니다.

세례 : 세례는 우리가 공식적으로 옛사람에 대해 죽고 그리스도와 함께 새 사람으로 태어났음을 온 공동체 앞에서 선포하는 '장례식'이자 '출생신고'입니다. 당신이 세례 받았던 순간을 자주 기억하십시오. 그것은 당신이 하나님의 가족으로 입양되었음을 공적으로 인증하는 입양 증서와도 같습니다.

성찬 : 성찬은 우리가 매주 혹은 매달 반복적으로 참여하는 가족 식사입니다. 떡을 떼고 잔을 마실 때마다, 우리는 우리의 생명이 우리 자신의 것이 아니라, 우리를 위해 찢기시고 피 흘리신 예수 그리스도의 희생에 빚지고 있음을 기억합니다. 그리고 한 식탁에 둘러앉은 형제자매들과 함께 떡과 잔을 나눔으로써, 우리가 더 이상 외로운 고아가 아니라 한 몸을 이룬 거룩한 공동체의 일원임을 확인합니다.

공동체 안에서 함께 살아가기(Living in Community)

우리는 결코 혼자서 새로운 정체성을 살아낼 수 없습니다. 우리의 옛 시나리오는 종종 고립 속에서 더욱 강력하게 우리를 지배합니다. 하나님께서는 우리를 '교회'라는 새로운 가족 공동체로 부르셨습니다. 교회는 우리가 새로운 이름을 함께 연습하고 서로를 격려하는 영적인 체육관과도 같습니다.

서로의 이름을 불러주기 : 우리는 공동체 안에서 서로를 세상의 이름(직함, 성공 여부 등)으로 부르는 대신, "형제님", "자매님", 즉 하나님의 자녀라는 새로운 이름으로 불러줍니다. 우리는 서로의 삶 속에서 하나님의 형상이 어떻게 드러나는지를 발견하고 칭찬하며, 서로의 새로운 정체성을 확증해 주는 거울이 되어야 합니다.

함께 짐을 지기 : 누군가가 옛 시나리오의 무게에 짓눌려 힘들어할 때, 우리는 그의 곁에서 함께 울어주고 기도하며, 그가 다시 복음의 진리 위에 서도록 도와줍니다.(갈라디아서 6:2) 우리는 서로의 연약함을 정죄하는 대신, 서로의 상처를 싸매어 주는 치유의 공동체가 되어야 합니다.

이러한 기억의 훈련들을 통해 우리의 새로운 정체성은 더 이상 머릿속에만 머무는 추상적인 교리가 아니라, 우리의 심장으로 내려와 우리의 삶을 이끌어가는 살아 있는 실재가 되어갈 것입니다.

✴ **6** ✴

진짜 주인공이 등장하다

이야기의 힘은 그것이 우리에게 누구의 눈으로 세상을 볼 것인지를 결정해 준다는 데 있습니다. 우리가 어떤 이야기의 주인공이 되느냐에 따라, 우리 삶의 모든 사건은 전혀 다른 의미를 갖게 됩니다.

1부의 여정을 통해 우리는 깨달았습니다. 너무나 오랫동안 우리 이야기의 주인공은 '상처받은 고아', '실패한 죄인', '두려움에 떠는 노예'였다는 것을 말이죠. 이 주인공의 눈으로 바라본 세상은 위험한 곳이었고 미래는 불안했으며 자기 자신은 수치스러운 존재였습니다. 그래서 우리의 이야기는 슬픔과 절망, 혹은 분노와 냉소로 가득한 비극이 될 수밖에 없었습니다.

하지만 이제 하나님의 위대한 구속 드라마는 우리에게 새로운 주인공을 소개합니다. 이 주인공의 이름은 '하나님의 사랑받는 자녀', '그리스도 안에서 용서받은 의인', '성령의 능력으로 살아가는 자유인', 그리고 '하늘나라의 소망을 품은 순례자'입니다.

이 새로운 주인공의 눈으로 작업대 위를 다시 한번 바라보십시오.

과거의 상처와 실패는 더 이상 우리를 정의하는 수치스러운 낙인이 아닙니다. 그것은 오히려 우리를 빚어 가시는 하나님의 신실하심과 우리를 구원하신 십자가의 은혜가 얼마나 큰지를 보여주는 영광스러운 트로피가 됩니다.

현재의 고난과 영적 전투는 더 이상 우리가 버림받았다는 증거가 아닙니다. 이미 승리한 전쟁의 한복판에서 우리의 믿음을 단련하고 그리스도의 군사로 성장해 가는 훈련의 과정입니다.

불확실한 미래는 더 이상 불안과 두려움의 대상이 아닙니다. 그것은 선하신 아버지께서 가장 좋은 것을 예비하고 계시며 마침내 모든 눈물을 닦아주실 영광스러운 완성의 날을 향해 나아가는 희망의 여정입니다.

모든 것이 그대로이지만, 모든 것이 달라졌습니다. 원재료는 똑같지만, 그 재료들을 꿰는 이야기의 실이, 즉 서사의 주인공이 바뀌었기 때문입니다.

이것이 바로 3부 '주인공으로 살아가기'의 핵심입니다. 앞으로 이어질 장들에서 우리는 이 새로운 주인공으로서 구체적인 삶의 영역들 속에서 어떻게 생각하고 말하고 행동해야 하는지를 탐험하게 될 것입니다. 우리의 감정, 우리의 관계, 우리의 일, 우리의 고난이 그 영역들입니다. 하지만 그 모든 구체적인 실천의 뿌리에는 오늘 우리가 확인한 이 근본적인 정체성의 전환이 놓여 있습니다.

우리의 이야기는 다시 써졌습니다. 작가이신 하나님께서 친히 개입하셔서 비극의 플롯을 희극으로 바꾸어 놓으셨습니다. 이제 우리가 해야 할 일은 이 새로운 시나리오를 믿음으로 받아들이고 우리에게 주어진 새로운 주인공의 역할을 기쁨과 감사함으로 살아내는 것입니다. 무대는 이미 준비되었고 관객들은 숨을 죽이고 있으며 위대한 감독이신 성령께서 큐 사인을 주십니다. 이제, 당신의 새로운 이름으로 살아가십시오.

━━ 성찰과 나눔을 위한 질문 ━━

거짓 이름의 정체 : 당신의 삶에 가장 강력한 영향을 미쳐온 '거짓 이름'(고아, 실패자 등)은 무엇이었으며, 그것이 당신의 생각과 행동에 어떤 영향을 미쳤습니까?

새 이름의 감격 : 하나님께서 주신 새로운 이름들(자녀, 성도, 대사 등) 중, 지금 당신에게 가장 큰 위로와 감격으로 다가오는 이름은 무엇이며 그 이유는 무엇입니까?

삶의 방식 점검 : 당신은 주로 행위를 통해 정체성을 얻으려는 '밖에서 안으로' 방식이었나요, 정체성에서 행위가 나오는 '안에서 밖으로' 방식이었나요? 경험을 나누어 봅시다.

기억의 훈련 : 이번 주, 옛 시나리오가 작동하려 할 때 멈춰 서서 새로운 정체성을 '기억'하고 '선포'하기 위해 어떤 구체적인 훈련(자신에게 복음 선포하기 등)을 시도해 보시겠습니까?

9장

마음의 날씨를
읽는 시간

✳ 1 ✳

마음이라는 예측 불가한 날씨

우리의 내면세계, 특히 우리의 감정은 마치 예측 불가능한 날씨와도 같습니다. 어제는 복음의 진리 안에서 평안과 기쁨의 햇살이 가득했지만, 오늘 아침에는 다른 사람의 사소한 말 한마디에 분노와 불안의 폭풍우가 몰아칩니다. 우리는 하나님의 자녀라는 확신 속에서 잠이 들었지만, 한밤중에는 실패에 대한 두려움과 수치심이라는 짙은 안개 속에서 길을 잃고 헤맵니다.

이처럼 통제되지 않는 감정의 소용돌이는 우리를 깊은 혼란에 빠뜨립니다. "내 믿음은 진짜일까? 내가 정말 변한 것이 맞을까? 왜 여전히 이렇게 쉽게 흔들리는 걸까?" 특히 경건한 신앙인일수록 내면에서 일어나는 분노, 질투, 슬픔, 두려움과 같은 부정적인 감정들을 신앙이 부족한 증거로 여기며 죄책감에 시달리기 쉽습니다.

그래서 많은 그리스도인이 자신의 감정을 다루는 데 있어 두 가지 극단적인 태도 중 하나를 취하게 됩니다.

첫 번째는 영적 금욕주의 Spiritual Stoicism 입니다

이들은 감정을 신뢰할 수 없고 육적인 것으로 치부하며 이성과 의지력으로 감정을 억누르고 통제해야 한다고 믿습니다. 그들은 감정을 느끼는 것 자체를 죄라고 생각하며 항상 평온하고 흔들리지 않는 경건한 무표정을 유지하려고 애씁니다. 하지만 억눌린 감정은 결코 사라지지 않습니다. 그것은 무의식 깊은 곳에 쌓여 있다가 언젠가 예기치 못한 방식으로 터져 나와 자신과 다른 사람에게 더 큰 상처를 주게 됩니다.

두 번째 극단은 감정적 탐닉주의 Emotional Indulgence 입니다

이들은 '내 느낌이 바로 진실'이라고 믿으며 자신의 감정을 아무런 여과 없이 따라가고 표현하는 것이 솔직하고 건강한 것이라고 생각합니다. 그들은 자신의 감정을 하나님의 말씀이나 공동체의 지혜보다 더 높은 권위에 둡니다. 하지만 감정이라는 변덕스러운 파도 위에 삶의 배를 맡길 때 그 배는 결국 방향을 잃고 표류하다가 관계의 암초에 부딪히거나 자기 연민이라는 깊은 바다에 침몰하게 될 것입니다.

그렇다면 우리는 이 예측 불가능한 내면의 날씨 안에서 어떻게 항해해야 할까요? 복음은 이 두 가지 극단을 모두 넘어선 제3의 길을 제시합니다. 그것은 감정을 억누르거나 맹목적으로 따르는 대신 그것을 하나님의 새로운 이야기 안에서 이해하고, 분별하며, 다스리는 지혜를 배우는 것입니다.

이 장에서 우리는 우리의 감정이 원래 하나님께서 설계하신 선한 목적이 무엇이었는지 그리고 타락으로 인해 그것이 어떻게 고장 나게 되었는지를 살펴볼 것입니다. 그리고 더 나아가 구속의 복음이 어떻게 우리의 이 고장 난 내면의 나침반을 재조정하여, 우리의 감정이 더 이상 우리를 지배하는 주인이 아니라 우리를 진리이신 하나님께로 인도하는 충실한 안내자가 되게 하는지를 탐험할 것입니다. 우리의 새로운 정체성은 감정의 바다에 혁명적인 변화를 가져올 수 있습니다. 이제, 우리의 마음속에서 벌어지는 폭풍우를 잠재울 유일한 해답이신 예수 그리스도와 함께 나면 세계의 깊은 바다로 항해를 떠나봅시다.

2

감정이라는 선물

우리의 감정에 대한 왜곡된 이해를 바로잡기 위해 우리는 다시 한번 드라마의 첫 번째 에피소드, '창조'의 무대로 돌아가야 합니다. 하나님께서 모든 것을 "보시기에 심히 좋았다"고 하셨을 때 그 창조 세계 안에는 감정도 포함되어 있었습니다. 감정은 타락의 결과로 생긴 저주가 아니라 하나님의 형상으로 지음 받은 인간에게 주어진 아름답고 선한 선물이었습니다.

우리가 이것을 확신할 수 있는 이유는 성경이 하나님 자신을 감정이 없는 초월적인 존재가 아니라 깊고 풍성한 감정을 가지신 인격적인 분으로 묘사하기 때문입니다.

하나님은 자신이 창조하신 세상을 보며 '기뻐하셨습니다'.(창세기 1장)

하나님은 이스라엘 백성의 불순종에 '분노하셨고'(신명기 9:8), 그들의 고통에 '마음 아파하셨습니다'.(사사기 10:16)

하나님은 잃어버린 자녀가 돌아오기를 기다리는 아버지처럼 '긍휼히 여기시는' 분입니다.(누가복음 15장)

예수님께서는 나사로의 무덤 앞에서 눈물을 흘리시며 '슬퍼하셨고'(요한복음 11:35), 성전에서 장사하는 자들을 보며 '의로운 분노'를 터뜨리셨으며(마가복음 11장), 제자들의 믿음을 보며 '기뻐하셨습니다'.(누가복음 10:21)

인간이 하나님의 형상이라는 것은 바로 우리 역시 하나님처럼 기뻐하고, 슬퍼하며, 분노하고, 사랑할 수 있는 감정적 존재로 지음 받았다는 것을 의미합니다. 그렇다면 하나님께서 우리에게 감정을 주신 원래의 목적은 무엇이었을까요? 그것은 자동차의 계기판에 있는 여러 표시등과 같습니다. 계기판의 불빛은 자동차의 상태에 대한 중요한 정보를 우리에게 알려주는 신호입니다. 마찬가지로, 우리의 감정은 우리 내면세계의 상태에 대한 중요한 정보를 알려주는 신호 체계입니다.

첫째, 감정은 우리가 '무엇을 가치 있게 여기는지'를 보여주는 신호입니다

우리는 가치 있다고 생각하는 것에 대해 감정적으로 반응합니다. 당신이 아끼는 컵이 깨졌을 때 속상함을 느낍니다. 하지만 길가에 버려진 일회용 컵이 깨지는 것을 보고는 아무런 감정을 느끼지 않습니다. 이 감정의 차이는 당신이 무엇에 가치를 부여하는지를 보여줍니다.

원래 하나님께서 설계하신 감정 시스템 안에서 우리의 가장 큰 기쁨은 하나님 자신과 그분의 영광을 가치 있게 여길 때 느껴지도록 되어 있었습니다. 그리고 우리의 가장 큰 슬픔과 분노는 하나님의 이름이 모독당하거나 그분의 선한 창조 세계가 죄로 인해 파괴되는 것을 볼 때 느껴지도록 설계되었습니다. 즉, 우리의 감정은 우리의 마음이 하나님께로 올바르게 정렬되어 있는지를 보여주는 나침반과도 같았습니다.

둘째, 감정은 우리가 '세상 및 다른 사람들과 연결되도록' 돕는 통로입니다

감정은 우리를 고립된 존재가 아니라 다른 존재와 깊이 관계 맺는 존재로 만들어줍니다.

기쁨은 우리가 다른 사람들과 함께 축하하고 연합하게 만듭니다.

슬픔은 우리가 다른 사람의 고통에 공감하고 위로하게 하며 우리 자신의 연약함을 인정하고 도움을 구하게 합니다.

분노는 불의를 마주했을 때 그것을 바로잡으려는 정의로운 열정을 불러일으킵니다.

두려움은 실제적인 위험 앞에서 우리 자신을 보호하도록 경고하는 신호입니다.

사랑은 우리로 하여금 자기중심성을 벗어나 다른 사람을 위해 헌신하고 섬기게 하는 가장 위대한 동력입니다.

이처럼 감정은 그 자체로 선하거나 악한 것이 아닙니다. 그것은 하나님께서 우리를 풍성하고 의미 있는 삶으로 이끌기 위해 주신 소중한 에너지원이자 정보 시스템입니다. 문제는 타락으로 인해 이 아름다운 계기판이 완전히 고장 나 버렸다는 데 있습니다.

✳ **3** ✳

멈춰버린 내면의 바늘

에덴동산에서 아담과 하와가 뱀의 거짓말을 믿고 선악과를 따 먹었을 때 그들의 내면세계에는 치명적인 바이러스가 침투했습니다. 그들의 감정 시스템은 근본적으로 왜곡되고 오염되었습니다. 계기판의 모든 불빛이 오작동하기 시작했습니다. 타락은 우리의 감정에 구체적으로 어떤 일을 했을까요?

첫째, 우리의 '가치 체계'가 전복되었습니다

타락의 본질은 하나님을 우리 삶의 중심에서 끌어내리고 그 자리에 우리 자신(혹은 다른 피조물)을 올려놓은 것입니다. 이것을 우상숭배라고 부릅니다. 우리의 마음은 더 이상 하나님을 가장 가치 있는 분으로 여기지 않게 되었습니다. 대신에 우리는 성공, 인정, 안정감, 쾌락, 통제력과 같은 것들을 우리의 행복과 안정감의 근원으로 삼고 그것들을 숭배하기 시작했습니다.

이 가치 체계의 전복은 우리의 감정 시스템에 심각한 혼란을 가져왔습니다. 이제 우리의 감정은 더 이상 하나님의 영광에 반응하지 않고 우리의 '우상'이 위협받을 때 격렬하게 반응하기 시작했습니다.

분노 : 우리는 이제 하나님의 이름이 모독당할 때가 아니라 나의 자존심(우상)이 상처 입었을 때, 나의 계획(우상)이 틀어졌을 때, 나의 권리(우상)가 침해당했을 때 폭발적으로 분노합니다.

두려움 : 우리는 이제 하나님을 경외하는 거룩한 두려움이 아니라 나의 안정감(우상)을 잃을까 봐, 다른 사람에게 거절당할까 봐(우상), 실패하여 내 무능함이 드러날까 봐(우상) 전전긍긍하며 살아갑니다.

기쁨 : 우리는 이제 하나님과의 교제에서 오는 깊은 기쁨이 아니라 내가 원하는 것을 성취했을 때(우상), 다른 사람보다 우월함을 느꼈을 때(우상), 혹은 일시적인 쾌락(우상) 속에서 헛된 기쁨을 찾으려 헤맵니다.

슬픔 : 우리는 이제 죄에 대해 애통하는 거룩한 슬픔이 아니라 내가 원하던 것을 얻지 못했을 때 느끼는 자기 연민적인 슬픔, 혹은 내가 가진 것을 잃었을 때 느끼는 절망적인 슬픔에 빠집니다.

이처럼 타락 이후 우리의 감정은 우리 마음속 가장 깊은 곳에 어떤 우상이 숨겨져 있는지를 폭로하는 정직한 신호등이 되었습니다.

둘째, 우리의 감정은 '왜곡되고 과장'되었습니다

고장 난 계기판은 잘못된 신호를 보낼 뿐만 아니라 그 신호의 강도조차 제멋대로입니다. 타락한 우리의 감정도 마찬가지입니다.

왜곡된 감정 : 원래 위험을 경고하기 위해 주어진 '두려움'은, 이제 아무런 실체가 없는

것에 대해서도 지레 겁을 먹는 '불안 장애'로 변질됩니다. 불의에 맞서기 위해 주어진 '분노'는, 다른 사람을 파괴하고 통제하려는 '폭력'과 '쓴 뿌리'로 왜곡됩니다.

과장된 감정 : 우리는 사소한 모욕에는 견딜 수 없는 수치심을 느끼며 며칠 밤낮을 괴로워하지만 정작 우리 자신의 죄나 세상의 거대한 불의 앞에서는 무감각하고 둔감합니다. 우리는 작은 불편함에는 쉽게 짜증을 내지만 다른 사람의 큰 고통에는 무관심합니다. 우리의 감정적 반응은 그 대상의 실제 중요성과는 상관없이 오직 자기중심적인 관점에서 과장되거나 축소됩니다.

셋째, 우리의 감정은 '거짓 시나리오'와 결탁했습니다

우리가 1부에서 발견했던 숨겨진 클리셰들은 우리의 고장 난 감정 시스템을 위한 사용 설명서 역할을 합니다. 감정은 홀로 작동하지 않습니다. 감정은 항상 우리가 세상을 해석하는 이야기와 함께 작동합니다.

예를 들어, 직장 상사로부터 가벼운 질책을 받았을 때 '나는 사랑받는 자녀'라는 이야기 속에 사는 사람은 약간의 속상함을 느끼겠지만 곧 자신의 실수를 인정하고 개선하려 노력할 것입니다. 하지만 '나는 뭘 해도 안 되는 실패자'라는 거짓 시나리오 속에 사는 사람은 똑같은 질책을 자신의 무가치함의 최종 판결로 해석하고 깊은 수치심과 절망감에 빠져 며칠 동안 헤어 나오지 못할 수 있습니다.

이처럼 우리의 거짓 시나리오는 우리의 감정을 증폭시키고, 그 감정은 다시 그 거짓 시나리오가 진실이라고 믿게 만드는 악순환의 고리를 만듭니다. 우리는 이 악순환 속에서 감정이 이끄는 대로 현실을 왜곡하여 해석하고 그 왜곡된 해석에 따라 파괴적인 행동을 반복하게 됩니다.

다윗의 삶은 이 고장 난 감정 시스템의 비극을 생생하게 보여줍니다. 왕궁 옥상에서 밧세바를 보았을 때 그의 마음에 일어난 욕망이라는 감정은 그 자체로 죄는 아니었습니다. 하지만 그는 그 감정의 신호를 분별하고 다스리는 대신 "나는 왕이니 내가 원하는 것은 무엇이든 가질 수 있다."는 교만한 시나리오에 따라 그 감정을 탐닉했습니다. 그 결과 그는 간음, 거짓말, 그리고 살인이라는 끔찍한 죄의 나락으로 떨어졌습니다.

반면, 그가 나단 선지자의 책망을 들었을 때 그는 자신의 죄악된 실체를 직면하며 깊은 슬픔과 수치심을 느꼈습니다. 그리고 그는 그 고통스러운 감정을 가지고 하나님 앞에 나아가 철저히 회개함으로써 파괴가 아닌 회복의 길로 나아갈 수 있었습니다.

이것은 우리에게 중요한 통찰을 줍니다. 우리의 감정은 우리를 죄로 이끄는 통로가 될 수도 있지만 동시에 우리를 회개와 은혜의 자리로 이끄는 통로가 될 수도 있다는 것입니다. 중요한 것은 우리가 그 감정의 신호를 어떻게 해석하고, 어떤 이야기 속에서 그 감정에 반응하느냐에 달려 있습니다.

✳ **4** ✳

복음, 내 안의 하늘을 밝히다

고장 난 계기판을 보며 운전하는 것은 매우 위험합니다. 지금 차가 과열되는지 기름이 떨어져 가는지 혹은 브레이크에 문제가 생겼는지를 알 수 없습니다. 타락으로 인해 고장 난 감정 시스템을 가진 우리도 마찬가지입니다. 우리는 우리 영혼의 상태를 제대로 파악하지 못한 채 위험한 길을 위태롭게 달리는 것과 같습니다.

그렇다면 이 고장 난 계기판을 어떻게 수리할 수 있을까요? 복음, 즉 예수 그리스도의 십자가와 부활의 이야기는 바로 이 내면의 계기판을 재조정하고 수리하는 하나님의 유일한 방법입니다. 복음은 우리의 감정을 없애는 것이 아니라 그것을 구속하여 원래의 선한 목적대로 다시 작동하게 합니다.

십자가 : 감정의 기준점을 바로 세우다

십자가는 우리의 왜곡된 가치 체계를 바로잡는 절대적인 기준점이 됩니다. 십자가는 우리에게 무엇이 정말로 중요한지를, 무엇을 기뻐하고 무엇을 슬퍼해야 하는지를 다시 가르쳐줍니다.

십자가는 우리에게 죄가 얼마나 끔찍한 것인지를 보여줍니다. 하나님의 아들이 친히 죽으셔야만 해결될 수 있을 만큼 죄는 결코 가벼운 것이 아닙니다. 이 진실 앞에서 우리는 더 이상 죄를 대수롭지 않게 여기거나 즐기지 않고, 죄에 대해 애통하는 거룩한 슬픔을 배우게 됩니다.

십자가는 우리에게 하나님의 사랑이 얼마나 위대한지를 보여줍니다. 우리가 아직 죄인 되었을 때에 우리를 위해 죽으신 그 사랑 앞에서 우리는 우리의 가치가 성취나 소유가 아닌 우리를 위해 치르신 그 엄청난 대가에 있음을 깨닫게 됩니다. 이 진리는 우리의 모든 불안과 수치심을 잠재우고, 우리를 깊은 감사와 기쁨으로 이끕니다.

십자가를 깊이 묵상할수록 우리의 감정은 서서히 재조정되기 시작합니다. 우리는 더 이상 나의 자존심이 상한 것에 분노하는 대신 십자가를 무시하는 세상의 교만에 대해 의로운 분노를 느끼게 됩니다. 우리는 더 이상 세상의 인정을 받지 못하는 것에 슬퍼하는 대신 아직 복음을 알지 못하는 영혼들을 향한 긍휼의 슬픔을 느끼게 됩니다. 우리의 감정은 자기중심적인 우상숭배에서 벗어나 하나님 중심적인 예배의 자리로 돌아오게 됩니다.

새로운 정체성 : 감정의 해석 틀을 바꾸다

우리가 8장에서 탐험했던 새로운 정체성은, 우리의 감정을 해석하고 반응하는 방식을 근본적으로 바꾸어 놓는 새로운 시나리오가 됩니다. 우리의 감정은 더 이상 옛 시나리오의 지배 아래 있지 않습니다. 우리는 이제 새로운 이야기의 주인공으로서 우리의 감정을 다스릴 수 있는 힘과 지혜를 얻었습니다.

구체적으로 몇 가지 어려운 감정들이 이 새로운 시나리오 안에서 어떻게 재해석될 수 있는지 살펴봅시다.

두려움과 불안 :

옛 시나리오(고아) : "세상은 위험하고 나는 혼자야. 지켜줄 사람은 아무도 없어. 최악의 상황이 닥칠 거야."

이 시나리오는 두려움을 패닉과 절망으로 증폭시킵니다.

새 시나리오(사랑받는 자녀) : "두려움을 느낀다. 하지만 혼자가 아니다. 나를 결코 떠나지 않으시는 선하신 아버지가 계신다. 그분은 모든 것을 주관하시며, 이 상황을 통해서도 합력하여 선을 이루실 것이다. 그러므로 이 두려움을 가지고 아빠 아버지께 나아가 염려를 맡겨드릴 수 있다."(베드로전서 5:7)

이 시나리오는 두려움을 기도의 자리로, 절망을 신뢰의 자리로 이끕니다.

분노와 억울함 :

옛 시나리오(피해자, 심판관) : "저 사람이 나에게 끔찍한 잘못을 저질렀어. 그는 벌을 받아야 마땅해. 나는 복수할 권리가 있어."

이 시나리오는 분노를 쓴 뿌리와 파괴적인 행동으로 이끕니다.

새 시나리오(용서받은 자, 화해의 사도) : "나는 깊은 상처를 받았고, 분노는 정당하다. 하지만 기억한다. 나 역시 하나님께 훨씬 더 큰 죄를 지었으나, 그리스도의 십자가를 통해 값없이 용서받았다는 사실을. 최종적인 심판은 나의 몫이 아니라 공의로운 하나님께 속해 있다. 그러므로 억울함을 하나님께 맡겨드리고, 그분의 힘을 의지하여 저

사람을 용서하기로 선택할 수 있다."(로마서 12:19)

이 시나리오는 분노의 에너지를 파괴가 아닌, 용서와 화해를 위한 동력으로 전환시킵니다.

수치심과 죄책감 :

옛 시나리오(정죄받은 죄인) : "끔찍한 실수를 저질렀어. 나는 더럽고 가치 없는 존재야. 결코 용서받을 수 없을 거야. 숨어야 해."

이 시나리오는 우리를 자기혐오와 고립의 감옥에 가둡니다.

새 시나리오(용서받은 성도) : "죄를 지었고, 죄책감은 내가 하나님의 거룩한 기준에 미치지 못했음을 알려주는 정직한 신호다. 하지만 나의 죄를 그리스도의 십자가 앞에 가져간다. 그분의 피가 모든 죄를 덮으시고 깨끗하게 하셨음을 믿는다. 나는 더 이상 정죄 아래 있지 않다. 이 실패를 통해 연약함을 인정하고, 다시는 같은 죄를 반복하지 않도록 은혜를 구하는 자리로 나아갈 수 있다."(요한일서 1:9)

이 시나리오는 수치심을 회개와 회복의 기회로 바꾸어 놓습니다.

슬픔과 상실감 :

옛 시나리오(버림받은 자) : "나는 소중한 것을 잃었다. 내 인생의 기쁨은 끝났다. 이 슬픔은 영원히 계속될 것이다."

이 시나리오는 슬픔을 소망 없는 절망으로 이끕니다.

새 시나리오(소망을 품은 순례자) : "나의 슬픔은 너무나 깊고 실제적이다. 예수님께서도 나사로의 무덤 앞에서 우셨던 것처럼, 슬퍼하는 것은 죄가 아니다. 하지만 나는 소망 없는 자들처럼 슬퍼하지는 않는다. 왜냐하면 나는 이 세상의 상실이 끝이 아님을 알기 때문이다. 부활의 아침에 모든 눈물이 닦여지고 모든 이별이 끝날 그날이 반드시 올 것이다. 나는 그날을 소망하며, 오늘 나의 눈물을 가지고 위로의 하나님께 나아간다."(데살로니가전서 4:13)

이 시나리오는 슬픔의 고통을 부정하지 않으면서도, 그것을 영원한 소망의 빛으로 감싸 안습니다.

* 5 *

감정을 다스리는 주인되기

복음이 우리의 고장 난 감정 시스템을 어떻게 재조정하는지에 대한 신학적 원리를 이해했다면 이제 우리는 그것을 일상생활 속에서 어떻게 실천할 수 있는지에 대한 구체적인 기술을 배워야 합니다. 이것은 우리의 감정을 책임감 있게 관리하고 하나님의 영광을 위해 사용하는 감정의 청지기가 되는 훈련입니다. 이 훈련은 크게 세 단계로 이루어집니다.

1단계 : 듣기(Acknowledge & Name)

감정의 폭풍우가 몰아칠 때, 우리의 첫 번째 본성은 그 감정을 피하거나 억누르려는 것입니다. 하지만 감정의 청지기가 되는 첫걸음은 오히려 그 감정의 존재를 정직하게 인정하고 그 감정에 이름을 붙여주는 것입니다.

지금 마음속에서 일어나고 있는 것이 무엇인지 잠시 멈추어 살펴보십시오.

심장이 빨리 뛰고, 얼굴이 뜨거워지며 주먹이 쥐어지는 이 느낌은 '분노'이구나.

가슴이 답답하고, 미래가 캄캄하게 느껴지며 아무것도 하고 싶지 않은 이 느낌은 '슬픔' 혹은 '절망감'이구나.

감정에 이름을 붙이는 것은 감정의 파도에 휩쓸려 가는 대신 그 파도를 객관적으로 바라볼 수 있는 간격을 만들어 줍니다. 이것은 "나는 분노한다(I am angry)."가 아니라, "나는 지금 내 안에서 분노를 느끼고 있다(I feel anger within me)."라고 말하는 것과 같은 미묘하지만 중요한 차이입니다. 나는 나의 감정과 동일시되지 않습니다. 나는 그 감정을 경험하는 주체입니다.

이 단계에서는 감정에 대해 도덕적인 판단을 하지 않는 것이 중요합니다. '분노는 나쁜 거야.'라고 정죄하기 전에 그저 '아, 분노가 찾아왔구나.'라고 알아차려 주는 것입니다. 이것은 감정을 수용하는 것이 아니라, 감정을 데이터로 인식하는 첫 단계입니다.

2단계 : 분별하기(Discern & Interpret)

감정의 존재를 알아차렸다면 이제 우리는 그 감정이 우리에게 무엇을 말하려 하는지를 분별하고 해석해야 합니다. 우리는 영적인 탐정이 되어 이 감정의 신호가 어디에서 비롯되었고 무엇을 가리키는지를 추적해야 합니다. 이때 다음과 같은 질문들을 스스로에게 던져볼 수 있습니다.

무엇이 이 감정을 촉발시켰는가?(어떤 사건, 어떤 말, 어떤 생각이?)

이 감정은 내가 무엇을 '가치 있게' 여기고 있음을 보여주는가?(나의 평판? 나의 안정감? 나의 계획? 아니면 하나님의 공의?)

이 감정의 뿌리에는 어떤 '우상'이 숨어 있는가? 내가 지금 두려워하는 것은, 내가 하나님보다 더 의지하는 어떤 것이 위협받고 있기 때문은 아닌가?

이 감정은 나의 어떤 '거짓 시나리오'를 들춰보게 하는가? 이 수치심은 "나는 부족한 사람이야."라는 나의 오랜 거짓말과 연결되어 있구나.

이 감정이 나에게 어떤 '행동'을 하도록 충동하는가?(숨고 싶은가? 공격하고 싶은가? 도망치고 싶은가?) 그 행동은 하나님 나라의 원리에 부합하는가?

이 분별의 과정은, 고장 난 계기판의 신호를 하나님의 진리라는 사용 설명서에 비추어 다시 읽어내는 작업입니다. 우리는 이 과정을 통해 우리의 감정이 가리키는 더 깊은 내면의 동기와 신념 체계를 발견하게 됩니다.

3단계 : 드리기(Offer & Redirect)

감정을 듣고 그 의미를 분별했다면 마지막 단계는 그 모든 것을 가지고 하나님 앞에 나아가는 것입니다. 우리는 그 감정과 그 뿌리에 있는 모든 것을 정직한 기도의 제물로 하나님께 드리고 그 감정의 에너지를 하나님께서 원하시는 방향으로 재조정하는 것입니다.

이것이 바로 시편 기자들이 우리에게 보여준 위대한 영성의 모델입니다. 그들은 자신의 감정을 하나님 앞에서 숨기지 않았습니다. 그들은 자신의 모든 분노와 슬픔, 두려움과 의심을 거침없이 하나님께 쏟아놓았습니다(탄식). 그리고 그 기도의 과정 속에서, 그들은 자신의 시선을 문제에서 하나님의 신실하신 성품으로 옮겨갔고, 마침내 그들의 기도는 종종 찬양과 새로운 신뢰의 고백으로 마무리되었습니다.

분노를 느낄 때 : "하나님, 저는 지금 너무나 분노하고 억울합니다. 저 사람이 저에게 한 일을 보십시오. 그러나 주님, 저는 제 손으로 복수하지 않겠습니다. 최종적인 심판은 주님께 있음을 믿습니다. 이 분노의 에너지를, 불의에 맞서고 정의를 세우는 거룩한 열정으로 바꾸어 주십시오."

두려움을 느낄 때 : "아버지, 저는 미래가 너무ㅡ 두렵고 불안합니다. 하지만 주님은 저의 목자시니 제가 부족함이 없음을 믿습니다. 저의 양식을 먹이시고 길을 인도하시는 분은 주님이십니다. 이 두려움을, 주님을 더 깊이 의지하고 신뢰하는 믿음으로 바꾸어 주십시오."

슬픔을 느낄 때 : "주님, 저의 마음이 너무나 아픕니다. 이 상실의 고통을 견딜 수 없습니다. 주님께서도 우셨던 것처럼, 저의 눈물을 받아주십시오. 그리고 모든 눈물을 닦아주실 그날의 소망으로 저를 위로하여 주시고, 이 슬픔을 통해 다른 슬픈 이들을 위로하는 자가 되게 하여 주십시오."

이렇게 '듣고, 분별하고, 드리는' 과정은 단 한 번으로 끝나는 마법이 아닙니다. 이것은 우리가 평생에 걸쳐 매일 매 순간 연습해야 하는 거룩한 기술입니다. 이 훈련을 반복할수록 우리는 더 이상 감정의 노예로 살지 않고, 우리의 모든 감정을 하나님과의 더 깊은 교제로 이끄는 거룩한 기회로 사용하는 '감정의 청지기'로 성숙해 갈 것입니다.

✳ **6** ✳

살아 있는 마음으로 드리는 예배

우리의 여정은 이제 막바지를 향해 가고 있습니다. 이 모든 여정의 최종적인 목적지는 어디일까요? 그것은 우리가 더 이상 아무것도 느끼지 못하는 평온한 해탈의 경지에 이르는 것이 아닙니다. 그것은 우리가 감정의 모든 스펙트럼을 이전보다 훨씬 더 깊고 풍성하게 느끼되 그 모든 감정이 하나님의 영광을 향하도록 정렬된 살아 있는 마음을 갖게 되는 것입니다.

하나님께서 우리에게 원하시는 것은 우리의 감정을 제거하는 것이 아니라, 그것을 성화Sanctify시키는 것입니다.

우리의 기쁨이, 세상의 헛된 것에서가 아니라 오직 하나님 한 분만으로 만족하는 거룩한 기쁨이 되기를 원하십니다.

우리의 슬픔이, 자기 연민이 아니라 죄에 대해 애통하고 상한 심령으로 드리는 거룩한 슬픔이 되기를 원하십니다.

우리의 분노가, 이기적인 자존심이 아니라 하나님의 공의를 향한 거룩한 분노가 되기를 원하십니다.

우리의 두려움이, 세상을 향한 노예의 두려움이 아니라 하나님을 향한 경외함, 즉 거룩한 두려움이 되기를 원하십니다.

이것이 바로 우리의 전인격, 즉 우리의 이성과 의지뿐만 아니라 우리의 감정까지도 온전히 하나님께 드리는 산 제사이며 우리가 마음을 새롭게 함으로 변화를 받아들이는 진정한 예배입니다.(로마서 12:1-2)

작업대 위를 다시 한번 바라보십시오. 그곳에는 여전히 수많은 감정의 흔적들이 남아있을 것입니다. 분노의 붉은색, 슬픔의 푸른색, 두려움의 검은색, 그리고 기쁨의 황금색까지. 이전에는 이 모든 것이 통제 불가능한 혼돈처럼 보였을지 모릅니다. 하지만 이제는 압니다. 이 모든 색깔은 위대한 예술가이신 하나님께서 당신의 삶이라는 캔버스 위에 그분의 영광스러운 형상을 그려가시는 데 사용될 소중한 물감이라는 것을요.

우리는 더 이상 감정의 폭풍우 속에서 길 잃은 조각배가 아닙니다. 우리는 마음의 키를 붙들고 계신 위대한 선장과 함께 항해하고 있습니다. 때로는 파도가 높고 바람이 거셀지라도 그분께서 "잠잠하라, 고요하라."고 명령하실 때 모든 것이 평온해질 것을 당신은 믿습니다. 우리의 새로운 정체성은 자신의 감정보다 더 크고 우리를 향한 하나님의 사랑은 자신의 가장 깊은 절망보다 더 깊습니다. 이 진리 안에서, 살아 있는 마음으로 오늘을 예배하십시오.

감정을 대하는 태도 : 그동안 부정적인 감정들을 어떻게 다루어 왔습니까? '영적 금욕주의'와 '감정적 탐닉주의' 중 어느 쪽에 가까웠으며, 그 결과는 어떠했나요?

감정의 뿌리 추적 : 최근 힘들었던 감정의 뿌리를 추적해 볼 때, 그것은 당신의 어떤 '우상'(깨어진 가치 체계)이나 '거짓 시나리오'와 연결되어 있다고 생각하십니까?

새로운 시나리오 쓰기 : 씨름하고 있는 감정(불안, 억울함 등)에 당신의 '새로운 정체성'을 적용하여 새로운 시나리오를 써본다면, 그 내용은 어떻게 달라질까요?

감정의 청지기 훈련 : '듣고, 분별하고, 드리는' 감정의 청지기 3단계를 당신의 일상에서 어떻게 구체적으로 연습해 볼 수 있을까요?

10장

사랑의 새로운
언어를 배우다

✳ 1 ✳

관계라는 무대 위에서

우리의 여정은 이제 우리 삶의 가장 복잡하고도 아름다운, 그리고 가장 고통스럽고도 영광스러운 무대로 들어섭니다. 바로 관계라는 무대입니다. 우리는 혼자 살아가는 무인도에 있지 않습니다. 우리의 이야기는 태어나는 순간부터 다른 사람들의 이야기와 얽히고 설키며 함께 써집니다. 부모와 자녀, 형제와 자매, 친구와 동료, 스승과 제자, 그리고 사랑하는 배우자까지. 우리의 정체성은 이 관계의 거울 속에서 비로소 그 모습을 드러내고 우리의 신앙은 이 관계의 시험대 위에서 그 진실함이 증명됩니다.

우리는 지난 장들에서 놀라운 진리를 발견했습니다. 더 이상 과거의 상처나 실패에 얽매인 '고아'나 '죄인'이 아니라 그리스도 안에서 하나님의 '사랑받는 자녀'요 '용서받은 성도'라는 새로운 정체성을 선물 받았습니다. 또한, 우리는 이 새로운 정체성 안에서 우리의 요동치는 감정들을 다스리고 하나님의 선한 목적을 위해 사용할 수 있는 지혜와 능력을 부여받았습니다.

하지만, 이 모든 내면의 변화가 진정한 시험대에 오르는 곳은 바로 다른 사람들과의 구체적인 만남의 현장입니다. 머리로는 내가 하나님의 자녀임을 믿지만 나를 비난하는 배우자의 날카로운 말 한마디에 순식간에 '사랑받지 못할 존재'라는 옛 시나리오로 돌아가 버립니다. 마음으로는 다른 사람을 용서하기로 결심했지만, 상처를 준 그 사람의 얼굴을 마주하는 순간, 내면에서는 분노와 억울함의 감정이 다시금 들끓어 오릅니다.

관계는 우리 신앙의 여정에서 가장 큰 기쁨의 원천이 되기도 하지만 동시에 가장 깊은 좌절과 고통의 원인이 되기도 합니다. 마치 지뢰밭과도 같아서 어디에 상처의 뇌관이 숨겨져 있는지 알지 못한 채 조심스럽게 발을 내딛다가도 예기치 못한 폭발에 속수무책으로 무너지곤 합니다. 왜 우리의 관계는 이토록 어려운 것일까요? 왜 사랑하는 사람에게 가장 깊은 상처를 주고받는 비극이 반복되는 것일까요?

이 질문에 답하기 위해 우리는 다시 한번 하나님의 위대한 드라마의 플롯을 우리 관계의 무대 위에 펼쳐보아야 합니다. 창조의 이야기 속에서 관계는 어떤 모습으로 설계되었을까요? 타락의 이야기는 그 아름다운 관계를 어떻게 망가뜨렸을까요? 그리고 가장 중요한 질문, 구속의 이야기는 이 깨어진 관계를 어떻게 회복시키고, 우리에게 전혀 새로운 관계 맺기의 방식을 가르쳐 주는 것일까요?

이 장에서 우리는 타락이 우리에게 가르쳐 준 옛 가족의 언어인 두려움과 통제, 정죄와 비교의 언어가 무엇인지 진단할 것입니다. 그리고 복음이 우리에게 선물하는 새로운 가족의 언어인 사랑과 자유, 은혜와 환대의 언어를 배우게 될 것입니다. 우리의 위대한 길잡이인 다윗의 삶은 옛 언어의 비극을 처절하게 보여주는 경고등이 될 것이며 요셉의 삶은 새로운 언어의 영광을 찬란하게 보여주는 이정표가 될 것입니다.

당신의 작업대 위에 놓인 수많은 깨어진 관계의 조각들을 이제 두려움 없이 마주할 시간입니다. 당신의 이야기는 더 이상 상처와 단절의 비극으로 끝나지 않을 것입니다. 그리스도 안에서, 다른 사람들과 함께 하나님의 새로운 가족 이야기를 써내려가는 영광스러운 주인공으로 부름 받았기 때문입니다.

✳ 2 ✳

고아의 언어 : 두려움, 정죄, 그리고 비교

우리가 왜 이토록 관계 속에서 고통 받는지 이해하기 위해 우리는 두 번째 에피소드인 '타락'의 무대로 돌아가야 합니다. 에덴동산에서의 비극은 단순히 인간과 하나님 사이의 관계만을 파괴한 것이 아니었습니다. 그것은 인간과 인간 사이의 관계를 지탱하던 모든 근본적인 문법을 왜곡시켜 놓았습니다.

창조의 세계에서 아담과 하와는 서로를 '돕는 배필'로 여기며 벌거벗었으나 부끄러워하지 않는 완전한 신뢰와 연합의 관계 속에 있었습니다. 하지만 죄가 들어온 직후 아담은 자신의 책임을 하와에게 떠넘겼고("하나님이 주셔서 나와 함께 있게 하신 여자, 그가…"), 그들 사이에는 비난과 책임 전가라는 슬픈 균열이 생겼습니다. 사랑은 두려움으로, 연합은 분열로, 신뢰는 자기방어로 변질되었습니다.

이것이 바로 타락 이후 모든 인류가 물려받은 '옛 가족의 언어'입니다. 이 언어의 핵심에는 우리가 8장에서 살펴보았던 '고아의 영(Orphan Spirit)'이 자리 잡고 있습니다. 하나님 아버지를 떠난 우리는 모두 영적인 고아가 되었습니다. 고아의 가장 큰 특징은 마음 깊은 곳에 자리한 두려움과 결핍감입니다. '나는 혼자다. 나를 지켜줄 사람은 아무도 없다. 세상은 위험한 곳이다.

살아남아야 한다.' 이 근원적인 두려움과 결핍감은 우리가 다른 사람들과 관계 맺는 모든 방식에 치명적인 독을 퍼뜨립니다. 우리는 이 옛 언어의 세 가지 핵심적인 특징을 살펴볼 수 있습니다.

첫째, 사랑이 아닌 '두려움'이 관계를 지배합니다

고아의 마음으로 살아가는 우리는 다른 사람을 사랑의 대상으로 보기보다 나의 생존과 안정감을 위한 '수단'으로 보게 됩니다. 그래서 우리는 다른 사람을 통제하고 조종하려는 욕망에 사로잡힙니다.

통제와 조종 : 우리는 다른 사람이 내가 원하는 대로 행동하고 반응해 주기를 기대합니다. 그들이 나의 기대를 충족시켜 줄 때는 잠시 만족하지만 그들이 나의 통제에서 벗어나려 할 때는 극심한 불안과 분노를 느낍니다. 배우자가 나의 감정적 필요를 채워주지 않을 때, 자녀가 나의 계획대로 따라와 주지 않을 때, 친구가 나보다 다른 사람과 더 친하게 지낼 때, 우리는 그들을 비난하거나 죄책감을 심어주거나 혹은 동정심을 유발하여 어떻게든 그들을 다시 나의 통제 아래 두려고 애씁니다. 이것은 사랑이 아니라 두려움에 뿌리를 둔 정교한 형태의 '우상숭배'입니다. 우리는 다른 사람을 통해 나의 결핍된 안정감과 사랑의 욕구를 채우려 하는 것입니다.

둘째, 은혜가 아닌 '정죄'가 관계를 판단합니다

고아의 마음속에는 깊은 수치심과 자기 비하가 자리 잡고 있습니다. 우리는 스스로가 사랑받을 자격이 없다고 느끼기 때문에 다른 사람의 인정을 얻기 위해 끊임없이 무언가를 '증명'하려는 삶을 살아갑니다. 이것은 '율법주의적인 관계 맺기'로 이어집니다.

자기 의와 판단 : 우리는 스스로 만들어 놓은 의로움의 기준('나는 성실한 사람이야', '나는 헌신적인 부모야', '나는 착한 신앙인이야')을 가지고 자신을 포장하고, 그 기준에 미치지 못하는 다른 사람들을 쉽게 판단하고 정죄합니다. 우리는 다른 사람의 연약함을 긍휼히 여기기보다, 그것을 나의 우월함을 확인하는 도구로 사용합니다. 다른 사람의 실수를 지적하며 "그러니까 내가 뭐라고 했어?"라고 말할 때 우리는 은밀한 쾌감을 느낍니다. 이것은 내가 그들보다 낫다는 것을 증명함으로써 나의 불안한 자존감을 지키려는 필사적인 시도입니다.

수치심과 숨김 : 반대로, 우리가 그 기준에 미치지 못하고 실패했을 때 우리는 깊은 수치심에 사로잡혀 다른 사람들로부터 숨으려 합니다. 우리는 결코 자신의 연약한 모습을 드러내지 않고, 항상 강하고 완벽한 모습만을 보여주려 애씁니다. 이것은 진정한 친밀감을 불가능하게 만드는 가장 큰 장애물입니다.

셋째, 연합이 아닌 '비교'가 관계를 규정합니다

고아의 세계는 '제로섬 게임'의 논리가 지배하는 세상입니다. 사랑, 인정, 성공과 같은 자원은 한정되어 있다고 믿기 때문에 다른 사람의 성공은 곧 나의 실패를 의미합니다.

경쟁과 질투 : 우리는 끊임없이 다른 사람과 나를 비교합니다. 친구의 승진 소식에 진심으로 축하해 주지 못하고 마음 한구석이 쓰라린 이유, 다른 사람이 나보다 더 많은 칭찬을 받을 때 분노가 치밀어 오르는 이유는 바로 이 비교의 언어 때문입니다. 우리는 다른 사람을 함께 길을 가는 동반자가 아니라, 내가 이겨야만 하는 경쟁자로 인식합니다.

우월감과 열등감 : 비교의 언어는 우리를 영원히 우월감과 열등감 사이를 오가는 시소 위에 올려놓습니다. 나보다 못한 사람을 볼 떠는 우월감을 느끼며 잠시 안도하지만 나보다 잘난 사람을 볼 때는 열등감에 시달리며 비참해집니다. 이 시소 위에서는 결코 참된 안정감과 평안을 누릴 수 없습니다.

다윗의 비극 : 옛 언어의 희생자이자 가해자

다윗의 삶은 이 옛 가족의 언어가 얼마나 파괴적인지를 보여주는 한 편의 비극적인 드라마입니다. 그는 하나님의 마음에 합한 사람이었지만 그의 관계 세계는 타락한 언어의 지배 아래서 처참하게 무너져 내렸습니다.

사울과의 관계(두려움과 경쟁) : 다윗이 골리앗을 이기고 백성들의 영웅이 되었을 때 사울 왕은 그를 기뻐하고 축하해 주는 대신 "사울이 죽인 자는 천천이요 다윗은 만만이로다."라는 여인들의 노래에 극심한 질투와 두려움에 사로잡혔습니다. 그는 다윗을 자신의 왕위를 위협하는 경쟁자로 인식했고 그를 죽이기 위해 평생을 쫓아다녔습니다. 다윗 역시 사울을 피해 도망 다니며, 끊임없는 두려움과 생존의 위협 속에서 살아야 했습니다.

밧세바와 우리아와의 관계(통제와 착취) : 왕이 된 다윗은 자신의 권력을 사용하여 밧세바를 탐하고 자신의 죄를 덮기 위해 충신 우리가를 죽음으로 내몰았습니다. 그는 그들을 인격적인 존재로 대한 것이 아니라 자신의 욕망을 채우기 위한 '수단'으로, 자신의 안전을 지키기 위한 '도구'로 착취했습니다. 이것은 고아의 언어가 극단적으로 발현된 모습입니다.

자녀들과의 관계(정죄와 방관) : 다윗의 가정은 옛 언어의 비극이 대물림되는 현장이었습니다. 아들 암논이 이복 누이 다말을 강간했을 때, 다윗은 분노했지만 아무런 조치도 취하지 않았습니다. 그는 아들을 제대로 훈계하지도 상처 입은 딸을 위로하지도 못했습니다. 이 방관 속에서 다말의 오빠 압살롬은 형 암논을 향한 증오를 키워가다 결국 그를 살해하고 나중에는 아버지 다윗을 향해 반역의 칼을 들었습니다. 다윗의 가정에는 은혜와 용서가 아닌, 정죄와 복수, 그리고 단절의 언어만이 가득했습니다.

다윗의 이야기는 우리에게 경고합니다. 우리가 아무리 위대한 신앙고백을 하고 하나님을 사랑한다고 할지라도 우리의 관계 세계가 여전히 이 옛 가족의 언어에 지배당하고 있다면 우리의 삶 역시 비극을 피할 수 없다는 것을 말이죠. 작업대 위에 놓인 깨어진 관계의 조각들은 바로 이 옛 언어가 남긴 상처의 흔적들입니다. 그렇다면 우리는 이 저주받은 언어에서 어떻게 벗어날 수 있을까요?

✱ **3** ✱

자녀의 언어 : 사랑, 은혜, 그리고 공동체

복음은 우리를 옛 가족의 비극적인 이야기에서 건져내어 전혀 다른 언어가 지배하는 새로운 가족의 이야기 속으로 입양하시는 하나님의 위대한 초대장입니다. 이 새로운 가족의 머리는 우리를 위해 자신의 모든 것을 내어주신 맏형, 예수 그리스도이십니다. 그리고 이 가족을 다스리는 유일한 법은 바로 사랑입니다.

이 새로운 가족의 언어는 우리가 지난 장에서 확인했던 우리의 새로운 정체성, 즉 하나님의 사랑받는 자녀라는 진리에서 흘러나옵니다. 우리가 더 이상 생존을 위해 싸워야 하는 고아가 아니라 모든 것을 상속받을 아버지의 자녀임을 진정으로 믿을 때, 우리는 다른 사람들과 관계 맺는 방식을 근본적으로 바꿀 수 있습니다. 옛 언어가 두려움, 정죄, 비교에 기초했다면, 새로운 언어는 사랑, 은혜, 공동체에 기초합니다.

첫째, 두려움에서 '사랑'으로 : 자유케 하는 관계

하나님의 자녀로서 우리의 가장 큰 특징은, 아버지의 완전하고 무조건적인 사랑 안에서 누리는 온전한 '안정감'입니다. 사도 요한은 이렇게 말합니다.

"사랑 안에 두려움이 없고 온전한 사랑이 두려움을 내쫓나니…"(요한일서 4:18)

통제에서 자유로 : 우리가 다른 사람을 통제하려는 이유는 그들을 잃을까 봐 두렵기 때문입니다. 하지만 우리가 이미 아버지의 변함없는 사랑 안에서 안전하다는 것을 믿을 때 우리는 더 이상 다른 사람에게서 안정감을 찾으려 하지 않게 됩니다. 우리는 그들을 나의 필요를 채우기 위한 수단으로 보는 대신 그들 자체를 존귀한 하나님의 형상으로 바라볼 수 있게 됩니다. 이제 우리는 그들을 통제하여 내 곁에 묶어두려 하는 대신 하나님께서 의도하신 모습대로 자유롭게 성장하고 날아오를 수 있도록 기꺼이 축복하고 놓아줄 수 있습니다. 진정한 사랑은 소유하는 것이 아니라 자유롭게 하는 것이기 때문입니다.

요셉의 사랑 – 복수를 넘어선 자유 : 요셉은 형들을 다시 만났을 때 그들을 통제하고 복수할 수 있는 모든 힘을 가지고 있었습니다. 하지만 그렇게 하지 않았습니다. 오랜 노예와 죄수 생활 속에서도 자신과 함께하셨던 하나님의 사랑과 신실하심을 경험했기에 더 이상 형들에게서 무언가를 얻어낼 필요가 없는 자유로운 사람이 되어 있었습니다. 그는 자신의 안정감을 형들의 사과나 보상에 두지 않았습니다. 그의 안정감은 오직 하나님 안에 있었습니다. 그렇기에 자유롭게 그들을 용서하고, 그들의 필요를 채워주며, 두려움에서 해방시켜 줄 수 있었습니다. "두려워하지 마소서 내가 하나님을 대신하리이까… 내가 당신들과 당신들의 자녀를 기르리이다." 그의 사랑은 형들을 과거의 죄책감에서 자유롭게 하는 구속적인 사랑이었습니다.

둘째, 정죄에서 '은혜'로 : 덮어주는 관계

하나님의 자녀로서 우리는 더 이상 정죄 아래 있지 않습니다. 그리스도의 십자가를 통해 우리의 모든 죄와 허물을 용서받았고 의로 옷 입은 '용서받은 자'가 되었습니다. 이 압도적인 은혜의 경험은 우리가 다른 사람의 연약함과 실수를 대하는 태도를 완전히 바꾸어 놓습니다.

판단 대신 긍휼의 마음을 품기 : 우리는 더 이상 다른 사람을 나의 의로움의 기준으로 판단하지 않습니다. 왜냐하면 우리 자신이 얼마나 큰 죄를 용서받은 죄인인지를 알기 때문입니다. 우리는 다른 사람의 허물을 볼 때 "어떻게 저럴 수 있지?"라고 정죄하는 대신 "나 역시 저럴 수 있는 연약한 존재다, 하나님의 은혜가 나를 붙들고 있을 뿐이다."라고 고백하게 됩니다. 이것이 바로 긍휼의 마음입니다. 예수님께서 들려주신 일만 달란트 빚진 자의 비유는 이 원리를 극명하게 보여줍니다. 왕에게 엄청난 빚을 탕감받은 종이, 자신에게 백 데나리온 빚진 동료를 용서하지 못했을 때 왕은 진노했습니다. 우리가 받은 은혜의 크기를 깨달을 때, 비로소 다른 사람의 작은 허물을 덮어줄 수 있는 넉넉한 마음을 갖게 됩니다.

수치심 대신 진실함으로 나아가기 : 우리는 더 이상 우리의 실패와 연약함을 숨기기 위해 무화과 나뭇잎을 엮을 필요가 없습니다. 우리는 있는 모습 그대로 받아들여진다는 것을 알기 때문에 다른 사람들 앞에서 우리의 부족함을 정직하게 인정하고 도움을 구할 수 있는 용기를 갖게 됩니다. 이러한 무력함 vulnerability은 진정한 친밀감과 공동체를 형성하는 가장 중요한 통로가 됩니다.

셋째, 비교에서 '공동체'로 : 함께 세워가는 관계

하나님의 자녀가 된다는 것은 개인적으로만 일어나는 사건이 아닙니다. 우리는 동시에 '그리스도의 몸'이라는 하나의 거대한 가족 공동체로 입양됩니다. 이 새로운 가족 안에서 제로섬 게임의 논리는 더 이상 통용되지 않습니다.

경쟁 대신 서로를 세워주기 : 바울은 교회를 각기 다른 기능을 가진 지체들이 모인 '한 몸'으로 비유합니다. 눈이 손에게 "네가 쓸데없다."고 말할 수 없듯이 우리는 서로의 다름을 경쟁의 요소가 아닌, 몸 전체의 풍성함을 위한 필수적인 요소로 보게 됩니다. 다른 지체의 성공과 은사는 더 이상 나의 질투의 대상이 아닙니다. 그것은 온몸을 건강하게 세우기 위해 하나님께서 주신 선물이며, 우리가 함께 기뻐하고 축하해야 할 이유가 됩니다. 우리는 서로를 깎아내리는 대신, 서로가 가진 독특한 은사를 발견하고 격려하며 함께 세워가는 동역자가 됩니다.

우월감/열등감 대신 독특함을 즐기기 : 우리는 더 이상 다른 사람과의 비교를 통해 나의 가치를 찾을 필요가 없습니다. 나의 가치는 그리스도 안에서 이미 확증되었기 때문입니다. 이 진리는 우리를 끝없는 비교에서 내려오게 합니다. 우리는 다른 사람처럼 되려고 애쓰는 대신 하나님께서 나에게만 주신 고유한 모습과 부르심을 기쁨으로 발견하고 살아갈 수 있게 됩니다. 그리고 다른 사람 역시 그들만의 고유한 아름다움을 가진 존재임을 인정하고 존중하게 됩니다.

이것이 바로 복음이 우리에게 가르쳐 주는 새로운 가족의 언어입니다. 이것은 우리가 노력해서 만들어내는 유토피아가 아닙니다. 이것은 그리스도 안에서 이미 얻은 새로운 정체성에서 자연스럽게 흘러나오는 삶의 방식입니다. 이 새로운 언어에 따라 말하고 행동하는 법을 배워갈 때, 깨어진 관계들은 서서히 치유되고, 우리는 세상에 하나님 나라의 사랑과 은혜를 보여주는 살아 있는 편지가 될 것입니다.

✳ **4** ✳

새로운 언어를 배우고 연습하다

새로운 언어의 문법을 머리로 이해하는 것과 그 언어를 유창하게 말하는 것 사이에는 큰 차이가 있습니다. 유창함은 꾸준한 연습과 훈련을 통해서만 얻어집니다. 마찬가지로, 우리가 이 새로운 가족의 언어를 우리의 삶 속에서 자연스럽게 구사하기 위해서는 의도적인 훈련과 실천이 필요합니다.

우리의 옛 언어는 너무나 오랫동안 우리의 무의식 속에 깊이 뿌리박혀 있어 조금만 방심하면 우리는 어느새 옛날의 방식으로 말하고 클리셰를 완성하는 자신을 발견하게 됩니다. 따라서 우리는 성령의 도우심을 의지하여 새로운 언어를 우리의 인격과 삶 속에 체화시키는 구체적인 '관계의 기술'들을 배워나가야 합니다. 여기서는 그중 가장 핵심적인 네 가지 기술을 소개합니다.

경청과 공감 : 다른 사람의 이야기 속으로 들어가기

옛 언어의 세계에서 대화는 종종 전쟁과도 같습니다. 우리는 다른 사람의 말을 듣기보다 내 주장을 관철시키고 상대방의 논리적 허점을 찾아 반박하며 대화의 주도권을 잡으려고 애씁니다. 우리는 듣는 척하지만, 머릿속으로는 이미 내가 다음에 무슨 말을 할지를 준비하고 있습니다.

하지만 새로운 언어의 세계에서 대화는 선물을 주고받는 것과 같습니다. 그 첫 번째 기술은 바로 경청입니다. 경청은 단순히 소리를 듣는 행위가 아닙니다. 그것은 나의 판단과 편견을 잠시 내려놓고 다른 사람의 세계 속으로 온전히 들어가 그 사람의 생각과 감정, 그리고 그가 들려주는 이야기의 의미를 깊이 이해하려는 거룩한 태도입니다. 야고보서 기자는 우리에게 "듣기는 속히 하고 말하기는 더디 하며 성내기도 더디 하라."고 권면합니다.

경청은 공감으로 이어집니다. 공감은 다른 사람의 감정을 내 것처럼 느끼고 이해해 주는 능력입니다. 그것은 "나라도 그랬을 거야.", "정말 힘들었겠다."라고 말해주며 그 사람의 감정이 타당하고 존중받을 만한 것임을 인정해 주는 것입니다. 우리는 너무나 쉽게 다른 사람의 문제에 대해 성급한 조언이나 신학적인 정답을 제시하려는 유혹에 빠집니다. 하지만 욥의 친구들이 보여주었듯이, 고통받는 사람에게 필요한 것은 종종 명쾌한 해결책이 아니라 그저 자신의 아픔을 알아주고 함께 울어주는 한 사람의 따뜻한 임재입니다.

예수님은 공감의 가장 위대한 모델이셨습니다. 그분은 죄인들과 세리들, 창녀들의 친구가 되어 그들의 이야기에 귀를 기울이셨고 나사로의 무덤 앞에서 우셨으며 우리의 모든 연약함을 친히 체휼하셨습니다. 우리가 다른 사람의 이야기를 진심으로 경청하고 공감할 때 우리는 바로 그 자리에서 그리스도의 사랑을 실천하는 것입니다.

정직과 취약성 : 무화과 나뭇잎을 벗어 던지기

옛 언어는 우리에게 자신의 연약함을 숨기고 항상 강하고 완벽한 모습을 보여주라고 가르칩니다. 우리는 실패와 실수를 수치스러운 것으로 여기고 다른 사람의 비난을 피하기 위해 정교한 가면을 쓰고 살아갑니다.

하지만 새로운 언어는 우리를 정반대의 방향으로 초대합니다. 그것은 바로 정직과 무력함입니다. 이는 우리의 죄와 상처, 두려움과 부족함을 숨기지 않고 신뢰하는 공동체 앞에서 용기 있게 드러내는 태도입니다. 이것은 아담과 하와가 숨기려 했던 그 벌거벗음을 이제는 그리스도의 은혜 안에서 안전하게 내어 보이는 것입니다.

많은 사람이 무력함을 나약함과 동일시하지만 연구가 브레네 브라운이 밝혔듯이 무력함은 사실 진정한 용기의 원천입니다. 우리가 "나는 도움이 필요해.", "내가 잘못했어.", "나는 지금 두려워."라고 정직하게 고백할 때, 우리는 비로소 다른 사람과 진정한 의미에서 연결될 수 있습니다. 우리의 완벽함이 아니라 우리의 불완전함이 서로를 이어주는 다리가 됩니다.

물론, 무력함은 지혜롭게 실천되어야 합니다. 아무에게나 나의 모든 것을 드러내는 것은 위험할 수 있습니다. 우리는 우리의 이야기를 안전하게 받아주고 존중해 줄 수 있는 신뢰할 만한 공동체, 즉 우리의 새로운 가족 안에서 이 취약성을 연습해야 합니다. 우리가 서로의 연약함을 판단하지 않고 은혜로 받아줄 때, 그 공동체는 위선과 가면을 벗고 진정한 치유와 회복을 경험하는 '안전한 공간'이 될 것입니다.

용서와 화해 : 빚을 탕감해 주는 삶

옛 언어의 세계에서 상처는 복수로 이어집니다. "눈에는 눈, 이에는 이"의 원리가 지배합니다. 우리는 우리에게 상처를 준 사람이 그에 합당한 대가를 치르기를 바랍니다.

하지만 새로운 언어의 핵심에는 용서가 있습니다. 용서는 "네가 나에게 진 빚을 내가 탕감해 주겠다."는 선언입니다. 그것은 가해자의 행동을 정당화하거나 상처를 없었던 일로 만드는 것이 결코 아닙니다. 오히려 그 상처의 고통을 정직하게 인정하되 복수할 나의 권리를 포기하고 그 사람에 대한 심판을 하나님께 온전히 맡겨드리는 의지적인 결단입니다.

우리가 어떻게 이처럼 어려운 일을 할 수 있을까요? 그것은 오직 우리가 하나님으로부터 얼마나 엄청난 용서를 받았는지를 깊이 깨달을 때에만 가능합니다. 우리가 일만 달란트(오늘날의 가치로 수조 원에 해당하는, 도저히 갚을 수 없는 빚)를 탕감받았음을 기억할 때, 우리는 비로소 우리에게 백 데나리온(노동자 백 일 품삯 정도) 빚진 형제를 용서할 수 있는 마음의 여유를 갖게 됩니다.

용서는 종종 화해로 이어집니다. 화해는 깨어진 관계를 회복하고 새로운 관계를 시작하기 위해 적극적으로 노력하는 것입니다. 사도 바울은 우리에게 "화목하게 하는 직분"을 주셨다고 말합니다. 우리는 이 땅에서 깨어진 관계들을 연결하고, 분열된 곳에 다리를 놓는 '평화를 만드는 자peacemaker'로 부름받았습니다.

환대와 섬김 : 식탁으로의 초대

옛 언어는 우리와 다른 사람들, 낯선 사람들, 그리고 우리보다 약한 사람들을 경계하고 배척하라고 가르칩니다. 우리는 안전한 우리만의 성을 쌓고 우리와 비슷한 사람끼리만 어울리려는 경향이 있습니다.

하지만 새로운 언어의 중심에는 환대Hospitality가 있습니다. 환대는 낯선 사람stranger을 손님guest으로, 더 나아가 가족으로 맞아들이는 행위입니다. 그것은 나의 시간과 공간, 그리고 자원을 기꺼이 열어 다른 사람의 필요를 채워주고, 그들을 있는 모습 그대로 환영하는 것입니다.

성경 전체는 하나님께서 나그네와 고아와 과부 즉 가장 연약하고 소외된 자들을 돌보시는 분이라는 이야기로 가득합니다. 그리고 복음의 핵심은 우리가 바로 하나님과 원수 되었던 낯선 자였을 때, 하나님께서 그리스도를 통해 우리를 당신의 식탁으로 초대하여 자녀로 삼아주셨다는 것입니다.

따라서 우리가 다른 사람에게 환대를 베풀 때 우리는 바로 이 복음의 이야기를 우리의 삶으로 재현하는 것입니다. 우리의 가정을 열어 식사를 나누고 새로 온 사람을 따뜻하게 맞아주며 도움이 필요한 이웃의 짐을 들어주는 작은 섬김의 행위들을 통해 우리는 세상에 하나님의 따뜻한 환영을 보여주는 통로가 됩니다. 예수님께서 제자들의 발을 씻기셨던 것처럼 새로운 가족의 언어 안에서, 가장 위대한 사람은 바로 가장 낮은 자리에서 다른 사람을 섬기는 사람입니다.

✴ **5** ✴

교회, 사랑을 탐구하는 작은 실험실

그렇다면 우리는 이 어렵고도 아름다운 새로운 언어를 어디서 배우고 연습할 수 있을까요? 하나님께서 우리를 위해 마련해 주신 공식적인 언어학습 센터가 바로 교회입니다. 교회는 완벽한 사람들이 모여 자신들의 의로움을 과시하는 장소가 결코 아닙니다. 교회는 저마다 옛 언어의 상처와 습관을 가진 불완전한 죄인들이 모여 오직 그리스도의 은혜를 의지하여 새로운 가족의 언어를 함께 더듬더듬 배워나가는 실험실이자 병원이며 체육관입니다.

이 실험실 안에서 우리는 실수를 저지릅니다. 우리는 여전히 옛 언어로 서로에게 상처를 주고, 오해하고, 실망시킵니다. 그래서 역설적으로, 교회는 종종 우리에게 가장 깊은 상처를 주는 장소가 되기도 합니다.

하지만 바로 그렇기 때문에, 교회는 또한 우리가 새로운 언어, 특히 용서와 은혜를 가장 실제적으로 연습할 수 있는 최적의 장소이기도 합니다. 세상에서는 관계가 깨어지면 그것으로 끝이지만 교회에서는 그리스도의 십자가 아래서 다시 화해하고 하나 될 수 있는 기회가 항상 열려 있습니다. 우리는 교회라는 안전한 실험실 안에서 실패를 두려워하지 않고 서로를 향해 사랑과 용서를 실천하는 법을 배워갑니다.

교회의 예배와 성례, 그리고 소그룹 모임은 이 새로운 언어를 우리 안에 내면화하는 중요한 훈련의 시간입니다.

예배를 통해 우리는 함께 우리의 새로운 정체성을 선포하고, 우리를 가족으로 불러주신 하나님 아버지께 감사와 찬양을 올려드립니다.

성찬에 참여하며 우리는 한 떡과 한 잔을 나눔으로써, 우리가 그리스도의 피로 맺어진 한 가족임을 눈으로 확인하고 기억합니다.

소그룹 안에서 우리는 우리의 삶의 이야기를 정직하게 나누고, 서로의 짐을 함께 지며, 새로운 문법에 따라 살아갈 수 있도록 서로를 격려하고 책망하며 세워줍니다.

✷ **6** ✷

관계가 복음의 표현입니다

하나님께서는 당신을 부르십니다. 가정에서, 직장에서, 친구 관계 속에서, 그리고 교회 공동체 안에서, 이 새로운 언어를 살아내는 선교사가 되라고 말입니다. 당신의 삶이, 관계가, 타락으로 인해 깨어진 세상 속에서도 복음이 어떻게 사람들을 변화시키고 새로운 공동체를 창조해 내는지를 보여주는 살아 있는 증거가 되기를 원하십니다.

이것은 결코 쉬운 길이 아닙니다. 옛 언어의 저항은 거셀 것이고, 우리는 수없이 넘어지고 실패할 것입니다. 하지만 우리는 혼자가 아닙니다. 우리 안에서 일하시는 성령께서 우리에게 힘을 주시고 우리의 서투른 노력을 통해 당신의 아름다운 가족 이야기를 써내려가실 것입니다.

예수님께서는 우리에게 새로운 계명을 주셨습니다.

"새 계명을 너희에게 주노니 서로 사랑하라 내가 너희를 사랑한 것 같이 너희도 서로 사랑하라. 너희가 서로 사랑하면 이로써 모든 사람이 너희가 내 제자인 줄 알리라."(요한복음 13:34-35)

결국, 세상이 우리의 새로운 이야기를 읽게 되는 가장 강력한 텍스트는 바로 우리가 서로를 사랑하는 방식입니다. 당신의 관계가 바로 당신의 복음이 될 것입니다.

　　　　　　　　　제3부　주인공으로 살아가기

나의 관계 언어 : 중요한 관계 속에서 당신은 주로 '옛 가족의 언어'(두려움, 정죄)와 '새로운 가족의 언어'(사랑, 은혜) 중 어느 쪽에 익숙합니까? 구체적인 예를 들어봅시다.

비극과 회복 사이 : 다윗의 관계의 비극과 요셉의 관계의 회복 이야기를 통해, 당신 자신의 관계 패턴에 대해 새롭게 깨닫게 된 점은 무엇입니까?

새로운 언어 연습 : 새로운 언어의 실천 기술(경청과 공감, 정직과 취약성, 용서와 화해, 환대와 섬김) 중, 당신에게 가장 큰 도전이 되는 것은 무엇이며 그 이유는 무엇입니까?

실험실로서의 교회 : 당신의 공동체가 새로운 언어를 배우는 건강한 '실험실'이 되기 위해, 이번 주에 당신이 먼저 실천할 수 있는 작은 행동은 무엇일까요?

삶을 단단히 세우기

영적 리듬은 어떻게 만들어질까요?

11장 하루를 살찌우는 양식들

1. 위대한 이야기는 저절로 살아지지 않는다
2. 주인공이 되기 위해 귀 기울이는 시간
3. 렉시오 디비나 : 말씀을 맛보는 시간
4. 거룩한 독서의 네 가지 몸 사위
5. 마지막 춤, 세상 속으로 나아가다

12장 써내려가는 영혼의 로그북

1. 사라지는 은혜를 붙잡는 법
2. 기록은 기억보다 강하다
3. 내 영혼의 로그북을 펼치다
4. 쓰는 일, 그 자체로 거룩하다

13장 하늘의 호흡법으로 하루를 정돈하기

1. 가슴 뛰는 만남, 기도의 시작
2. 고아의 독백 vs 자녀의 대화
3. 새로운 가족 언어 : 주님이 가르쳐 주신 기도
4. A.C.T.S. : 사랑의 언어로 하나님께 말을 걸다
5. 천둥 같은 침묵
6. 삶이 기도로 변하는 순간

하루를 살찌우는
양식들

위대한 이야기는 저절로 살아지지 않는다

우리의 길고도 깊었던 여정은 이제 새로운 신(scene)으로 접어듭니다. 우리 모두는 정직한 현실과 마주하게 됩니다. 위대한 이야기를 아는 것과 그 이야기대로 살아가는 것은 전혀 다른 차원의 문제라는 것을요.

월요일 아침, 우리는 다시 옛 세상의 무대 위로 돌아갑니다. 그곳에서는 여전히 옛 가족의 언어가 지배하고 있고, 우리의 옛 시나리오를 자극하는 뱀의 속삭임이 끊임없이 들려옵니다. "너는 부족해", "너는 혼자야.", "네 힘으로 살아남아야 해."라는 세상의 거대한 중력은 우리가 막 배우기 시작한 새로운 이야기의 날갯짓을 무겁게 끌어당깁니다.

새로운 시나리오의 대사는 아직 우리 입에 익숙하지 않은데, 너무나 오랫동안 반복했던 클리셰는 우리도 모르는 사이에 툭 튀어나옵니다. 하나님의 사랑받는 자녀로 하루를 시작했지만, 사소한 갈등 앞에서 우리는 금세 두려움에 떠는 고아의 모습으로 돌아가고, 그 순간 스스로에게 절망하게 됩니다. 우리의 의지는 연약하고, 기억력은 절망적이며, 결심은 쉽게 무너집니다.

그렇다면 어떻게 해야 할까요? 이 위대한 이야기는 그저 한순간의 지적인 깨달음이나 감정적인 감격으로 끝나버리는 것일까요?

아닙니다. 하나님께서는 우리에게 이 새로운 이야기를 살아낼 수 있는 구체적인 방법, 즉 우리 영혼의 근육을 단련하고 우리 삶의 방향을 끊임없이 재조정할 수 있는 영적 훈련Spiritual Disciplines이라는 선물을 주셨습니다.

많은 사람이 훈련이라는 단어에 거부감을 느낍니다. 그것은 마치 우리의 자유를 억압하고 신앙생활을 무거운 짐으로 만드는 율법주의적인 의무처럼 느껴질 수 있습니다. 하지만 성경이 말하는 경건의 훈련은 그런 것이 아닙니다. 그것은 마치 올림픽에 출전하는 운동선수가 금메달을 따기 위해, 혹은 위대한 음악가가 완벽한 연주를 하기 위해 기꺼이 감수하는 즐거운 수고와도 같습니다. 그들의 훈련은 억압이 아니라 더 위대한 자유와 성취를 위한 필수적인 과정입니다.

영적 훈련은 우리가 노력해서 하나님께 무언가를 얻어내는 행위가 아닙니다. 오히려 그것은 하나님께서 우리 안에서 일하실 수 있도록 우리 삶의 공간을 의도적으로 만들어 드리는 행위입니다. 세상의 소음으로 가득 찬 우리 마음의 방에 조용한 의자 하나를 놓고 그곳에 하나님을 초대하여 그분의 음성을 듣는 시간입니다. 영적 훈련은 우리의 새로운 이야기가 단지 머릿속의 지식으로 남지 않고 우리의 심장으로 내려와 우리의 손과 발을 움직이는 살아 있는 실재가 되도록 하는 내면화의 과정입니다.

이 마지막 4부에서 우리는 이 새로운 이야기를 살아내기 위한 몇 가지 핵심적인 영적 훈련을 함께 배우고자 합니다. 그것은 우리의 삶에 거룩한 리듬을 만들어주고, 우리가 세상의 조류에 휩쓸리지 않고 하나님 나라의 물결을 따라 항해하도록 돕는 닻과 돛이 되어줄 것입니다. 그리고 그 모든 훈련의 첫 번째이자 가장 근본적인 것은 바로 우리 이야기의 원작자이신 하나님의 목소리를 듣는 훈련입니다.

✷ 2 ✷

주인공이 되기 위해 귀 기울이는 시간

당신이 한 편의 드라마에 출연하는 배우라고 상상해 보세요. 맡겨진 역할을 완벽하게 소화하고 싶지만, 시나리오는 너무나 방대하고 종종 대사를 잊어버리거나 다른 배우와의 호흡을 놓치곤 합니다. 그때 가장 필요한 것은 무엇일까요? 그것은 드라마 전체의 흐름을 꿰뚫고 있고, 자신의 역할에 대한 가장 깊은 이해를 가지고 있으며, 어떻게 연기해야 할지를 가장 잘 아는 사람, 바로 그 드라마의 작가이자 연출가의 목소리에 귀를 기울이는 것입니다.

우리의 삶도 마찬가지입니다. 우리는 하나님의 위대한 드라마에 참여하는 주인공들입니다. 그 역할을 제대로 감당하기 위해 가장 먼저 해야 할 일은, 이 모든 이야기의 작가이시며 연출가이신 하나님의 목소리를 듣는 법을 배우는 것입니다. 우리의 작은 이야기는 그분의 거대한 이야기의 일부이기 때문에 우리는 끊임없이 전체 줄거리를 상기하고, 역할의 목적을 재확인하며 다음 장면을 향한 감독의 지시를 받아야만 길을 잃지 않을 수 있습니다.

그렇다면 우리는 어디에서 그분의 목소리를 들을 수 있을까요? 물론 하나님께서는 자연과 역사, 공동체와 우리의 양심을 통해서도 말씀하십니다. 하지만 그 모든 것을 해석하는 기준점이 되며 그분의 뜻을 가장 분명하고도 권위 있게 들을 수 있는 주된 통로는 바로 성경, 즉 기록된 하나님의 말씀입니다.

많은 그리스도인이 성경 읽기에 어려움을 겪습니다. 성경은 너무 두껍고 어떤 부분은 너무 지루하며 어떤 부분은 너무 잔인하거나 이해하기 어렵습니다. 그래서 우리는 종종 성경을 잠을 부르는 수면제나 일 년에 한 번 먼지를 털어내는 장식품, 혹은 주일 설교 시간에만 펼쳐보는 교과서처럼 취급하곤 합니다. 혹은 성경을 우리가 필요할 때마다 원하는 답을 찾아내는 인생 문제 해결 매뉴얼이나 우리의 주장을 뒷받침하기 위해 인용하는 판례 모음집 정도로만 생각하기도 합니다.

이 모든 태도의 공통점은 성경을 '나'를 중심으로 읽는다는 것입니다. 내가 주체가 되어 성경이라는 대상을 분석하고 연구하고 활용하려 합니다.

하지만 우리가 새로운 이야기를 살아내기 위해 배워야 할 성경 읽기는 이와는 정반대의 태도를 요구합니다. 성경을 살아계신 하나님께서 나에게 말씀하시는 인격적인 편지로 읽는 것입니다. 이 방식의 성경 읽기에서 주체는 내가 아니라 하나님이십니다. 나는 더 이상 텍스트를 분석하는 학자가 아닙니다. 사랑하는 분의 편지를 받아든 연인처럼, 그 글자 너머에 있는 그분의 마음과 음성을 듣기 위해 귀를 기울이는 수신자가 됩니다.

이 읽기의 목표는 더 많은 정보를 얻는 것이 아니라, 하나님과 더 깊은 관계로 들어가는 것입니다.

이처럼 관계적이고 변혁적인 방식으로 성경을 읽도록 우리를 돕는 아주 오래되고도 지혜로운 영성 훈련이 있습니다. 그것은 바로 '렉시오 디비나Lectio Divina', 즉 거룩한 독서입니다.

✳ 3 ✳

렉시오 디비나 : 말씀을 맛보는 시간

렉시오 디비나는 4세기 사막 교부들의 시대로 거슬러 올라가 6세기 베네딕트 수도 규칙을 통해 체계화되었으며, 이후 수많은 세대에 걸쳐 기독교 영성의 핵심적인 실천으로 자리 잡아 온 기도 방식입니다.

렉시오 디비나라는 라틴어는 문자적으로 거룩한 독서Sacred Reading를 의미합니다. 이것은 단순히 눈으로 글자를 읽는 행위를 넘어 우리의 온 인격—이성, 상상력, 감정, 그리고 의지—을 사용하여 하나님의 말씀을 듣고 묵상하며 그 말씀에 응답하고, 마침내 그 말씀이신 하나님 안에서 잠잠히 머무르는 전인격적인 기도입니다.

렉시오 디비나는 우리가 성경을 통해 하나님과 인격적인 대화를 나누도록 초대합니다. 그것은 네 가지(혹은 다섯 가지) 연속적인 움직임으로 구성된 하나의 역동적인 춤과도 같습니다.

읽기Lectio : 하나님께서 나에게 무엇을 말씀하고 계시는가?(말씀이 내게 들어옴)

묵상Meditatio : 이 말씀이 나의 삶과 어떻게 연결되는가?(내가 말씀 속으로 들어감)

기도Oratio : 이 말씀에 대해 나는 하나님께 어떻게 응답하고 싶은가?(내가 하나님께 나아감)

관상Contemplatio : 이제 나는 하나님 안에서 어떻게 머무를 것인가?(하나님과 내가 하나 됨)

이 네 단계는 엄격한 순서나 시간을 지켜야 하는 딱딱한 규칙이라기보다는 성령의 인도하심에 따라 자연스럽게 흘러가는 물결과도 같습니다. 때로는 한 단어 안에서 이 모든 과정이 순식간에 일어나기도 하고 때로는 한 구절을 가지고 며칠 동안 묵상하며 머무르게 될 수도 있습니다.

렉시오 디비나의 핵심은 성취가 아니라 관계에 있습니다. 오늘 얼마나 많은 양의 성경을 읽었는가, 얼마나 깊은 신학적 통찰을 얻었는가가 중요한 것이 아닙니다. 중요한 것은 단 한 구절의 말씀을 통해서라도 오늘 살아계신 하나님과 인격적으로 만났는가, 그분의 사랑의 음성을 들었는가, 그리고 그 사랑에 나의 마음을 열어 응답하는가 입니다.

이것은 마치 사랑하는 사람과 함께 천천히 산책하는 것과 같습니다. 산책의 목적은 정해진 시간 안에 정상에 오르는 것이 아닙니다. 그 목적은 함께 걷는 그 시간 자체를 즐기고 서로의 이야기에 귀를 기울이며 함께 풍경을 바라보고 그 과정 속에서 서로의 관계가 더 깊어지는 것입니다.

만약 성경 읽기를 딱딱한 의무나 지루한 숙제처럼 느껴왔다면 렉시오 디비나는 전혀 새로운 세계를 열어 줄 것입니다. 그것은 모노톤으로 보이던 성경 말씀이 풀컬러의 살아 있는 현실로 다가오고 고대의 텍스트가 바로 오늘 나에게 말씀하시는 사랑의 편지가 되는 놀라운 경험으로 초대합니다.

이제, 이 거룩한 독서의 네 가지 움직임을 하나씩 함께 배워봅시다.

✶ 4 ✶

거룩한 독서의 네 가지 몸 사위

렉시오 디비나를 시작하기 위해 먼저 조용한 시간과 공간을 확보해야 합니다. 스마트폰을 잠시 멀리하고 마음을 산만하게 하는 모든 소음으로부터 벗어나십시오. 짧은 기도로 성령께서 당신의 마음을 열어 주시고 하나님의 음성을 들을 수 있는 귀를 주시도록 간구하십시오. 그리고 너무 길지 않은 성경 본문을 선택하십시오. 시편의 한 구절, 복음서의 한 장면, 혹은 서신서의 한 문단 정도가 좋습니다.

이제, 거룩한 독서의 몸 사위가 시작됩니다.

첫 번째 동작 : 읽기Lectio – 말씀에 귀 기울이기

첫 번째 단계는 선택한 본문을 '천천히' 그리고 '반복해서' 소리 내어 읽는 것입니다. 이때 목표는 본문의 의미를 분석하거나 해석하는 것이 아닙니다. 목표는 그저 듣는 것입니다. 마치 아름다운 음악을 처음 들을 때처럼 마음을 사로잡는 특정한 멜로디나 리듬이 있는지 주의를 기울여 보십시오.

천천히 읽기 : 우리는 정보의 홍수 시대에 살면서 모든 텍스트를 빨리 훑어보고 핵심

만 파악하는 데 익숙해져 있습니다. 하지만 렉시오 디비나는 우리에게 정반대의 방식을 요구합니다. 단어 하나하나의 무게와 질감을 느끼며, 문장과 문장 사이의 침묵과 여백을 음미하며 읽어보십시오.

반복해서 읽기 : 같은 본문을 두세 번, 혹은 그 0 상 반복해서 읽습니다. 읽을 때마다 다른 뉘앙스와 깊이가 느껴질 수 있습니다.

마음을 끄는 단어 찾기 : 읽는 동안, 특별히 당신의 마음을 끌거나 반짝이거나 혹은 당신을 불편하게 만드는 단어나 구절이 있는지 살펴보십시오. 마치 해변에서 수많은 조약돌 중 유독 내 눈길을 끄는 하나를 발견하는 것과 같습니다. '왜 이 단어가 오늘 나에게 다가오는 걸까?' 분석하려 하지 말고 그저 二 단어나 구절을 부드럽게 마음에 품으십시오. 이것이 오늘 하나님께서 당신과의 대화를 위해 선택하신 '시작 단어'일 수 있습니다.

오늘 선택한 본문이 시편 23편 1-2절이라고 상상해 봅시다.

"여호와는 나의 목자시니 내게 부족함이 없으리로다. 그가 나를 푸른 풀밭에 누이시며 쉴 만한 물 가로 인도하시는도다."

이 구절을 천천히 여러 번 읽습니다. 그러다 '누이시며(He makes me lie down)'라는 단어가 유독 당신의 마음에 강하게 와닿습니다. 요즘 너무나 지쳐 있고 쉬고 싶어도 제대로 쉬지 못하는 당신의 상황과 이 단어가 깊은 공명을 일으킵니다. 당신은 다른 모든 단어는 잠시 잊고, 이 '누이시며'라는 단어를 마음에 품기로 결정합니다.

두 번째 동작 : 묵상Meditatio - 말씀을 되새기기

두 번째 단계는 첫 번째 단계에서 발견한 그 단어나 구절을 가지고 소가 여물을 되새김질하듯 부드럽게 '되새기는' 것입니다. '묵상'은 머리로 복잡하게 분석하는 지적인 활동이라기보다는 마음으로 그 말씀의 맛과 의미를 깊이 음미하는 관계적인 활동에 가깝습니다.

질문 던지기 : 당신이 품은 그 단어나 구절을 가지고 하나님께 질문을 던져보십시오.
"하나님, 왜 오늘 저에게 이 '누이시며'라는 말씀을 주셨나요?"
"주님께서 나를 눕게 하신다는 것은 무슨 의미일까요?"
"저는 지금 무엇 때문에 눕지 못하고 안절부절못하고 있나요?"

삶과 연결하기 : 그 말씀이 구체적인 삶의 정황—기쁨, 슬픔, 걱정, 관계—과 어떻게 연결되는지 생각해 보십시오. 기억, 상상력, 감정을 모두 사용하십시오.
'누이시며'라는 단어는 어떤 이미지를 떠올리게 합니까? 어머니 품에 안겨 잠든 아기의 평화로운 모습? 혹은 완강히 버티는 양을 목자가 부드럽지만 단호하게 눌러 눕히는 모습?
요즘 당신의 삶에서 눕지 못하게 만드는 '분주함'이나 '불안함'의 정체는 무엇입니까? 그것은 과도한 업무입니까, 아니면 다른 사람의 인정을 받으려는 욕심입니까, 혹은 미래에 대한 두려움입니까?

하나님과 나를 비추기 : 이 말씀을 통해 하나님은 어떤 분으로 드러나시나요? 그리고 나는 어떤 존재로 드러나시나요?
하나님은 내가 탈진할 때까지 채찍질하는 감독관이 아니라 연약함을 아시고 쉼의 자리로 강권적으로 인도하시는 자비로운 목자이시구나.

나는 내 힘으로 모든 것을 통제하고 성취해야만 한다고 믿는 교만한 양이었구나. 나는 눕는 법, 쉬는 법을 잊어버린 지친 영혼이구나.

이 묵상의 과정에서, 2000년 전의 텍스트는 더 이상 나와 상관없는 이야기가 아니라, 바로 지금 나의 가장 깊은 필요와 갈망을 만지시는 하나님의 살아 있는 음성이 됩니다.

세 번째 동작 : 기도Oratio – 마음에 응답하기

묵상을 통해 하나님의 음성을 듣고 그분의 마음을 느끼게 되면 우리의 마음속에서는 자연스럽게 응답하고 싶은 마음이 우러나옵니다. 세 번째 단계인 '기도'는 바로 이 묵상에서 비롯된 자연스러운 마음의 응답입니다. 이것은 미리 준비된 유창한 기도가 아니라 때로는 말문이 막히고 때로는 눈물이 흐르며 때로는 기쁨의 탄성이 터져 나오는 우리의 가장 솔직한 마음을 하나님께 쏟아놓는 진실한 대화입니다.

마음을 쏟아놓기 : 묵상을 통해 깨달은 것, 느낀 것을 가지고 하나님께 정직하게 말씀드리십시오. 당신의 기도는 다양한 형태를 띨 수 있습니다.

찬양과 감사 : "주님, 제가 지쳐 쓰러지기 전에 먼저 저를 찾아와 눕게 하시는 당신의 자비로우심을 찬양합니다. 저에게 쉼을 선물로 주시니 감사합니다."

회개와 고백 : "아버지, 제가 주님을 저의 목자로 신뢰하지 못하고 제 힘으로 모든 것을 하려 했던 교만을 용서하여 주십시오. 쉬지 못하는 저의 불안함의 뿌리에 있는 불신앙을 고백합니다."

간구와 탄원 : "목자 되신 주님, 제발 저를 푸른 풀밭으로 인도하여 주십시오. 제 영혼이 너무나 메마르고 지쳐 있습니다. 어떻게 쉬어야 할지조차 잊어버린 저에게 진정한 안식을 가르쳐 주십시오."

중보 : "주님, 저처럼 지쳐서 쉬지 못하는 제 친구 OOO를 기억하여 주십시오. 그에게도 찾아가셔서 그를 붙들고 푸른 풀밭에 눕혀 주십시오."

이 기도 안에서 우리는 더 이상 하나님을 멀리 계신 분으로 느끼지 않습니다. 우리는 모든 것을 아시고 작은 신음에도 귀 기울이시는 인격적인 하나님 아버지와 깊은 친밀감 속으로 들어가게 됩니다.

네 번째 동작 : 관상Contemplatio – 사랑 안에 머무르기

렉시오 디비나의 마지막 단계는 가장 단순하면서도 가장 어려운 단계일 수 있습니다. 그것은 바로 관상, 즉 하나님 안에 잠잠히 머무르는 것입니다. 앞선 세 단계가 하나님과의 적극적인 대화였다면 이 마지막 단계는 이제 모든 말과 생각을 그치고 그저 사랑하는 분의 임재 안에서 조용히 안식하는 시간입니다.

말씀을 넘어 말씀이신 분께로 : 관상은 우리가 묵상했던 특정 단어나 구절 혹은 우리가 드렸던 기도 내용을 넘어서 그 모든 것의 근원이신 하나님 자신께로 우리의 시선을 고정하는 것입니다. 이것은 연인이 서로 깊은 사랑을 확인한 뒤에는 더 이상 많은 말이 필요 없이 그저 서로의 눈을 바라보며 함께 있는 것만으로도 충만한 기쁨을 누리는 것과 같습니다.

'하기'를 멈추고 '있기' : 우리는 '무엇인가를 해야 한다'는 강박에 시달리는 문화 속에 살고 있습니다. 그래서 아무것도 하지 않고 가만히 있는 것을 견디기 어려워합니다. 하지만 관상은 바로 이 '행위 중심주의'로부터의 해방입니다. 이 시간 동안 당신은 무언가를 얻어내거나 느껴야 할 필요가 없습니다. 당신의 유일한 과제는 당신을 사랑의 눈으로 바라보고 계시는 하나님 안에서 그리고 당신을 위해 모든 것을 이루신 그리스도의 완성된 사역 안에서 그저 '존재하는 것', 즉 그분의 사랑받는 자녀로 머무르는 것입니다.

실천적인 방법 : 처음에는 이 침묵의 시간이 어색하고 온갖 잡념으로 가득 찰 수 있습니다. 괜찮습니다. 그럴 때는 당신이 묵상했던 단어(예 : '나의 목자')를 부드럽게 숨을 쉴 때마다 반복하거나 당신을 따뜻하게 감싸는 하나님의 사랑의 빛을 상상하는 것이 도움이 될 수 있습니다. 단 몇 분이라도 괜찮습니다. 이 의도적인 멈춤의 시간은 분주한 세상 속에서 우리 영혼의 중심을 하나님께로 되돌려 놓는 거룩한 닻 내림의 시간이 될 것입니다.

이 네 가지 몸 사위가 끝나면 우리는 조용한 감사의 기도로 렉시오 디비나를 마칩니다. 그리고 이 거룩한 독서를 통해 새롭게 된 마음과 관점을 가지고 우리는 다시 세상 속으로 나아갑니다.

✳ 5 ✳

마지막 춤, 세상 속으로 나아가다

전통적인 렉시오 디비나는 네 가지 움직임으로 구성되지만, 많은 영성가들은 여기에 보이지 않는 다섯 번째 움직임, 즉 '살아내기Actio'가 반드시 뒤따라야 한다고 강조합니다.

렉시오 디비나는 골방 안에서 끝나는 개인적인 경건 훈련이 아닙니다. 그것은 우리가 세상 속에서 하나님의 이야기를 살아내는 선교적 삶을 위한 영적인 준비 과정입니다. 하나님과의 친밀한 만남은 필연적으로 이웃을 향한 사랑의 섬김으로 이어져야 합니다.

렉시오 디비나를 통해 우리 마음에 심겨진 말씀의 씨앗은 우리의 구체적인 삶의 현장에서 순종의 열매를 맺을 때 비로소 그 생명력을 온전히 드러냅니다.

'그가 나를 푸른 풀밭에 누이시며.'라는 말씀을 통해 진정한 쉼을 선물 받았다면 이제 나는 오늘 만나는 지친 동료에게 따뜻한 격려의 말을 건네고 잠시 쉴 수 있는 공간을 마련해 주는 작은 '목자'가 될 수 있습니다.

'원수를 사랑하라.'는 말씀을 통해 나를 향한 하나님의 무조건적인 용서를 깊이 묵상했다면, 이제 나는 나에게 상처를 준 가족에게 먼저 다가가 화해의 손을 내미는 용기를 낼 수 있습니다.

'너희는 세상의 빛이라.'는 말씀을 통해 나의 새로운 정체성을 확인했다면, 내가 속한 직장의 부정직한 관행에 침묵하는 대신 정직과 진실의 빛을 비추는 작은 목소리를 내기로 결단할 수 있습니다.

이처럼 '살아내기'는 렉시오 디비나를 완성하는 마지막 퍼즐 조각입니다. 우리의 순종적인 삶의 행동을 통해 하나님의 말씀은 더 이상 종이 위에 갇힌 문자가 아니라 세상 사람들이 보고 읽을 수 있는 살아 있는 이야기가 됩니다. 그리고 이 순종의 경험은 다시 우리를 더 깊은 말씀의 묵상으로 이끌어, 우리의 삶 전체가 말씀과 삶이 서로를 풍성하게 하는 거룩한 선순환의 리듬 속에 들어가게 될 것입니다.

12장

써내려가는
영혼의 로그북

1

사라지는 은혜를 붙잡는 법

우리의 여정은 듣는 것에서만 그치지 않습니다. 위대한 이야기는 그것을 기록하고 성찰하는 과정을 통해 비로소 자기 것이 됩니다.

망망대해를 항해하는 배의 선장이 매일 '로그북항해일지'를 기록하는 것을 상상해 보십시오. 그는 그날의 날씨, 파도의 높이, 바람의 방향, 배가 나아간 경로, 그리고 항해 중에 마주쳤던 특별한 사건들을 꼼꼼하게 기록합니다. 이 항해일지는 단순히 과거를 기록하는 것 이상의 의미를 가집니다. 그것은 현재의 위치를 정확하게 파악하고 다가올 위험을 예측하며 최종 목적지를 향해 항로를 수정하기 위한 필수적인 도구입니다. 이 기록이 없다면 배는 방향을 잃고 망망대해를 표류하게 될 것입니다.

우리의 영적 여정도 이와 같습니다. 하나님께서는 매일의 삶이라는 바다 위에서 우리를 인도하십니다. 때로는 순풍에 돛을 단 듯 평온하게, 때로는 거센 폭풍우 속에서 위태롭게 항해합니다. 그 과정에서 하나님은 스쳐 지나가는 사람의 미소를 통해, 예상치 못한 어려움을 통해, 혹은 마음속의 작은 속삭임을 통해 우리에게 수많은 신호를 보내시고 말씀하십니다. 하지만 우리의 기억은 너무나 연약하고 일상의 분주함은 너무나 거세서 그 소중한 이야기들은 하룻밤의 꿈처럼 흔적도 없이 사라져 버리기 일쑤입니다. 어제 나를 감격하게 했던 은혜의 순간도 나를 아프게 했던 실패의 교훈도 오늘 아침의 분주함 속에서는 희미한 잔상으로만 남게 됩니다.

영성 일기 Spiritual Journaling는 바로 이 사라지는 이야기들을 붙잡아 우리 영혼의 항해일지에 기록하는 거룩한 훈련입니다. 그것은 단순히 하루의 사건을 쓰는 일기diary가 아닙니다. 그날의 삶 속에서 일하신 하나님의 손길을 찾고, 그 앞에서 반응했던 내 마음을 정직하게 성찰하며 기록하는 영적인 실천입니다. 영성 일기는 우리가 1부에서 펼쳐놓았던 우리 삶의 '원재료'들을 2부에서 배운 하나님의 위대한 '이야기'의 빛 아래서 매일매일 해석해 나가는 실제적인 작업실입니다.

많은 사람이 일기 쓰기에 대해 부담감을 느낍니다.
"글재주가 없어.", "매일 쓸 시간이 없어.", "내 평범한 일상에 과연 기록할 만한 특별한 것이 있을까?"
하지만 영성 일기는 유려한 문장을 요구하지 않습니다. 많은 시간이 필요하지 않습니다. 영성 일기가 요구하는 유일한 것은 하루 중 잠시 멈추어 하나님 앞에서 자신의 하루를 정직하게 돌아보려는 마음의 자세입니다.

이 장에서 우리는 영성 일기가 왜 우리의 새로운 이야기를 살아내는 데 필수적인 훈련인지를 살펴볼 것입니다. 그리고 더 나아가 막연하게만 느껴졌던 영성 일기를 구체적으로 어떻게 쓸 수 있는지에 대한 실제적인 방법들을 함께 배워나갈 것입니다. 다윗의 시편이 그의 영혼의 항해일지였던 것처럼 그리고 요셉이 자신의 파란만장한 삶을 회고하며 하나님의 섭리를 발견했던 것처럼 영성 일기는 우리의 삶이라는 이야기 속에 숨겨진 하나님의 위대한 플롯을 발견하게 하는 보물 지도가 되어줄 것입니다. 이제 영혼의 닻을 내리고, 오늘의 항해를 기록할 준비를 하십시오.

✶ 2 ✶

기록은 기억보다 강하다

영성 일기를 꾸준히 써내려가는 것은 당장 눈에 띄는 변화를 가져오지 않을 수도 있습니다. 하지만 시간이 지나면서 이 작은 습관은 우리의 영혼에 깊고도 강력한 변화를 일으키는 세 가지 중요한 열매를 맺게 됩니다.

첫째, 영성 일기는 '영적 감각'을 깨웁니다

우리는 보이지 않는 하나님을 믿지만 종종 임재를 느끼지 못하는 영적 무감각 상태에 빠져 살아갑니다. 우리는 하나님의 역사가 성경 시대나 특별한 부흥의 때에만 일어나는 것이라고 생각하며 평범하고 반복되는 일상 속에서는 그분의 손길을 기대하지 않습니다.

하지만 영성 일기는 우리에게 '하나님께서 지금 여기, 나의 삶 속에서 일하고 계신다.'는 사실을 의식적으로 알아차리도록 훈련시킵니다. 매일 저녁, "오늘 하나님은 나의 삶에 어떻게 함께하셨는가?"라는 질문을 가지고 하루를 돌아보기 시작할 때 우리의 영적 안테나는 이전보다 훨씬 더 예민해집니다.

이전에는 무심코 지나쳤을 동료의 작은 친절 속에서 나를 위로하시는 하나님의 따뜻한 손길을 발견하게 됩니다.

계획대로 일이 풀리지 않아 짜증 났던 그 순간이 사실은 나의 교만한 통제욕을 내려놓게 하시려는 하나님의 섭리였음을 깨닫게 됩니다.

아이와의 갈등 속에서 터져 나온 나의 부끄러운 분노를 통해 나에게 얼마나 십자가의 은혜가 절실히 필요한지를 처절하게 느끼게 됩니다.

영성 일기는 우리의 눈을 열어 평범한 일상saeculum 속에 숨겨진 거룩함sacrum을 보게 하는 렌즈와도 같습니다. 이 훈련을 계속할수록 우리는 더 이상 하나님을 주일에만 만나는 분이 아니라 월요일의 사무실에서 화요일의 부엌에서 수요일의 지하철 안에서 내 삶의 모든 순간에 함께하시며 말씀하시는 살아계신 하나님으로 경험하게 될 것입니다.

둘째, 영성 일기는 '정직한 관계'를 엽니다

우리의 기도 생활은 종종 형식적이고 위선적인 독백으로 그치기 쉽습니다. 우리는 하나님 앞에서조차 경건하고 믿음 좋은 모습만을 보여드리려 애쓰며 우리의 진짜 감정—분노, 의심, 실망, 질투—은 불경건한 것이라 생각하여 감추곤 합니다.

하지만 영성일기는 우리에게 하나님과 진짜 대화를 나눌 수 있는 안전한 공간을 제공합니다. 백지 위에서는 누구의 눈치도 볼 필요가 없습니다. 우리는 우리의 가장 깊은 의심과 가장 추한 욕망까지도 정직하게 쏟아놓을 수 있습니다. 이것은 다윗이 시편에서 보여주었던 바로 그 영성입니다. 그는 하나님을 향한 찬양과 감사뿐만 아니라 원수들을 향한 저주와 하나님의 침묵을 향한 원망까지도 필터 없이 쏟아놓았습니다.

이처럼 정직하게 우리의 마음을 쏟아놓을 때 역설적으로 하나님과의 관계는 더 깊어집니다. 하나님은 우리의 위선적인 경건함이 아니라 우리의 상한 심령을 원하시기 때문입니다. 영성 일기는 우리가 더 이상 하나님을 두려운 심판관이 아닌 나의 모든 것을 아시고도 나를 사랑하시는 친밀한 친구이자 상담가로 만나게 하는 통로가 됩니다. 우리가 우리의 어둠을 정직하게 빛 가운데로 가져갈 때 비로소 그분의 치유와 회복의 빛이 우리 안에 임할 수 있습니다.

셋째, 영성 일기는 '성장의 패턴'을 보게 합니다

우리의 영적 성장은 종종 너무나 더디고 눈에 띄지 않아서 우리는 스스로가 전혀 변하지 않고 제자리걸음만 하고 있다고 느끼며 쉽게 낙심합니다.
하지만 영성 일기는 우리 삶의 '성장 그래프'를 제공합니다. 몇 달, 혹은 몇 년 치의 일기를 다시 읽어볼 때 우리는 그 안에서 놀라운 패턴들을 발견하게 됩니다.

과거에 나를 그토록 넘어지게 했던 특정 죄의 유혹에 대해 지금은 이전보다 더 잘 분별하고 대처하는 나의 작은 성장을 발견하고 용기를 얻게 됩니다.
과거에 나를 절망시켰던 그 캄캄한 고난의 골짜기를 하나님께서 결국 어떻게 선하게 인도하셨는지를 다시 확인하며 현재의 어려움 속에서도 그분의 신실하심을 신뢰할 수 있는 힘을 얻게 됩니다.
나의 삶에 반복적으로 나타나는 실패의 패턴과 거짓 시나리오의 정체를 더 명확하게 인식하고 그것을 끊어내기 위한 구체적인 기도를 시작하게 됩니다.

영성 일기는 우리 삶이라는 이야기 속에 숨겨진 하나님의 플롯을 발견하게 하는 가장 강력한 도구입니다. 그것은 우리에게 과거의 은혜를 잊지 않게 하는 기념비(에벤에셀)가 되고 미래를 향한 소망을 품게 하는 약속의 증표가 됩니다. 이 기록된 은혜의 역사 앞에서 우리는 더 이상 감정의 파도에 흔들리지 않고 우리를 향한 하나님의 변함없는 사랑과 신실하심이라는 더 큰 이야기의 흐름 위에 굳건히 서게 될 것입니다.

3

내 영혼의 로그북을 펼치다

영성 일기가 중요하다는 것을 알지만 막상 백지를 마주하면 무엇부터 어떻게 써야 할지 막막하게 느껴질 수 있습니다. 영성 일기에는 정해진 형식이나 정답이 없습니다. 중요한 것은 자신에게 가장 잘 맞고, 꾸준히 실천할 수 있는 방법을 찾는 것입니다. 여기서는 가장 대표적이고 효과적인 세 가지 모델을 소개합니다. 이 모델들을 그대로 따라 하거나 혹은 각자의 상황에 맞게 변형하여 각자의 스타일을 만들어갈 수 있습니다.

모델1 : 매일의 성찰기도The Daily Examen − 하루를 돌아보는 다섯 가지 렌즈

이 방법은 16세기 예수회의 창시자인 이냐시오 데 로욜라에 의해 개발된 매우 구조적이면서도 깊이 있는 성찰 기도 방식입니다. 하루를 마감하며 10분에서 15분 정도의 짧은 시간 동안 다섯 가지 단계를 따라 자신의 하루를 돌아보며 그 안에서 하나님의 움직임을 발견하는 훈련입니다. 이 방법은 특히 바쁘고 분주한 삶 속에서 짧은 시간 안에 깊은 영적 성찰을 하기 원하는 사람들에게 매우 유용합니다.

감사Gratitude : 기도를 시작하며 먼저 오늘 하루 동안 하나님께서 나에게 베풀어주신

크고 작은 선물들을 기억하며 감사하는 시간을 갖습니다.(1~2분)

성찰 질문 : 오늘 나를 미소 짓게 했던 것은 무엇인가? 당연하게 여겼지만 사실은 은 혜였던 것은 무엇인가?(아침 햇살, 따뜻한 커피 한 잔, 동료의 격려, 건강하게 숨 쉬는 것 등)

일기 쓰기 : "하나님, 오늘…"으로 시작하며 당신이 발견한 2~3가지 감사 제목을 구체 적으로 기록합니다. 감사는 우리 마음의 렌즈를 불평에서 은혜로 돌려놓는 영적인 '초점 맞추기'입니다.

조명Illumination : 성령께서 당신의 눈을 열어 하루를 있는 그대로 하나님의 시선으로 볼 수 있도록 지혜와 빛을 구하는 기도를 드립니다.(30초)

일기 쓰기 : "성령님, 저의 눈을 열어 주셔서 오늘 하루 저의 생각과 말, 행동, 그리고 감정 속에 있었던 주님의 뜻과 저의 어긋남을 정직하게 보게 하소서."

돌아보기Review : 이제 아침에 눈을 떴을 때부터 지금까지 마치 한 편의 영화를 보듯 당신의 하루를 시간 순서대로 천천히 돌아봅니다.(3~5분)

성찰 질문 : 어떤 순간에 나는 기쁨과 평안, 사랑과 같은 '영적 위로consolation'를 느꼈 는가? 그 순간 나는 하나님께 더 가까이 나아갔는가? 반대로, 어떤 순간에 나는 불안 과 분노, 수치심과 같은 '영적 고독desolation'을 느꼈는가? 그 순간 나는 하나님으로부 터 멀어져 있었는가?

일기 쓰기 : 당신의 하루에서 가장 인상 깊었던 한두 가지 장면을 선택하여 기록합니

다. 단순히 사건을 나열하는 것이 아니라 그 순간 당신이 느꼈던 감정과 그 감정의 뿌리에 대해 탐색해 봅니다.(예 : "오후 회의 때, 김 부장님의 지적에 갑자기 마음이 무너져 내렸다. 수치심과 분노가 일었다. 돌아보니, 나의 무능함이 드러나는 것에 대한 두려움, 즉 '실패자'라는 나의 옛 시나리오가 다시 작동했던 것 같다.")

회개와 화해 Repentance & Reconciliation : 당신이 하나님으로부터 멀어졌던 순간, 사랑에 실패했던 순간을 발견했다면, 그것을 가지고 하나님 앞에 나아가 용서를 구합니다.(1~2분)

일기 쓰기 : 당신의 구체적인 죄나 실패를 고백하고 당신을 위해 죽으신 그리스도의 십자가 은혜를 의지하여 용서를 구하는 기도를 씁니다. 또한, 당신의 행동으로 인해 상처 입은 사람이 있다면 그와의 화해를 위해 무엇을 할 수 있을지 생각해 봅니다.

새로운 다짐 Resolution : 이제 내일을 바라보며 오늘 배운 교훈을 가지고 어떻게 하면 내일은 조금 더 하나님과 동행하는 하루를 살 수 있을지 구체적인 다짐을 하며 기도를 마칩니다.(1~2분)

일기 쓰기 : "주님, 내일 다시 김 부장님을 만날 때 저의 안정감이 주님께 있음을 기억하게 하소서. 그의 지적을 개인적인 공격으로 받지 않고 겸손하게 배우려는 마음을 주소서."

모델2 : 대화형 일기Dialogue Journaling - 하나님께 쓰는 편지

이 방법은 다윗이 시편에서 보여주었던 것처럼 하나님을 인격적인 대화 상대로 삼아 자신의 모든 것을 쏟아놓는 자유로운 형식의 일기입니다. 이것은 정해진 구조 없이 당신의 마음이 이끄는 대로 써내려갈 수 있기 때문에 감정을 솔직하게 표현하고 하나님과 친밀한 관계를 맺는 데 큰 도움이 됩니다.

시작하기 : "사랑하는 아버지께", "주님," 등 인격적인 호칭으로 편지를 시작합니다. 이것은 지금부터 하는 일이 단순히 혼잣말이 아니라 살아계신 하나님과의 '대화'임을 의식하게 도와줍니다.

마음 쏟아놓기 Pouring Out : 필터링 없이 마음속에 있는 모든 생각과 감정, 질문과 고민을 그대로 써내려갑니다.

감사 : 오늘 있었던 감사한 일들을 구체적으로 이야기하며 감사를 표현합니다.

탄식 : 당신을 힘들게 하는 문제, 슬픔과 분노, 억울함을 정직하게 쏟아놓습니다. 하나님을 원망하는 마음이 든다면 그것조차도 숨기지 말고 그대로 쓰십시오.

질문 : 이해할 수 없는 일들, 신앙적인 고민들을 하나님께 질문의 형태로 아뢰십시오.

고백 : 죄와 연약함을 구체적으로 인정하고 용서를 구하십시오.

간구 : 필요와 소원을 정직하게 아뢰십시오.

잠잠히 듣기 Listening in Silence : 마음을 다 쏟아놓았다면 이제 잠시 펜을 내려놓고 침묵 속에서 귀를 기울여 보십시오. 하나님께서 당신의 이 모든 이야기에 대해 무엇이라고 응답하실지 상상해 보는 것입니다. 이것은 신비한 음성을 듣는 것이 아닙니다. 이것

은 당신이 이미 아는 성경의 진리, 즉 하나님의 성품과 약속의 말씀에 비추어 당신의
상황을 다시 해석해 보는 작업입니다.

하나님의 응답 기록하기 : 이제 당신의 마음속에 떠오르는 하나님의 위로와 격려 혹은
도전과 책망의 음성을 1인칭 시점('사랑하는 내 아들아/딸아…')으로 기록해 봅니다.

주의사항 : 이때 기록하는 내용은 반드시 성경의 전체적인 가르침과 일치해야 합니
다. 만약 "네가 미워하는 그 사람에게 복수해도 괜찮다."와 같은 생각이 든다면 그것
은 결코 성령의 음성이 아닙니다. 이 '듣는 글쓰기'는 항상 성경과 건강한 신앙 공동체
의 분별 아래 있어야 합니다.

예시 : 나의 탄식 : "주님, 저는 너무 지쳤어요. 이 문제가 언제 끝날지 보이지 않아요."
→ 듣는 글쓰기 : "사랑하는 딸아, 네가 지쳐 있는 것을 내가 안다. 그러나 두려워하지
말라. 내가 너와 함께함이라. 너의 힘이 아닌 나의 능력으로 이 길을 걸어가자. 내게로
와서 쉬어라."

모델3 : 서사형 일기 Narrative Journaling
– 내 삶의 장면들 속에 숨겨진 플롯 찾기

이 방법은 이 책의 전체 주제인 '신앙 서사 형성'과 가장 직접적으로 연결되
는 모델입니다. 이것은 삶에서 일어난 특정한 사건이나 경험 하나를 마치 한
편의 짧은 '이야기'로 여기고 그 이야기 속에 숨겨진 하나님의 더 큰 드라마
(창조–타락–구속–완성)의 플롯을 발견해 내려는 시도입니다. 이 방법은 특
히 삶에 큰 영향을 미친 결정적인 순간들(봉우리와 골짜기)을 깊이 있게 성찰
하는 데 유용합니다.

장면 선택하기 : 하루 혹은 과거의 기억 속에서 마음에 강하게 남아있는 특정한 '장면' 하나를 선택합니다.(자녀와 크게 다투었던 장면, 중요한 프로젝트를 성공적으로 마쳤던 장면, 예상치 못한 친절을 경험했던 장면 등)

이야기 재구성하기(Mimesis1) : 먼저, 그 장면을 객관적인 사실 중심으로 최대한 구체적으로 묘사합니다. 누가, 언제, 어디서, 무엇을, 어떻게, 왜. 그때 했던 말과 행동, 그리고 느꼈던 감정들을 있는 그대로 기록합니다.

하나님의 플롯으로 해석하기(Mimesis2) : 이제 그 장면을 '창조-타락-구속-완성'이라는 네 가지 렌즈를 통해 다시 해석해 봅니다.

창조Creation : 이 상황 속에 있었던 '하나님의 선한 의도' 혹은 '원래의 좋았던 모습'은 무엇이었을까?(예 : 자녀와의 다툼 → 원래 하나님께서 의도하신 부모와 자녀 관계는 사랑과 신뢰의 관계였다.)

타락The Fall : 이 이야기 속에 어떤 '죄'와 '깨어짐', '거짓 시나리오'가 개입되었는가?(예 : 나의 통제하려는 욕심과 자녀의 반항적인 마음이 충돌했다. 나는 '좋은 부모는 자녀를 완벽하게 통제해야 한다.'는 거짓 시나리오에 따라 행동했다.)

구속Redemption : 이 깨어진 상황 속으로 십자가와 부활의 복음은 어떻게 빛을 비추는가? 이 경험을 통해 내가 깨닫게 된 은혜는 무엇인가?(예 : 이 다툼을 통해 나는 내 힘으로는 결코 좋은 부모가 될 수 없으며, 매 순간 하나님의 은혜와 지혜가 필요하다는 사실을 깨달았다. 내가 먼저 자녀에게 나의 잘못을 인정하고 용서를 구하는 것이 십자가의 사랑을 실천하는 길이다.)

완성Consummation : 이 경험은 장차 올 하나님 나라의 어떤 소망을 품게 하는가?(예 : 언젠가 새 하늘과 새 땅에서는 모든 관계의 갈등이 사라지고, 우리가 온전한 사랑 안에서 하나가 될 그날을 소망하게 된다. 그 소망이 오늘 내가 화해를 위해 한 걸음 내디딜 용기를 준다.)

새로운 이야기로 살아가기(Mimesis3) : 이 해석을 통해 얻게 된 새로운 깨달음을 가지고, 앞으로 비슷한 상황에서 어떻게 다르게 생각하고 행동할 것인지 구체적인 다짐을 기록합니다.

이 세 가지 모델은 서로 배타적이지 않습니다. 어떤 날은 성찰 기도로 간단히 하루를 정리하고 어떤 날은 하나님께 긴 편지를 쓰고 싶을 수 있으며 어떤 주말에는 시간을 내어 당신의 삶의 중요한 장면을 서사형 일기로 깊이 있게 성찰해 볼 수도 있습니다. 중요한 것은 당신의 삶을 하나님의 이야기와 연결하려는 꾸준한 시도를 멈추지 않는 것입니다.

✳ **4** ✳

쓰는 일, 그 자체로 거룩하다

하나님은 위대한 이야기꾼이시며 그분은 지금 바로 우리의 삶을 통해 이 세상에 단 하나뿐인 독특한 이야기를 써내려가고 계십니다. 우리의 삶은 결코 하찮거나 무의미하지 않습니다. 기쁨과 눈물, 성공과 실패, 믿음과 의심, 그 모든 것이 하나님의 위대한 구속 서사를 이루는 소중한 한 페이지입니다.

영성 일기는 바로 우리 각자가 그 이야기의 소중함을 깨닫고 그 이야기의 공동 저자로서 하나님의 집필에 기쁨으로 참여하도록 초대하는 도구입니다. 이야기를 기록하기 시작할 때 비로소 우리의 삶이 얼마나 놀라운 은혜의 서사였는지를 발견하게 될 것입니다. 그리고 그 기록된 이야기는 훗날 우리뿐만 아니라 비슷한 길을 걷는 다른 누군가에게 길을 비추는 등불이 될 것입니다.

우리의 이야기는 기록될 가치가 있습니다. 오늘 밤, 펜을 들어 영혼의 항해 일지 그 첫 페이지를 써내려가 보지 않으시겠습니까?

하늘의 호흡법으로
하루를 정돈하기

✴ 1 ✴

가슴 뛰는 만남, 기도의 시작

들고, 기록하고, 성찰하는 이 모든 과정은 결국 하나의 목적지로 우리를 이끌어 갑니다. 바로 살아계신 하나님과의 인격적이고 친밀한 대화, 즉 기도입니다.

기도. 기독교 신앙에서 이 단어만큼 익숙하면서도 동시에 이 단어만큼 우리를 무겁게 짓누르는 것도 없을 것입니다. 우리는 모두 기도가 중요하다는 것을 압니다. 기도는 영혼의 호흡이라고 배우고 모든 믿음의 선배들이 기도의 사람이었다는 이야기를 듣습니다. 하지만 솔직하게 우리 자신을 돌아볼 때 기도는 종종 우리에게 가장 큰 부담과 실패감을 안겨주는 영역이 되곤 합니다.

우리의 기도 생활은 어떻습니까? 혹시 기도가 하나님께 제출해야 하는 업무 보고서나 요구 사항 목록처럼 느껴지지는 않습니까? 우리는 정해진 시간에 의무적으로 기도 자리에 앉지만, 무슨 말을 해야 할지 몰라 같은 말만 되풀이하다가 기도를 마칩니다.

우리의 기도는 주로 우리가 필요로 하는 것들을 하나님께 요청하는 일방적인 독백으로 채워져 있습니다. 때로는 다른 사람들의 유창하고 거룩해 보이는 기도와 자신의 서툰 기도를 비교하며, "나는 기도를 잘 못해."라는 자괴감에 빠지기도 합니다. 기도는 영혼의 즐거운 호흡이 아니라 숨을 참는 것처럼 답답하고 힘겨운 의무가 되어버렸습니다.

이러한 기도의 어려움은 어디에서 비롯되는 것일까요? 그것은 우리가 기도의 본질을 근본적으로 오해하고 있기 때문입니다. 우리는 기도를 우리가 하나님을 위해 해야 하는 어떤 일이라고 생각하는 경향이 있습니다. 하지만 복음이 우리에게 보여주는 기도는 정반대입니다. 기도는 우리의 새로운 정체성, 즉 하나님의 자녀가 되었기 때문에 자연스럽게 누리게 되는 특권이자 관계 그 자체입니다.

어린아이가 부모와 대화하는 것을 생각해 보십시오. 아이는 정해진 시간에 정해진 형식에 맞춰 부모에게 보고하지 않습니다. 아이는 기쁠 때, 슬플 때, 도움이 필요할 때, 혹은 그냥 아빠가 보고 싶을 때, 언제든지 스스럼없이 아빠에게 달려가 자신의 모든 것을 이야기합니다. 그 대화는 유창하지 않아도 되고 논리적이지 않아도 괜찮습니다. 중요한 것은 그들 사이에 사랑과 신뢰의 관계가 있다는 사실입니다.

기도는 바로 이와 같습니다. 그것은 우리가 하나님의 새로운 가족으로 입양되었기 때문에 이제 아빠 아버지와 나눌 수 있게 된 친밀하고도 정직한 대화입니다. 그것은 더 이상 종교적인 의무가 아니라 사랑하는 관계 속에서 일어나는 자연스러운 마음의 교류입니다.

이 장에서 우리는 이 잃어버렸던 기도의 언어를 다시 배우는 여정을 떠날

　　　　　　　　　제4부　삶을 단단히 세우기

것입니다. 우리는 먼저 타락이 우리의 기도 언어를 어떻게 왜곡시켜 버렸는지를 진단하고 예수님께서 가르쳐주신 주기도문을 통해 새로운 가족의 모국어가 무엇인지를 배울 것입니다. 그리고 더 나아가 이 새로운 언어를 사용하여 우리의 모든 삶의 조각들을 가지고 하나님과 실제적인 대화를 나누는 구체적인 방법들을 탐험할 것입니다.

이 장의 목표는 우리 모두를 기도의 전문가로 만드는 것이 아닙니다. 그 목표는 우리의 모든 연약함과 서투름에도 불구하고 하나님 아버지의 품 안에서 우리의 진짜 이야기를 정직하게 들려주고 그분의 음성을 듣는 사랑받는 자녀로 살아가도록 돕는 것입니다. 우리의 이야기는 더 이상 고독한 독백이 아닙니다. 우리의 이야기는 이제 하나님과 따뜻한 대화 속에서 함께 써질 것입니다.

✳ **2** ✳

고아의 독백 vs 자녀의 대화

우리가 왜 기도를 이토록 어렵게 느끼는지를 이해하기 위해 우리는 다시 한 번 드라마의 두 번째 에피소드, '타락'의 무대로 돌아가야 합니다. 타락은 하나님과 인간 사이의 친밀한 대화 관계를 근본적으로 파괴했습니다. 에덴동산에서 하나님과 자유롭게 거닐며 대화했던 아담과 하와는 죄를 지은 후 하나님의 음성을 듣고 두려워하여 나무 뒤에 숨었습니다. 이때부터 인류의 기도는 사랑의 대화가 아닌 두려움에 뿌리를 둔 고아의 언어가 되어버렸습니다.

하나님 아버지를 떠난 영적인 고아로서 우리는 하나님을 더 이상 우리를 사랑하시는 아버지가 아닌 멀리 계신 무섭고 변덕스러운 주인이나, 혹은 우리의 필요를 채워주는 기능적인 존재로 인식하게 되었습니다. 이 왜곡된 하나님 이미지는 우리의 기도 방식을 필연적으로 왜곡시킵니다. 우리는 고아의 영이 구사하는 세 가지 대표적인 기도의 함정에 빠지게 됩니다.

거래적 기도(The Transactional Prayer)
: 하나님을 자판기처럼 대하다

고아의 마음 깊은 곳에는 결핍감과 불안감이 자리 잡고 있습니다. 그래서

제4부　삶을 단단히 세우기

고아의 기도는 본질적으로 거래가 됩니다. "하나님, 만약 제가 이만큼의 종교적 의무(주일성수, 헌금, 봉사)를 이행하면 하나님께서는 저에게 이만큼의 보상(건강, 성공, 문제 해결)을 주셔야 합니다." 이 기도 안에서 하나님은 인격적인 아버지가 아니라 내가 원하는 것을 얻기 위해 동전을 넣고 버튼을 눌러야 하는 거대한 자판기로 전락합니다.

이 거래적 기도의 문제는 그것이 신뢰가 아닌 실적에 기반한다는 것입니다. 내가 기도를 열심히 하고 경건하게 살고 있다고 느낄 때는 하나님이 내편인 것 같아 잠시 안도하지만 내가 실패하고 넘어졌을 때는 하나님이 나를 벌하실 것이라는 두려움에 사로잡힙니다. 또한, 내가 원하는 대로 기도가 응답되지 않을 때 우리는 자판기가 고장 났다고 생각하며 하나님께 분노하거나 혹은 내가 충분한 동전을 넣지 않았다고 생각하며 더 깊은 죄책감에 빠집니다. 이 기도 안에는 참된 평안이나 자유가 없습니다. 오직 끊임없는 불안과 계산만이 존재할 뿐입니다.

연기자 기도(The Performative Prayer)
: 하나님 앞에서 가면을 쓰다

고아의 마음속에는 깊은 수치심이 있습니다. 자신의 벌거벗은 모습, 즉 연약하고 부족한 모습 그대로는 사랑받을 수 없을 것이라는 두려움입니다. 그래서 고아의 기도는 종종 다른 사람이나 심지어 하나님 앞에서 자신의 경건함을 증명하려는 연기가 됩니다.

예수님께서는 회당과 거리 어귀에 서서 사람들에게 보이려고 기도했던 바리새인들을 책망하셨습니다. 그들의 기도는 하나님과의 친밀한 대화가 아니라 자신의 영적인 우월감을 과시하기 위한 공연이었습니다. 우리 역시 이 함정에 쉽게 빠집니다. 우리는 기도할 때 유창하고 신학적으로 올바른 언어를 사용해야 한다는 압박감을 느낍니다. 우리는 우리의 진짜 감정—의심, 분노, 욕망—은 숨긴 채, 항상 믿음 좋고 감사 넘치는 모습만을 보이려 애씁니다.

이 연기자 기도의 비극은 우리가 결코 하나님과 정직하게 만날 수 없다는 것입니다. 우리는 하나님 앞에서조차 무화과 나뭇잎으로 엮은 가면을 쓰는 셈입니다. 우리가 우리의 진짜 모습을 숨기는 한 우리는 결코 하나님의 진짜 위로와 치유를 경험할 수 없습니다. 하나님은 우리의 완벽한 연기를 원하시는 것이 아니라 우리의 상한 심령을 원하십니다.

독백적 기도(The Monologue Prayer)
: 내 목소리만 울려 퍼지다

고아의 마음은 자기중심적입니다. 세상의 중심은 '나'이며, 나의 필요와 나의 계획이 가장 중요합니다. 그래서 고아의 기도는 하나님과의 대화가 아닌 일방적인 독백monologue이 되기 쉽습니다.

우리의 기도 시간을 점검해 보십시오. 혹시 그 대부분이 우리가 하나님께 원하는 것들을 쏟아놓는 요청 목록으로 채워져 있지는 않습니까? 우리는 하나님께 우리의 계획을 알려드리고 그 계획에 서명해 달라고 요구합니다. 우리는 마치 고객센터에 불만을 접수하는 고객처럼 우리의 문제들을 쏟아놓고 신속한 해결을 촉구합니다.

이 독백적 기도에는 듣는 시간이 없습니다. 하나님의 뜻이 무엇인지 그분이 지금 나에게 무엇을 말씀하고 싶어 하시는지에 대해서는 거의 관심을 기울이지 않습니다. 하나님을 우리 이야기의 위대한 작가로 인정하는 대신 우리의 시나리오에 필요한 것을 공급해 주는 조연 배우 정도로 취급하는 것입니다. 이 기도 안에서 우리는 결코 변화될 수 없습니다. 그저 자기중심성이라는 감옥 안에 더욱 깊이 갇히게 될 뿐입니다.

거래, 연기, 독백. 이것이 바로 타락이 우리게게 가르쳐준 고아의 언어입니다. 당신의 기도는 이 세 가지 함정 중 어디에 가장 자주 빠지십니까? 이 왜곡된 기도의 문법을 깨닫고 인정하는 것이 우리에게 새로운 언어를 가르쳐 주시기 위해 오신 예수님의 학교에 입학하는 첫걸음입니다.

✳ **3** ✳

새로운 가족 언어 : 주님이 가르쳐 주신 기도

예수님의 제자들은 예수님께서 기도하시는 모습을 보며 깊은 감명을 받았습니다. 그분의 기도에는 그들이 알던 바리새인들의 기도와는 전혀 다른 권위와 친밀함이 있었습니다. 그래서 그들은 예수님께 요청합니다. "주여, 요한이 자기 제자들에게 기도를 가르친 것과 같이 우리에게도 가르쳐 주옵소서."

이에 대한 응답으로 예수님께서 가르쳐주신 '주기도문'은 단순히 우리가 예배 시간에 암송해야 할 하나의 기도문이 아닙니다. 이것은 하나님의 새로운 가족이 구사해야 할 기도의 언어이며 우리가 어떻게 하나님과 대화하고 세상을 바라보아야 하는지를 보여주는 새로운 서사의 요약본입니다. 주기도문은 우리의 자기중심적인 고아의 기도를 하나님 중심적인 자녀의 기도로 재정렬하는 완벽한 청사진입니다.

주기도문의 구조를 통해 새로운 가족의 모국어가 어떻게 우리의 옛 언어를 교정하는지 살펴봅시다.

"하늘에 계신 우리 아버지여"(정체성과 관계의 회복)

기도는 나의 필요가 아닌 하나님의 정체성을 부르는 것으로 시작합니다. 그리고 그 이름은 심판관이나 주인이 아닌 아버지Abba입니다. 이것은 우리를 고아의 두려움에서 자녀의 친밀함으로 단번에 옮겨 놓는 혁명적인 선언입니다.

아버지 : 우리는 더 이상 거래하거나 연기할 필요가 없습니다. 우리는 사랑받는 자녀로서 있는 모습 그대로 아버지의 품에 안길 수 있습니다.

우리 : 기도는 결코 '나'만의 독백이 아닙니다. '우리'라는 단어는 내가 더 이상 고립된 개인이 아니라 하나님의 거대한 가족 공동체의 일원임을 상기시킵니다. 이것은 비교와 경쟁의 옛 언어를 깨뜨립니다.

하늘에 계신 : 동시에, 그분은 우리의 필요를 모두 채우실 수 있는 전능하신 왕이심을 고백합니다. 이것은 우리의 시선을 땅의 문제에서 하늘의 주권으로 옮겨 놓습니다.

"이름이 거룩히 여김을 받으시오며, 나라가 임하시오며, 뜻이 하늘에서 이루어진 것 같이 땅에서도 이루어지이다"(우선순위의 재정렬)

자녀의 기도는 자신의 필요를 아뢰기 전에 먼저 아버지의 영광과 그분의 나라를 구합니다. 이것은 독백적 기도의 자기중심성을 완전히 뒤집어 놓습니다.

나의 이야기가 아닌 하나님의 이야기 : 이 기도는 나의 작은 왕국이 아니라 하나님의 위대한 나라가 이 땅에 임하기를, 나의 뜻이 아니라 아버지의 뜻이 이루어지기를 간구합니다. 이것은 나의 서사를 하나님의 더 큰 구속 서사에 복속시키는 행위입니다.

세상을 향한 기도로의 확장 : 이 기도는 나의 개인적인 경건을 넘어 내가 살아가는 이 깨어진 세상(가정, 직장, 사회)이 하나님의 통치를 받는 곳으로 변화되기를 소망하는 선교적인 기도로 확장됩니다.

"오늘 우리에게 일용할 양식을 주시옵고"(신뢰와 의존의 고백)

하나님의 나라를 먼저 구한 후에야 비로소 우리는 우리의 필요를 아룁니다. 하지만 그 방식은 고아의 거래적 기도와는 전혀 다릅니다.

오늘… 일용할 : 이것은 내일 일을 염려하며 미래의 안정감을 쌓아두려는 고아의 불안을 깨뜨립니다. 우리는 하루하루의 필요를 공급하시는 아버지의 신실하심을 신뢰하며 살아가는 법을 배웁니다. 이것은 의존과 감사의 기도입니다.

우리에게 : 우리는 '나'의 양식만이 아니라 '우리'의 양식을 구합니다. 이것은 나의 필요를 넘어 굶주리고 헐벗은 이웃의 필요를 돌아보는 공동체적인 기도로 우리를 이끕니다.

"우리가 우리에게 죄 지은 자를 사하여 준 것 같이 우리 죄를 사하여 주시옵고"(은혜와 화해의 언어)

이 구절은 우리를 정죄와 판단의 옛 문법에서 해방시키는, 복음의 핵심을 담고 있습니다.

수직적 화해와 수평적 화해의 연결 : 우리가 하나님께 용서를 구할 수 있는 유일한 근거는 우리가 먼저 다른 사람을 용서했기 때문이 아닙니다. 순서는 그 반대입니다. 우리가 하나님으로부터 받은 그 놀라운 용서의 은혜를 깊이 깨달았기 때문에 우리도 다른 사람의 죄를 용서하는 삶을 살게 되는 것입니다.

은혜의 공동체 : 이 기도는 우리를 끊임없이 십자가의 은혜 앞으로 인도합니다. 우리는 매일 우리가 얼마나 용서가 필요한 죄인인지를 고백하고 동시에 그 은혜를 다른 사람에게 흘려보내는 은혜의 통로로 살아가도록 도전받습니다.

"우리를 시험에 들게 하지 마시옵고, 다만 악에서 구하시옵소서"(연약함의 인정과 영적 전투의 선포)

마지막으로, 자녀의 기도는 자신의 연약함을 정직하게 인정하고 영적인 현실을 직시하는 기도입니다.

겸손한 의탁 : 이것은 "나는 내 힘으로 유혹을 이길 수 없습니다. 아버지, 저를 지켜주십시오."라는 겸손한 고백입니다. 이것은 자신의 의로움을 믿는 바리새인의 기도가 아닌 은혜를 구하는 세리의 기도입니다.

영적 전투 : 우리는 우리의 싸움이 단순히 인간적인 차원의 싸움이 아니라 우리를 넘어뜨리려는 '악한 자'와의 영적인 싸움임을 인스하게 됩니다. 이 기도 안에서 우리는 홀로 싸우는 것이 아니라 우리를 위해 싸우시는 위대한 용사이신 하나님을 의지하게 됩니다.

주기도문은 우리가 암송해야 할 주문이 아니라, 우리의 모든 기도가 담겨야 할 그릇이며 우리의 모든 기도가 따라야 할 언어입니다. 우리가 이 새로운 가족의 모국어를 꾸준히 연습할 때, 우리의 왜곡된 기도 언어는 서서히 교정되고, 우리는 하나님 아버지와 더 깊고 진실한 대화 속으로 들어가게 될 것입니다.

제4부   삶을 단단히 세우기

✳ **4** ✳

A.C.T.S. : 사랑의 언어로 하나님께 말을 걸다

　주기도문이 우리에게 기도의 문법을 가르쳐 주었다면 이제 우리는 그 문법을 사용하여 실제로 문장을 만드는 법을 배워야 합니다. 수세기 동안 수많은 그리스도인이 기도 생활을 풍성하게 하는 데 사용해 온 매우 실제적이고 유용한 틀이 있습니다.

　바로 A.C.T.S. 라는 약어로 알려진 기도 모델입니다.

　Adoration(경배)
　Confession(고백)
　Thanksgiving(감사)
　Supplication(간구)

　이 네 가지 요소는 주기도문의 정신을 반영하며 우리의 기도가 자기중심적인 독백에 빠지지 않고 하나님과의 균형 잡힌 대화가 되도록 돕습니다. 우리는 이 A.C.T.S.의 구조를 사용하여, 우리 작업대 위에 놓인 모든 삶의 조각들을 가지고 하나님과 대화하는 법을 연습해 볼 수 있습니다.

경배(Adoration) : "하나님, 당신은 누구십니까?"

기도의 첫걸음은 언제나 '나'에게서 '하나님'께로 시선을 옮기는 것입니다. 경배는 하나님의 성품과 그분이 하신 일을 찬양하며 그분의 위대하심과 아름다움을 인정하고 높여드리는 행위입니다. 이것은 우리의 작은 문제와 걱정에 함몰되어 있던 우리의 시야를, 온 우주를 다스리시는 하나님의 광대하심으로 확장시켜 줍니다.

성경으로 시작하기 : 시편의 한 구절(예 : 시편 8편, 103편)이나 하나님의 성품을 묘사하는 성경 구절(예 : 이사야 40장, 요한계시록 4장)을 천천히 읽으며 기도를 시작해 보십시오.

하나님의 이름 부르기 : 성경에 나타난 하나님의 다양한 이름들(창조주, 목자, 반석, 치료자, 아버지 등)을 하나씩 부르며 그 이름이 당신의 삶에 어떤 의미를 갖는지 묵상하고 찬양해 보십시오.

자연 속에서 경배하기 : 아름다운 석양을 보며, 밤하늘의 별을 보며 혹은 웅장한 산 앞에서 창조주 하나님의 솜씨를 경탄하며 찬양할 수 있습니다.

새로운 이야기와의 연결 : 경배는 우리 이야기의 진짜 주인공이 내가 아니라 하나님이심을 선포하는 행위입니다. 우리가 하나님의 위대하심을 찬양할 때 우리의 교만은 겸손으로 우리의 불안은 신뢰로 바뀌기 시작합니다.

고백(Confession) : "주님, 이것이 저의 진짜 모습입니다."

하나님의 거룩한 빛 앞에 서게 되면 우리는 자연스럽게 우리의 어둠과 죄악된 모습을 보게 됩니다. 고백은 우리의 죄를 숨기거나 변명하는 대신 그것을 정직하게 하나님 앞에 내어놓고 용서를 구하는 행위입니다. 이것은 연기적 기도의 가면을 벗어 던지고 하나님과 진실한 관계 속으로 들어가는 용기 있는 발걸음입니다.

십계명이나 산상수훈 비추어보기 : 십계명이나 예수님의 가르침을 거울삼아 오늘 나의 생각과 말과 행동이 어떻게 그 말씀에서 벗어났는지를 구체적으로 성찰해 봅니다. (마음에 미움을 품었던 것, 재물을 하나님보다 더 사랑했던 것, 다른 사람을 판단했던 것 등)

영성일기 활용하기 : 지난밤에 쓴 영성 일기를 다시 읽으며 내가 하나님으로부터 멀어졌던 순간이나 사랑에 실패했던 순간을 가지고 고백의 기도를 드릴 수 있습니다.

침묵 속에서 성령의 조명 구하기 : 잠잠히 하나님 앞에 머물며 성령께서 나의 숨겨진 죄나 동기를 깨닫게 해주시도록 기도할 수 있습니다.

새로운 이야기와의 연결 : 고백은 내가 '용서받은 성도'라는 새로운 정체성을 실제로 살아내는 훈련입니다. 우리가 죄를 고백할 때마다 우리는 십자가의 은혜가 얼마나 놀라운지를 다시 한번 체험하게 되며 수치심의 감옥에서 해방되어 아버지의 품으로 돌아가는 기쁨을 누리게 됩니다.

감사(Thanksgiving) : "주님, 당신이 하신 일들을 기억합니다."

고백을 통해 우리의 마음이 깨끗해졌다면 이제 그 빈자리를 감사로 채울 차례입니다. 감사는 우리의 시선을 '없는 것'이 아닌 '있는 것'에, '문제'가 아닌 '은혜'에 고정시키는 영적인 훈련입니다. 감사는 고아의 결핍감을 자녀의 풍성함으로 바꾸는 가장 강력한 무기입니다.

구체적으로 감사하기 : 막연하게 "모든 것을 감사합니다."라고 기도하기보다 아주 구체적인 감사 제목들을 떠올려 보십시오.(오늘 아침 마신 커피 한 잔, 제시간에 도착한 버스, 나를 위해 기도해 준 친구, 어려운 프로젝트를 마칠 수 있었던 것 등)

과거의 은혜 기억하기 : 영성 일기나 과거의 기억을 더듬어 하나님께서 삶에 베푸셨던 구체적인 은혜의 사건들('에벤에셀'의 돌들)을 다시 한번 기억하며 감사하십시오.

어려움 속에서 감사하기 : "범사에 감사하라."는 말씀처럼 심지어 지금 겪는 어려움 속에서도 감사할 제목을 의지적으로 찾아보는 훈련을 할 수 있습니다.(예 : "비록 몸은 아프지만, 쉴 수 있는 시간을 주셔서 감사합니다. 이 시간을 통해 주님을 더 깊이 만나게 하소서.")

새로운 이야기와의 연결 : 감사는 우리를 둘러싼 모든 것이 하나님의 선한 선물, 즉 '창조'의 은혜임을 인정하는 고백입니다. 또한 감사는 가장 어려운 상황 속에서도 결국 모든 것을 합력하여 선을 이루실 하나님의 '구속'과 '완성'의 섭리를 신뢰하는 믿음의 표현입니다.

간구(Supplication) : "아버지, 저의 마음을 드립니다."

경배와 고백, 감사를 통해 우리의 마음이 하나님께로 올바르게 정렬되었다면 이제 우리는 비로소 우리의 필요와 소원을 정직하게 아뢸 준비가 된 것입니다. 간구는 단순히 내가 원하는 것을 달라고 조르는 것이 아니라 어린아이가 아빠의 무릎에 앉아 자신의 모든 마음을 쏟아놓는 친밀한 대화입니다.

자신을 위한 간구 : 당신의 연약함, 필요, 꿈과 비전을 정직하게 아뢰십시오.(지혜를 구하는 기도, 성품의 변화를 위한 기도, 건강과 재정의 필요를 위한 기도 등)

다른 사람을 위한 간구(중보기도) : 당신의 기도 목록을 사용하여 가족, 친구, 교회 공동체, 그리고 나라와 열방을 위해 구체적으로 기드하십시오. 중보기도는 우리의 이기적인 시야를 넓혀 다른 사람의 아픔을 나의 아픔으로 여기는 그리스도의 마음을 품게 하는 훈련입니다.

나의 뜻이 아닌 아버지의 뜻을 구하기 : 간구의 마지막은 언제나 겟세마네 동산에서의 예수님의 기도처럼, "나의 원대로 마시옵고 아버지의 원대로 하옵소서."라는 신뢰의 고백으로 마무리되어야 합니다. 이것은 우리의 간구가 하나님의 더 크고 선하신 뜻에 복속되도록 우리 자신을 내어드리는 것입니다.

새로운 이야기와의 연결 : 간구는 우리가 더 이상 모든 것을 내 힘으로 해결하려는 고아가 아니라 모든 필요를 아버지께 의존하는 '자녀'임을 인정하는 행위입니다. 또한, 다른 사람을 위해 기도할 때 우리는 이기적인 경쟁자가 아닌 서로를 위해 세워주는 '한 몸'으로서의 정체성을 실천하게 됩니다.

✷ 5 ✷

천둥 같은 침묵

우리의 대화가 독백이 아닌 진정한 대화가 되기 위해서는 말하는 것만큼이나 '듣는 것'이 중요합니다. 하지만 많은 경우 우리의 기도는 하나님의 음성을 듣기 위한 조용한 공간 없이 우리의 목소리로만 가득 차 있습니다. 우리가 어떻게 하면 기도 속에서 하나님의 음성을 더 잘 들을 수 있을까요?

하나님의 음성을 듣는 것은 신비한 환상을 보거나 귀에 들리는 음성을 듣는 것만을 의미하지 않습니다. 하나님은 더 자주, 더 보편적인 방법으로 우리에게 말씀하십니다.

기록된 말씀(성경) : 렉시오 디비나를 통해 우리가 이미 탐험했듯이 성경은 하나님께서 우리에게 말씀하시는 가장 주된 통로입니다. 기도 중에 당신의 마음에 떠오르는 성경 구절이 있다면, 그것이 바로 당신의 상황에 대한 하나님의 응답일 수 있습니다.

내주하시는 성령(내적 증거) : 우리 안에 계신 성령께서는 우리의 양심을 통해 혹은 우리의 마음에 깊은 평안이나 확신 혹은 거룩한 부담감을 주심으로써 우리를 인도하십니다.

신앙 공동체(교회) : 하나님은 종종 다른 지체들의 지혜로운 조언이나 예언적인 격려 혹은 사랑의 책망을 통해 우리에게 말씀하십니다.

환경과 섭리(상황) : 하나님께서는 때로 우리 삶의 문을 열거나 닫으시는 '상황'을 통해 혹은 우리가 겪는 고난의 경험을 통해 우리를 가르치시고 인도하십니다.

이 모든 음성을 제대로 분별하기 위해 우리에게 필요한 것은 바로 '침묵' 속에서 기다리는 훈련입니다. A.C.T.S. 기도의 각 단계 사이 혹은 기도의 마지막에 의도적으로 1~2분의 침묵 시간을 가져보십시오. 그리고 그 침묵 속에서 하나님께 이렇게 질문해 보십시오. "주님, 이 문제에 대해 저에게 무엇을 말씀하고 싶으신가요?" 그리고 당신의 마음에 떠오르는 생각, 느낌, 이미지를 분별하며 귀를 기울여 보십시오. 처음에는 어색하고 아무것도 들리지 않는 것처럼 느껴질 수 있습니다. 하지만 이 듣는 기도의 훈련을 꾸준히 계속할 때 당신은 당신의 삶을 향한 하나님의 세미한 음성을 더 분명하게 듣게 될 것입니다.

✳ 6 ✳

삶이 기도로 변하는 순간

우리의 여정은 이제 제4부의 막바지를 향해 가고 있습니다. 우리는 우리의 새로운 이야기를 살아내기 위한 세 가지 핵심적인 영적 훈련—말씀(렉시오 디비나), 기록(영성 일기), 그리고 대화(기도)—을 모두 탐험했습니다. 이 세 가지 훈련은 서로 분리된 것이 아니라, 하나의 유기적인 전체로서 우리의 삶을 하나님의 이야기와 연결하는 거룩한 리듬을 만들어 냅니다.

우리는 말씀을 통해 우리를 향한 하나님의 이야기를 '듣고',

영성 일기를 통해 그 이야기에 반응하는 우리의 이야기를 '기록하며',

기도를 통해 우리의 이야기를 다시 하나님께 '들려드리고' 그분의 응답을 듣습니다.

이 거룩한 대화의 순환 속에서 우리의 삶은 더 이상 고독한 모놀로그가 아닙니다. 우리의 삶 자체가 하나님과 함께 써내려가는 한 편의 아름다운 대화가 됩니다. 작업대 위에 놓인 모든 조각들은 이제 더 이상 혼자 짊어져야 할 짐이 아닙니다. 그것들은 우리가 매일 하나님 아버지께 가져가 대화를 나눌 수 있는 소중한 기도 제목이 되었습니다.

우리는 더 이상 어떻게 기도해야 할지 몰라 망설이는 고아가 아닙니다. 아빠 아버지의 무릎에 앉아 모든 기쁨과 슬픔, 감사와 탄식, 그리고 꿈과 소망을 자유롭게 이야기할 수 있는 사랑받는 자녀입니다.

우리의 이야기는 이제 기도가 되고 기도는 이야기를 빚어갈 것입니다. 오늘, 영혼의 호흡을 깊이 들이쉬고 하늘을 향해 당신의 첫마디를 건네 보지 않으시겠습니까?

내가 써내려갈
새로운 삶

* 1 *

긴 여행의 끝자락에

우리는 길고도 험난한 여정을 함께 걸어왔습니다. 이 책의 첫 페이지를 열었을 때 우리의 마음속에 있었던 그 막연한 갈망을 기억하십니까? 주일의 신앙과 평일의 삶 사이의 커다란 간극, 머리로는 알지만, 가슴으로는 느껴지지 않는 진리, 작동하지 않는 믿음 앞에서 느꼈던 공허감과 무기력함.

우리는 더 나은 이야기를, 내 삶을 진정으로 의미 있게 만들어 줄 진짜 이야기를 찾고 있었습니다. 우리의 여정은 바로 그 거룩한 불만족에서 시작되었습니다.

우리는 먼저 1부에서 영적 고고학자가 되어 우리 자신의 삶이라는 고대 도시를 탐사했습니다. 우리는 기억의 지하실로 내려가 먼지 쌓인 상자들을 열어보았습니다. 그리고 빛나던 성공과 부끄러운 실패, 따뜻한 사랑과 차가운 상처 같은 우리의 모든 경험을 용기 있게 펼쳐놓았습니다. 그곳에서 우리가 마주한 것은 아름답게 정돈된 연대기가 아니라 온갖 모순과 이해할 수 없는 공백으로 가득 찬 혼돈의 풍경이었습니다. 우리는 우리 자신의 깨어짐과 마주하며 탄식했습니다.

그리고 2부에서 우리는 그 혼란스러운 작업대 위에 하나님의 위대한 설계도를 펼쳐보았습니다. 그것은 온 우주를 관통하는 장엄한 네 막의 드라마, '창조–타락–구속–완성'의 이야기였습니다. 우리는 이 새로운 렌즈를 통해 우리 삶의 조각들을 다시 비추어 보았습니다.

창조의 빛 아래서 우리는 우리가 실패작이 아니라 하나님의 "심히 좋았던" 걸작임을 기억하며 잃어버렸던 존엄함을 되찾았습니다.

타락의 어둠 속에서 우리는 우리 작업대 위의 모든 깨어짐이 단지 개인적인 불행이 아니라 모든 인류가 앓고 있는 근원적인 질병의 증상임을 깨닫고 우리 자신의 힘으로는 결코 치유될 수 없음을 인정했습니다.

구속의 찬란한 반전 속에서 우리는 목격했습니다. 십자가와 부활을 통해 죄와 수치심이 덮이고, 죽음의 권세를 이긴 새로운 생명과 정체성을 선물 받았음을 말입니다.

완성의 영광스러운 약속 안에서 우리는 이 모든 불완전한 이야기가 마침내 완전한 기쁨과 회복으로 귀결될 것임을 소망하며 현재의 고난을 견뎌낼 힘을 얻었습니다.

3부에서 우리는 마침내 무대 위로 올라섰습니다. 우리는 더 이상 옛 시나리오에 갇힌 비극의 조연이 아니라 하나님의 새로운 시나리오를 손에 쥔 영광스러운 주인공임을 선포했습니다. 우리는 '하나님의 사랑받는 자녀'라는 새로운 이름이 어떻게 우리의 요동치는 감정을 다스리는 새로운 나침반이 되고 깨어진 관계를 회복시키는 새로운 언어가 되는지를 배웠습니다.

마지막으로 4부에서 우리는 이 새로운 이야기를 단지 아는 것을 넘어 실제로 살아내기 위한 구체적인 훈련을 탐험했습니다. 우리는 '렉시오 디비나'를 통해 이야기의 원작자이신 하나님의 음성을 듣는 법을, '영성 일기'를 통해 그

하나님의 이야기에 내 인생을 포개어

분의 인도하심 속에서 펼쳐지는 우리 자신의 이야기를 기록하고 성찰하는 법을, 그리고 '기도'를 통해 우리의 모든 삶의 조각들을 가지고 그분과 친밀한 대화를 나누는 법을 배웠습니다.

이 모든 여정을 통해 우리는 이제 우리 삶을 바라보는 전혀 새로운 눈을 갖게 되었습니다. 우리 각자의 삶은 더 이상 의미 없는 파편들의 무질서한 집합이 아닙니다. 우리의 삶은 하나님의 위대하고 선하신 이야기의 한 부분이며, 그 안에서 고유하고 아름다운 의미를 지닌 한 편의 서사입니다.

✳ 2 ✳

세상이 읽는 당신의 이야기

그렇다면 이제 우리의 최종적인 목적지는 어디일까요? 이 모든 여정의 목표는 단순히 나 자신의 이야기를 잘 정리하여 개인적인 위로와 만족을 얻는 데서 그치는 것일까요? 만약 그렇다면 우리의 신앙 서사는 결국 또 하나의 자기 계발서와 다르지 않을 것입니다.

복음이 우리에게 보여주는 길은 그보다 훨씬 더 크고 역동적입니다. 하나님께서 우리의 깨어진 이야기를 구속하시고 새로운 서사를 부여하신 이유는 이제 우리의 '삶' 자체가 세상 사람들에게 하나님의 구원 이야기를 들려주는 살아 있는 '이야기'가 되게 하기 위함입니다. 당신의 삶은 이제 마태, 마가, 누가, 요한의 뒤를 잇는 '다섯 번째 복음'이 되고 사도들이 기록했던 서신들을 이어가는 '살아 있는 편지'가 되도록 부름 받았습니다.

생각해 보세요. 세상 사람들은 대부분 성경책을 읽지 않습니다. 그들이 읽는 유일한 '성경'은 바로 그리스도인이라고 불리는 당신과 나의 '삶'입니다.

그들은 어떻게 당신에게 상처를 준 사람을 용서하는지를 보며 십자가의 용서가 무엇인지 어렴풋이 읽게 될 것입니다.

하나님의 이야기에 내 인생을 포개어

그들은 당신이 불확실한 미래 앞에서 이유를 알 수 없는 평안을 누리는 것을 보며 부활의 소망이 무엇인지 궁금해하게 될 것입니다.

그들은 당신의 연약함을 솔직하게 인정하고 다른 사람의 도움을 구하는 것을 보며 은혜의 공동체가 무엇인지 맛보게 될 것입니다.

그들은 당신의 시간과 재물을 이기적인 쾌락이 아닌, 가난하고 소외된 이웃을 위해 사용하는 것을 보며 하나님 나라의 가치관이 무엇인지 목격하게 될 것입니다.

우리는 더 이상 우리 이야기의 '주인공'일 뿐만 아니라 이제는 다른 사람들을 더 위대한 이야기 속으로 초대하는 '이야기꾼Storyteller'이 됩니다. 이것이 바로 '증인된 삶'이며, '선교적 삶'의 본질입니다. 선교는 특별한 사람만이 하는 특별한 활동이 아닙니다. 그것은 새로운 이야기를 선물 받은 우리 모두가 우리의 일상 속에서, 우리의 관계 속에서, 우리의 말과 행동으로 우리의 변화된 이야기를 살아내는 것입니다.

마지막으로 예술가이신 하나님께서 우리에게 말씀하십니다. "이제 그 작품을 작업실 안에만 두지 말고, 세상으로 가지고 나가라. 어둡고 깨어진 세상의 한복판에 너의 삶이라는 이 작은 모자이크를 전시하여라. 사람들이 너의 삶을 통해 나의 아름다움과 은혜를 보고, 나에게로 돌아오게 하여라."

우리의 작업대 위에 있던 그 모든 혼란스러운 조각들—상처, 실패, 심지어 죄악까지도—이제는 더 이상 숨겨야 할 수치가 아닙니다. 그것들은 하나님의 구속의 손길을 거쳐 그분의 은혜가 얼마나 놀라운지를 증거하는 우리 이야기의 가장 설득력 있는 부분이 되었습니다. 가장 어두웠던 골짜기는 이제 다른 절망하는 영혼들에게 소망의 빛을 비추는 등대가 될 수 있습니다. 가장 수치스러웠던 실패는 다른 죄인들에게 십자가의 용서가 얼마나 실제적인지를 보여주는 살아 있는 간증이 될 수 있습니다.

이것이 바로 당신의 삶이 하나님의 이야기 안에서 다시 쓰여야 하는 이유입니다. 당신의 이야기는 자신만을 위한 것이 아닙니다. 당신의 이야기는 아직 진짜 이야기를 찾지 못하고 세상의 거짓된 이야기 속에서 방황하는 수많은 영혼을 위한 사랑의 초대장이 될 것입니다.

하나님의 이야기에 내 인생을 포개어

✴ **3** ✴

삶은 계속된다

우리가 이 책의 마지막 페이지를 덮는다고 해서 우리의 신앙 서사 형성의 여정이 끝나는 것은 아닙니다. 오히려 이제 막 진짜 여정이 시작된 것입니다. 우리의 삶이라는 이야기는 아직 완성된 책이 아니라 계속해서 쓰는 진행형의 드라마와도 같습니다. 앞으로도 우리의 이야기에는 예상치 못한 플롯의 반전이 있을 것이고, 새로운 갈등과 위기가 찾아올 것이며, 우리의 믿음을 시험하는 새로운 질문들이 던져질 것입니다.

우리는 다시 넘어질 것입니다. 우리는 또다시 옛 시나리오의 유혹에 빠져 클리셰를 행하며, 옛 언어로 말하고 행동하는 자신을 발견하게 될 것입니다. 바로 그때, 우리가 절망하지 않고 다시 일어서기 위해 기억해야 할 몇 가지 중요한 진실이 있습니다.

첫째, 이것은 과정이지 완벽이 아닙니다.

신앙 서사를 형성하는 것은 단번에 어떤 경지에 도달하는 것이 아니라, 평생에 걸쳐 계속되는 '과정process'입니다. 우리의 목표는 결코 넘어지지 않는 '완벽함perfection'이 아니라 넘어질 때마다 다시 은혜의 보좌 앞으로 나아가는 '방향성direction'입니다. 하나님께서 보시는 것은 우리의 무결점한 성과가 아니라 그분을 향한 우리 마음의 진실한 방향입니다. 그러니 넘어지는 것을 두려워하지 마십시오. 실패는 우리 여정의 끝이 아니라 우리에게 은혜가 얼마나 더 필요한지를 가르쳐주는 과정의 일부일 뿐입니다.

둘째, 당신은 혼자가 아닙니다.

이 여정은 결코 당신 혼자서 걸어가도록 설계되지 않았습니다. 당신 곁에는 세 분의 위대한 동반자가 항상 함께하십니다.

성령 하나님 : 우리 안에 내주하시는 성령께서는 우리의 가장 위대한 상담가이자 감독이십니다. 그분은 우리가 옛 시나리오의 거짓말에 속으려 할 때 진리를 생각나게 하시고, 우리가 연약하여 지쳐 있을 때 우리를 위해 말할 수 없는 탄식으로 기도하시며, 우리가 새로운 이야기를 살아낼 수 있는 능력을 공급해 주십니다.

그리스도의 몸 된 교회 : 우리는 서로의 신앙 서사를 함께 써내려가는 동료 배우들이자 순례자들입니다. 당신에게는 당신의 이야기를 정직하게 나눌 수 있는 안전한 공동체가 필요합니다. 서로의 짐을 함께 지고, 서로를 위해 기도하며, 서로의 삶 속에서 하나님의 이야기를 발견하고 격려해 주는 믿음의 친구들을 찾으십시오.

과거와 미래의 성도들 : 우리는 시간과 공간을 초월한 거대한 '성도들의 교제' 속에 속해 있습니다. 우리 앞서 이 길을 걸어갔던 수많은 믿음의 선배들(요셉, 다윗, 그리고 수많은 교회사 속의 인물들)의 이야기는 우리에게 지혜와 용기를 줍니다. 또한, 장차 완성의 날에 우리와 함께 영원한 찬양을 부르게 될 미래의 성도들은 우리의 소망을 더욱 굳건하게 합니다.

하나님의 이야기에 내 인생을 포개어

셋째, 훈련은 계속되어야 합니다.

운동선수가 꾸준한 훈련을 통해 근육을 유지하고 발전시키듯이 우리의 영적인 근육 역시 꾸준한 훈련을 통해서만 건강하게 유지될 수 있습니다. 우리가 제4부에서 함께 배웠던 영적 훈련들—렉시오 디비나, 영성 일기, 기도—은 당신의 새로운 이야기를 지속 가능하게 만드는 필수적인 '생존 도구'입니다. 이 훈련을 당신의 삶에 맞는 거룩한 리듬으로 만드십시오. 이 꾸준한 훈련이 당신을 세상의 중력으로부터 지켜주고 당신의 영혼이 항상 이야기의 원작자이신 하나님께 연결되도록 도와줄 것입니다.

✴ 4 ✴

영혼의 붓을 들 시간

우리의 긴 여정은 이제 정말로 끝을 맺습니다. 우리는 함께 울고 웃으며 우리 각자의 삶이라는 신비로운 책의 페이지들을 한 장 한 장 넘겨보았습니다. 이 책이 명쾌한 정답을 주기보다는 자신의 이야기를 하나님의 빛 아래서 읽어낼 수 있는 새로운 질문과 관점을 선사했기를 바랍니다.

이 책의 다음 장은 '책 밖에서 시작되는 이야기'의 빈 페이지로 남겨 놓았습니다. 그 페이지는 이제 당신의 몫입니다. 오늘을 어떻게 살아내는가에 따라, 어떤 사랑을 선택하고 어떤 용서를 실천하는가에 따라, 그 빈 페이지는 채워져 나갈 테죠.

더 이상 당신의 이야기를 두려워하지 마세요. 어제는 이미 십자가의 은혜로 덮였고 오늘은 성령의 능력 안에서 인도받고 있으며 내일은 완성의 영광스러운 소망으로 보장되어 있습니다. 당신은 온 우주에서 가장 위대하고 아름다운 이야기, 즉 당신을 구원하기 위해 자신의 모든 것을 내어주신 하나님의 사랑 이야기의 주인공입니다.

그러니 이제 일어나 당신의 무대로 담대하게, 당당하게 나아가십시오.
세상의 거짓된 이야기 앞에서 당신의 새로운 이름으로 진리를 선포하십시오.

하나님의 이야기에 내 인생을 포개어

미움과 분열의 자리에서 당신의 새로운 언어로 사랑과 화해를 이루십시오.
절망과 어둠 속에서 당신의 새로운 소망으로 흔들리지 않는 빛을 비추십시오.

당신의 삶은 이야기가 됩니다.
당신이 바로, 그 살아 있는 이야기입니다.
그 영광스러운 이야기를 마음껏 살아내십시오.

이야기의 위대한 작가이신 삼위 하나님께서, 당신의 모든 여정이 끝나는
그날까지, 그리고 그 이후 영원까지 당신과 함께하실 것입니다.

✳ 5 ✳

책 밖에서 시작되는 이야기

하나님의 이야기에 내 인생을 포개어

하나님의 이야기에 내 인생을 포개어